智能网联汽车技术创新与应用系列

U0800279

智能网联汽车

决策规划技术算法原理与实践

林晖晶◎编著

中国铁道出版社有限公司
CHINA RAILWAY PUBLISHING HOUSE CO., LTD.
北京

内容简介

本书以智能网联汽车决策规划算法的核心原理为基础，结合实际应用场景，深入浅出地讲解了路径规划与决策算法的基本思想与优化策略。全书共10章，分别讲解了Dijkstra算法、A*算法（A-star Algorithm）、Bellman-Ford算法、Floyd-Warshall算法、Floyd算法、D*算法、D* Lite算法、基于A*算法变种的动态规划算法、RRT算法、优先级遍历算法。

本书适合作为高等院校计算机科学与技术、智能车辆工程及其相关专业的教材，也可作为软件工程师与算法工程师、自动驾驶系统工程师、游戏开发者、物流行业从业者、机器人研究者与开发者的参考书。

图书在版编目（CIP）数据

智能网联汽车决策规划技术算法原理与实践 / 林晖晶编著. -- 北京 : 中国铁道出版社有限公司, 2025. 8.
（智能网联汽车技术创新与应用系列）. -- ISBN 978-7-113-31911-3

Ⅰ. U463.67

中国国家版本馆CIP数据核字第20258US019号

书　　名：**智能网联汽车决策规划技术算法原理与实践**
作　　者：林晖晶

策　　划：于先军　　　　编辑部电话：（010）63551006
责任编辑：于先军　许　璐
封面设计：郭瑾萱
责任校对：安海燕
责任印制：赵星辰

出版发行：中国铁道出版社有限公司（100054，北京市西城区右安门西街8号）
网　　址：https://www.tdpress.com/51eds
印　　刷：北京鑫益晖印刷有限公司
版　　次：2025年8月第1版　2025年8月第1次印刷
开　　本：787 mm × 1 092 mm　1/16　印张：18.75　字数：480千
书　　号：ISBN 978-7-113-31911-3
定　　价：69.80元

版权所有　侵权必究

凡购买铁道版图书，如有印制质量问题，请与本社教材图书营销部联系调换。电话：（010）63550836
打击盗版举报电话：（010）63549461

前　言

随着智能化技术的迅速发展，路径规划与决策算法已经成为现代社会各个领域中不可或缺的一部分。无论是城市交通管理、物流配送、自动驾驶汽车、机器人导航还是游戏开发，都需要高效可靠的路径规划算法来确保任务的顺利完成。传统的路径规划算法在某些场景下已经不能满足需求，因此需要不断探索和发展新的算法来应对不断变化的挑战。

路径规划与决策算法的发展与应用已经成为当前科技发展的热点之一，对于提升各行业的效率、降低成本、提高生产力具有重要意义。因此，对于这方面的研究和实践需求日益增长，市场潜力巨大。

本书以智能网联汽车决策规划算法的核心原理为基础，系统地介绍了路径规划与决策算法的理论基础、实现方法和应用案例，旨在帮助读者深入理解各种算法原理，并能够灵活运用于实际项目中。书中部分详细代码及习题参考答案请在中国铁道出版社教育资源数字化平台 https://www.tdpress.com/51eds 中下载。

本书主要内容如下：

（1）经典路径规划算法：如 Dijkstra 算法、A* 算法、Bellman-Ford 算法和 Floyd-Warshall 算法等经典路径规划算法，包括算法原理、应用场景、实现步骤以及相关案例。

（2）扩展与改进的路径规划算法：Floyd 算法、D* 算法、D* Lite 算法、RRT 算法等，涵盖了动态路径规划、机器人运动规划、优先级遍历算法等内容。

（3）实战项目与应用案例：本书针对每种算法都提供了实战项目和应用案例，涉及交通网络最短路径规划、游戏开发中的路径规划、自动驾驶应用、机器人导航、城市交通规划、航空线路规划、校内机器人配送系统等多个领域。

（4）编程实现与可视化：书中不仅介绍了算法原理和应用案例，还提供了具体的编程实现和可视化方法，使用 C++ 和 Python 等编程语言实现，并通过实例代码和图形化界面展示了路径规划算法的实际应用效果。

本书主要特点如下：

（1）内容全面：涵盖了路径规划与决策算法的广泛主题，包括经典算法、现代算法，覆盖了静态路径规划和动态路径规划等多个方面。

（2）实战导向：每一章节都提供了丰富的实战项目或应用案例，涉及交通网络、游戏开发、自动驾驶、机器人导航等多个领域，通过实际案例帮助读者理解算法的应用场景，提高解决实际问题的能力。

（3）编程实现与可视化：书中不仅介绍了算法原理，还提供了具体的编程实现方法，并通过图形化界面展示了路径规划算法的实际应用效果，使读者能够通过实践加深对算法的理解。

（4）多语言支持：涵盖了 C++ 和 Python 等多种编程语言，使得读者可以根据自己的喜好和需求选择合适的语言进行实现和应用。

总之，本书以其全面性、实战导向、编程实现与可视化、多语言支持和教育性等特色，为读者提供了一本权威、实用的路径规划与决策算法的学习和应用指南。

本书适合作为高等院校计算机科学与技术、智能车辆工程及其相关专业的教材，也可作为软件工程师与算法工程师、自动驾驶系统工程师、游戏开发者、物流行业从业者、机器人研究者与开发者的参考书。

由于编写时间仓促，加之作者水平有限，同时，智能网联汽车相关技术发展较快，书中难免有不妥之处，诚请广大读者批评指正。

编著者

2025 年 6 月

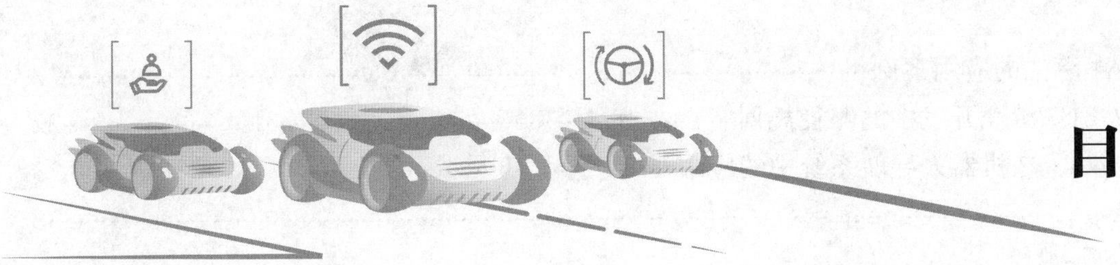

目 录

第1章 Dijkstra算法

Dijkstra算法是一种经典的单源最短路径算法，广泛应用于路径规划领域。在智能网联汽车的场景中，Dijkstra算法通过高效计算车辆从起点到终点的最短路径，为智能驾驶系统提供关键支持。它能够结合高精度地图和实时交通信息，动态更新路径权重，从而优化行驶路线，减少拥堵和能耗。本章将详细探讨Dijkstra算法在智能网联汽车中的应用，包括其在交通网络中的最短路径规划、与车路协同系统的结合，以及针对大规模动态路网的优化改进，帮助读者理解如何在智能交通场景中高效利用该算法实现路径规划。

学习目标

◎ 理解Dijkstra算法的核心思想和工作原理：通过学习算法的背景和历史，掌握如何在不同场景中应用Dijkstra算法来解决最短路径问题。

◎ 掌握Dijkstra算法的实现步骤：熟悉该算法在图中的具体实现方法，包括如何表示图、选择起点、更新最短路径等操作步骤。

◎ 能够在实际场景中应用Dijkstra算法：通过案例分析，理解算法在交通网络规划和机器人导航等领域中的实际应用，能动手实现这些场景中的最短路径计算。

◎ 了解Dijkstra算法的局限性并探索改进方法：理解该算法在处理负权边和大规模图时的局限性，并学习一些应对大规模图计算效率的优化思路。

◎ 通过实战项目巩固所学知识：亲自构建图并实现最短路径规划，提升解决实际问题的能力，并掌握如何在复杂系统中有效应用该算法。

1.1 Dijkstra算法简介

Dijkstra算法是解决图中单源最短路径问题的一种经典算法，其基本思想是贪婪地选择最短路径，确保每一步都是局部最优的，最终得到全局最优的最短路径集合。该算法常应用于网络路由、路径规划和资源分配等领域。

1.1.1 背景与历史

Dijkstra算法是解决图中单源最短路径问题的经典方法之一，荷兰科学家Edsger Dijkstra于

1959年在一篇名为*A Note on Two Problems in Connexion with Graphs*的论文中首次描述了这个算法，起初是为了解决荷兰国家银行的电信网络中的路由问题而设计的。

Edsger Dijkstra提出的初版Dijkstra算法并没有使用优先队列这样的数据结构，而是通过一种称为“标签法”的方式来处理。随着时间的推移，该算法经过改进和优化，最终形成了我们今天所熟知的Dijkstra算法，成为图论中最重要的算法之一。

Dijkstra算法的成功应用于网络路由、通信网络、交通规划等领域，成为计算机科学和运筹学领域的经典算法之一，对图算法和最短路径问题的研究产生了深远的影响。

1.1.2 应用领域与典型场景

Dijkstra算法在图论和网络中有广泛的应用，特别是在解决单源最短路径问题时。Dijkstra算法的常用应用领域和场景如下：

（1）网络路由：Dijkstra算法常被用于计算计算机网络中节点之间的最短路径，帮助路由器动态选择数据包传输的路径，以优化网络性能。

（2）交通规划：在交通网络中，Dijkstra算法可用于规划最短路径，例如，帮助导航系统确定最有效的驾驶路线。

（3）资源分配：在物流和资源分配问题中，Dijkstra算法可以帮助确定从供应链到目的地的最短路径，优化资源利用。

（4）通信网络设计：在通信网络设计中，Dijkstra算法可以用于确定光纤或电缆的最佳布线，以最小化通信成本。

（5）游戏开发：在游戏开发中，Dijkstra算法可用于确定游戏角色在地图上的最短路径，以实现智能路径规划。

（6）社交网络分析：在社交网络中，Dijkstra算法可以用于查找两个用户之间最短的社交路径，用于建立社交关系图。

（7）电力网络规划：在电力系统规划中，Dijkstra算法可以帮助确定电网中最短的电缆或输电线路，以降低能源传输损失。

总体而言，Dijkstra算法在需要找到最短路径的问题上都有很大的应用潜力，尤其是在涉及图形结构的复杂系统中。

1.2 Dijkstra算法的核心思想

Dijkstra算法的关键在于每一步都选择当前距离最短的节点，并通过不断更新邻居节点的距离来逐步扩展已知的最短路径。这保证了每一步都是局部最优的，最终形成全局最优的最短路径集合。

1.2.1 Dijkstra算法的实现步骤

Dijkstra算法的基本思想是通过贪心法逐步确定从源节点到图中其他所有节点的最短路径，其基本实现步骤如下：

（1）初始化：将源节点到自身的距离设置为0，将源节点到其他所有节点的距离设置为无穷大（或一个足够大的值），并将所有节点标记为未访问。

（2）选择最近节点：从未访问的节点中选择当前距离源节点最近的节点，将其标记为已访问。

（3）更新邻居节点：对于被选择节点的邻居节点，更新其距离源节点的距离。如果通过选择的节点能够获得更短的路径，就更新邻居节点的距离。

（4）重复步骤（2）和步骤（3）：重复选择最近节点和更新邻居节点的过程，直到所有节点都被标记为已访问或无法连接到源节点的节点。

（5）得到最短路径：当所有节点都被标记为已访问时，最终得到了从源节点到图中每个节点的最短路径。

1.2.2　Dijkstra算法图的表示方法

Dijkstra算法可以适用于两种常见的图的表示方法：邻接矩阵和邻接表，具体说明如下：

1. 邻接矩阵表示法

在邻接矩阵中，图的节点用矩阵的行和列表示。

（1）如果图中的节点i与节点j有边相连，则矩阵的第i行第j列和第j行第i列的元素为边的权重（在有向图中可以有区别，表示方向）。

（2）如果节点i和节点j之间没有边相连，则矩阵的第i行第j列和第j行第i列的元素为无穷大或一个表示不存在的值。

例如，下面是对于一个有向带权图的邻接矩阵表示。在这个例子中，0表示自身；∞表示不相邻。

```
0     2     ∞     1
∞     0     4     ∞
3     ∞     0     ∞
∞     ∞     ∞     0
```

2. 邻接表表示法

在邻接表中，每个节点都有一个关联的邻接列表，该列表包含与该节点直接相连的所有节点以及对应的边的权重。

（1）对于有向图，每个节点的邻接列表包含其指向的所有节点和对应的边权重。

（2）对于带权图，邻接列表通常包含边的权重信息。

例如，下面是对于一个有向带权图的邻接表表示。在这个例子中，每个节点后面的括号表示与其相邻的节点以及对应的边的权重。

```
0: (1, 2), (3, 1)
1: (2, 4)
2: (0, 3)
3: (1, 1)
```

在Dijkstra算法的实现过程中，根据具体的应用场景和输入图的特点，选择合适的图表示方法。算法的关键是能够获取节点之间的连接关系和边的权重信息。

1.3 Dijkstra算法的应用案例

Dijkstra算法在智能驾驶、无人机和机器人领域有着重要的应用。在智能驾驶中，该算法可用于规划车辆最短路径，以优化导航和避免交通拥堵。对于智能飞行器领域，Dijkstra算法可帮助规划飞行路径，确保无人机安全、高效地到达目的地。在机器人领域，算法可以用于路径规划，使机器人能够智能地导航和执行任务，例如，在仓库中进行物流操作。其在这些领域的广泛应用体现了Dijkstra算法在实现智能导航和路径规划方面的关键作用。

1.3.1 交通网络中的最短路径规划

在交通网络中，最短路径规划是一项关键任务，用于优化车辆导航、减少交通拥堵，提高交通系统的效率。Dijkstra算法在这一领域的应用十分重要。通过Dijkstra算法，交通网络中的最短路径规划可以实现以下目标：

（1）导航优化：基于交通网络的拓扑结构和道路间的距离，Dijkstra算法能够计算出从起点到终点的最短路径，为驾驶员提供导航建议，使其能够选择最迅速到达目的地的路径。

（2）避免交通拥堵：考虑到实时交通状况，Dijkstra算法可与实时交通数据集成，动态调整最短路径，以规避拥堵区域，减少行车时间。

（3）交通流优化：通过最短路径规划，交通管理系统可以有效引导车流，平衡道路使用，减缓拥堵发生，提高整体交通系统的稳定性。

（4）紧急情况响应：在紧急情况下，如救援任务或医疗急救，Dijkstra算法能够快速计算出最短路径，使紧急车辆能够迅速到达目的地。

总体而言，Dijkstra算法在交通网络中的最短路径规划中发挥着重要的作用，为实现更高效、更安全的交通系统提供了有力的支持。例如，下面是一个实现Dijkstra算法的C++程序，用于计算图中从给定起点到其他顶点的最短路径。通过Dijkstra算法计算了从用户输入的起点到图中所有其他顶点的最短路径，并输出了相关信息。如果用户输入的是预定义的图，最终输出将是该图中各个顶点的最短路径信息。

【实例1.1】 计算图中从给定起点到其他顶点的最短路径（详细代码见本书配套资源codes/1/Dijkstra/Dijkstra.cpp）。

代码的实现流程如下：

（1）定义类undigraph。

①类undigraph的成员包括图的顶点数vertexnum、邻接矩阵adjmatrix、起点start、最短路径长度数组distance、最短路径前驱数组prev以及顶点访问标志数组flag。

②在类undigraph中提供了一系列函数用于创建图、初始化、打印数组以及执行Dijkstra算法。

（2）定义函数createundigraph()：通过用户输入构建图的邻接矩阵。用户输入每个顶点的数据和相邻顶点，直到输入-1停止。这一步是可选的，因为您的代码中已经提供了一个预定义的图。

（3）定义函数initdistance()：用于初始化起点到各顶点的最短路径长度数组distance，将其初始化为邻接矩阵中起点所在行的权值。

（4）定义函数initpre()：用于初始化最短路径前驱数组prev，将其初始化为各顶点的索引，表示初始时每个顶点的前驱都是自己。

（5）定义函数initflag()：用于初始化顶点访问标志数组flag，将其初始化为0，表示所有顶点都未被访问过。

（6）定义函数dijkstra()。

①用户输入起点，然后对起点进行初始化操作：标记为已访问，起点到起点的最短路径长度为0。

②循环处理剩余的顶点，每次选择未访问的顶点中最短路径长度最小的顶点，标记为已访问，更新其他顶点的最短路径长度和前驱。

③循环结束后，最短路径计算完成。

（7）定义函数printdistance()：打印输出起点到各顶点的最短路径长度数组。

（8）定义函数printprev()：打印输出各顶点的最短路径前驱数组。

（9）定义函数printpath()：打印起点到各顶点的最短路径。

（10）定义主函数main()。

①创建undigraph对象。

②初始化最短路径长度、前驱和标志数组。

③执行Dijkstra算法。

④打印最短路径长度数组、最短路径前驱数组以及最短路径。

执行后会先提示用户输入一个起点，例如，输入0后的执行结果如下：

请输入起点：

```
0
=========distance=========
0  5  5  12  6  8  2
=========prev=========
0  1  6  5   6  6  6
顶点0到顶点0的最短路径为;
0<---0
顶点0到顶点1的最短路径为;
1<---0
顶点0到顶点2的最短路径为;
2<---6<---0
顶点0到顶点3的最短路径为;
3<---5<---6<---0
顶点0到顶点4的最短路径为;
4<---6<---0
顶点0到顶点5的最短路径为;
5<---6<---0
顶点0到顶点6的最短路径为;
6<---0
```

1.3.2　在机器人导航系统中的应用

Dijkstra算法在机器人导航系统中有广泛的应用，特别是在静态环境中的路径规划问题上。

具体来说，Dijkstra算法在机器人导航系统中常见应用如下：

（1）最短路径规划：Dijkstra算法主要用于找到两点之间的最短路径。在机器人导航中，这可以用于规划机器人从起始点到目标点的最短路径。这对于避免障碍物、优化导航过程至关重要。

（2）静态环境：当环境是静态的时候，即没有动态障碍物或变化的地形时，Dijkstra算法是一个有效且简单的选择。它能够确保找到最短路径，而不会受到动态变化的影响。

（3）代价地图：在机器人导航中，通常会使用代价地图（cost map）来表示不同区域的代价。Dijkstra算法可以与代价地图一起使用，考虑每个网格单元的代价，以找到最优路径。

（4）全局路径规划：Dijkstra算法通常用于全局路径规划，即在整个地图上规划机器人的路径。这有助于机器人避免碰撞，并以最短路径到达目标点。

（5）实时路径更新：尽管Dijkstra算法在计算最短路径上很有效，但在大型地图上计算时间可能会很长。在某些情况下，可以通过实时路径更新的方法来优化，只计算部分路径，而不是整个地图。

总体而言，Dijkstra算法在机器人导航系统中是一个有用的工具，尤其适用于静态环境和全局路径规划的场景。在实际应用中，可能需要结合其他路径规划算法以应对动态环境和实时性的要求。例如，下面是一个在机器人导航系统中使用Dijkstra算法进行全局路径规划的例子，在例子中使用了一个简单的网格地图，其中包含节点（代表地图上的位置）和边（代表连接两个节点的路径）。

【实例1.2】 在机器人导航系统中进行全局路径规划（详细代码见本书配套资源codes/1/quan/quan.cpp）。

当我们在讨论机器人导航系统中使用Dijkstra算法时，通常会将环境建模为一个图。在这个图中，节点表示地图上的位置，而边表示连接两个位置的路径，这样的图被称为地图图（map graph）。

（1）节点：在机器人导航中，节点通常表示地图上的离散位置，例如，一个网格地图中的每个交叉点或一个连续环境中的离散点。每个节点都有一个唯一的标识符，以便我们在算法中引用它们。在示例中，节点可以是地图上的每个格子，如(0, 0)、(0, 1)、(1, 0)等。

（2）边：边表示连接两个节点的路径。路径可以是直接的直线路径，也可以是遵循道路、走廊等实际机器人可以行走的路径。每条边上可能会有一个权重，表示沿着该路径移动的代价。在示例中，边是连接相邻格子的线段，而权重可能表示从一个格子到另一个格子的代价。

在本实例中使用了一个简化的网格地图，其中节点是地图上的每个格子，边是相邻格子之间的直线路径。这种简单的模型有助于理解算法的基本原理。在实际应用中，地图可能会更复杂，节点和边的定义可能会根据具体的场景而有所不同。例如，在真实的城市环境中，节点可以表示交叉口，边可以表示街道，而权重可以表示行驶的时间或距离。

在代码中，首先定义了一个Node结构体表示图中的节点，以及一个CompareNode结构体用于节点的比较。接着，定义了一个Dijkstra类，封装了Dijkstra算法的实现。然后，在主函数中创建了一个示例地图graph和起点、终点坐标。通过调用dijkstra()方法，算法计算了从起点到各个位置的最短路径距离，结果存储在distanceMap中。最后，打印输出了最短路径距离图

distanceMap，显示了从起点到每个位置的最短路径距离。

在本实例中，Dijkstra算法的实现过程如下：

（1）初始化：

①创建Dijkstra类，包含了一个用于计算最短路径的方法dijkstra。

②定义Node结构体表示图中的节点，以及CompareNode结构体用于比较节点的优先级。

（2）计算最短路径：

①在dijkstra()方法中，首先初始化地图大小、起点、目标点等信息。

②创建一个二维数组distance用于存储每个位置到起点的最短路径距离，初始值为无穷大。

③创建一个优先队列pq用于按照最小代价的顺序处理节点，将起点加入优先队列，起点到自身的距离设为0。

（3）主循环：

①在主循环中，不断从优先队列中取出当前代价最小的节点。

②获取当前节点的相邻节点，计算经过当前节点到达相邻节点的代价。如果发现更短的路径，更新最短路径距离，并将相邻节点加入优先队列。

（4）终止循环：当优先队列为空，或者达到目标节点时，循环终止。

（5）输出结果：打印输出存储最短路径距离的二维数组distanceMap，显示了从起点到每个位置的最短路径距离。

整体而言，本实例中的Dijkstra算法实现遵循了标准的算法步骤。通过维护一个优先队列，算法按照节点的累计代价来选择下一个探索的节点，以逐步计算最短路径。最终，输出结果展示了从起点到每个位置的最短路径距离。执行后会输出下面的结果，这个结果表示从起点到达地图上每个位置的最短路径距离。例如，从起点(0, 0)到达终点(3, 4)的最短路径距离是59。其他单元格中的数字表示从起点到达相应位置的最短路径距离，INF表示不可达的位置。

```
Distance Map:
0  2  5  9  14
6  9  13 18 24
17 21 26 32 39
33 38 44 51 59
```

1.4　Dijkstra算法的局限性与改进

Dijkstra算法是一种经典的图算法，用于求解单源最短路径问题。然而，它也有一些局限性，而一些改进算法针对这些局限性进行了优化。

1.4.1　负权边问题

Dijkstra算法无法处理负权边的问题，因为它在寻找最短路径的过程中，基于贪心策略，每次都选择当前代价最小的节点进行扩展。当图中存在负权边时，这个贪心策略可能导致不正确的结果。具体来说，Dijkstra算法存在两个主要问题：

（1）无法处理负权边：如果图中存在负权边，Dijkstra算法可能会陷入无限循环。因为每次选择最小代价的节点，如果存在负权边，就会不断地降低路径的代价，从而导致算法无法终止。

（2）无法找到最短路径：负权边的存在可能导致算法找到的路径不是真正的最短路径。因为算法在选择节点时可能会跳过更高代价但最终能够获得更短路径的节点。

在Dijkstra算法中，负权边会导致不正确的结果或无限循环。负权边问题导致的不正确结果在示例中难以清晰展示，例如，下面的例子演示了负权边导致Dijkstra算法产生错误的路径的过程。

【实例1.3】 负权边导致Dijkstra算法产生错误的路径（详细代码见本书配套资源codes/1/fu/fu.cpp）。

在代码中，图包含负权边，尝试使用Dijkstra算法计算从节点0到其他节点的最短路径。由于Dijkstra算法的贪心策略，它可能会错误地认为通过负权边能够获得更短的路径。上述代码的实现流程如下：

（1）图的表示：使用邻接表的方式表示图，其中graph是一个包含了边的权重的向量。每个节点记录了与之相连的节点及对应的权重。

（2）Dijkstra算法实现：实现了一个DijkstraNegativeWeightExample类，其中有一个dijkstra()方法用于计算从给定起点到图中其他节点的最短路径。使用优先队列（最小堆）来按照最小代价的顺序处理节点。

（3）节点和边的定义：Node结构体表示图中的节点，包含节点的编号和从起点到该节点的代价。CompareNode结构体用于优先队列中节点的比较。

（4）执行主函数：在主函数中创建了一个包含负权边的示例图，创建DijkstraNegativeWeightExample对象，调用其dijkstra()方法计算从节点0到其他节点的最短路径。

（5）输出结果：打印输出从节点0到其他节点的最短路径距离，由于存在负权边，Dijkstra算法得到了不正确的结果，体现了其在处理负权边时的不稳定性。

总体而言，上述代码通过模拟一个图中存在负权边的情况，展示了Dijkstra算法在这种情况下的不适用性。这也强调了在实际应用中，对于包含负权边的图，更适合选择Bellman-Ford算法等能够处理负权边的算法。执行后会输出：

```
Shortest Distances from Node 0:
To Node 0: 0
To Node 1: 2
To Node 2: -1
```

这个输出结果说明负权边的存在导致Dijkstra算法得到了不正确的结果。具体地说，负权边使得算法错误地选择了路径，导致从节点0到节点2的路径距离为-1，这显然是不可能的。

注意：为了解决负权边问题，可以使用适用于含有负权边的图的算法，例如，后面将要学习的Bellman-Ford算法。Bellman-Ford算法是一种可以处理负权边的算法，因为它通过多次迭代松弛操作来逐步找到最短路径。在负权边的情况下，Bellman-Ford能够检测到负权环，并在每次迭代中修正路径代价，确保得到正确的最短路径。

1.4.2　大规模图的计算效率

当Dijkstra算法在解决单源最短路径问题时，对于大规模图的计算效率存在一些局限性，这主要涉及两个方面：

（1）时间复杂度较高：Dijkstra算法的时间复杂度为$O(V^2)$或$O((V+E)*\log V)$，其中V是节点数，E是边数。当图规模较大时，特别是在稠密图（边数接近V^2）的情况下，算法的运行时间可能变得相当大。

（2）空间复杂度：Dijkstra算法使用了一个距离数组来存储从起点到各个节点的最短路径距离，因此空间复杂度为$O(V)$。对于大规模图，这可能会占用大量的内存空间。

为了改进Dijkstra算法的大规模图的计算效率问题，可以使用下面的改进方法：

（1）使用优先队列改进：通过使用优先队列（最小堆）来存储节点和距离的信息，可以将最小距离的节点快速取出，减少查找和删除的时间。这可以将时间复杂度优化至$O((V+E)*\log V)$。这种优化在稀疏图（边数接近V）中尤为有效，因为优先队列的开销相对较小。

（2）使用分布式计算改进：对于大规模图，分布式计算是一种有效的解决方案。将图分成多个部分，分配给多个计算节点并行处理，然后合并结果，可以显著提高计算效率。

（3）使用并行计算改进：在单个计算节点上，使用并行计算技术可以加速Dijkstra算法的执行。例如，可以使用多线程或GPU加速来处理节点的松弛操作。

（4）使用近似算法改进：对于某些应用场景，可以考虑使用近似算法。这些算法可能不会找到确切的最短路径，但可以在更短的时间内提供一个接近最短路径的解决方案。

（5）使用其他最短路径算法改进：对于某些特定情况，可能有更适合的最短路径算法，例如在存在负权边的情况下使用Bellman-Ford算法。

总体来说，对于大规模图的计算效率问题，可以通过使用优先队列、分布式计算、并行计算等技术来改进，选择适当的改进方法取决于具体的应用场景和图的特性。请看下面的例子，演示了对比两种算法效率的过程。

【实例1.4】 对比两种算法的运行时间（详细代码见本书配套资源codes/1/gai.py）。

代码的具体说明如下：

（1）方法dijkstra()：使用优先队列优化的Dijkstra算法实现，根据优先级队列中节点的当前距离来选择下一个要访问的节点，从而提高了计算效率。

（2）方法dijkstra_no_pq()：是普通的Dijkstra算法，通过遍历所有节点来选择下一个要访问的节点，因此在大规模图上的运行时间可能较长。

（3）方法generate_large_graph()：用于生成一个大规模的图，其中包含了指定大小的网格状结构，每个节点连接到其上、下、左、右四个相邻节点，权重均为1。

（4）通过比较两种算法在大规模图上的运行时间，我们可以评估使用优先队列优化的Dijkstra算法相对于普通的Dijkstra算法的优势。执行后会输出：

```
优先队列优化Dijkstra算法耗时：0.009157419204711914秒
不使用优先队列的Dijkstra算法耗时：6.169831991195679秒
```

上面的输出结果表明，使用优先队列优化的Dijkstra算法耗时明显较少，约为0.009 s，而不使用优先队列的Dijkstra算法耗时约为6.17 s。这再次验证了使用优先队列优化的Dijkstra算法相对于普通的Dijkstra算法在大规模图上具有更高的效率。

1.5 综合实战——游戏地图中的最短路径规划

本项目基于CS:GO游戏地图，利用Dijkstra算法为玩家提供最短路径规划，考虑了地图中列车行驶时间，帮助玩家在游戏中更智慧地选择路径。通过集成计算机科学和游戏设计，项目旨在提升CS:GO玩家的战术决策和游戏体验，为他们提供更高效的导航方案。

1.5.1 项目介绍

随着电子竞技的兴起，Counter-Strike: Global Offensive（CS:GO）成为一款备受欢迎的多人射击游戏。在CS:GO的游戏模式中，特别是在“炸弹”模式中，玩家需要迅速而有效地找到并前往炸弹点（bombsite）以完成任务。为了增添游戏的复杂性，游戏地图通常设计得非常庞大，其中包括了多种路径和地点，如图1.1所示。

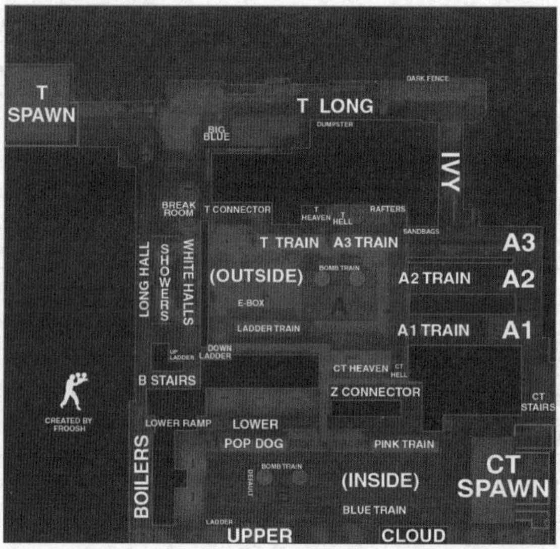

图1.1 游戏地图

本项目的背景源于对CS:GO游戏中玩家路径规划的探索，特别是在考虑了地图中列车的行驶时间后。在CS:GO的Train地图中，列车作为一种独特的地图元素，不仅为玩家提供了掩护，同时也增加了在地图上行进的挑战。为了提高游戏体验，项目采用了Dijkstra算法，这是一种用于寻找图中最短路径的经典算法，以确定玩家从起点到达炸弹点的最迅速路径。

通过该项目，玩家可以选择起始位置和目标炸弹点，系统将利用Dijkstra算法计算出最短路径，并考虑列车行驶时间，提供给玩家在游戏中更有效的导航方案。此项目不仅具有技术挑战，还对玩家的战术决策和游戏体验产生积极影响。

1.5.2 构建Graph

在开发这个项目之前，开首先创建了一个Graph表示CS:GO地图的数据结构。这个Graph是一个带有顶点和边的图，其中每个顶点代表地图上的一个位置，每条边表示两个位置之间的连接。Graph图的雏形如图1.2所示。

为了使Graph更加直观和标准，将图1.2继续画成Graph标准图，如图1.3所示。

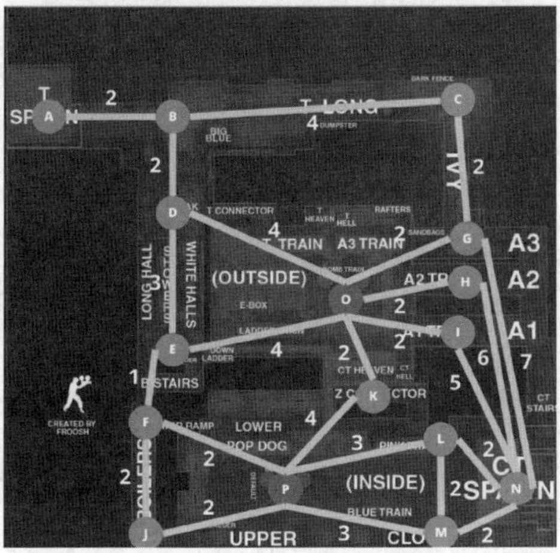

图1.2　Graph图的雏形

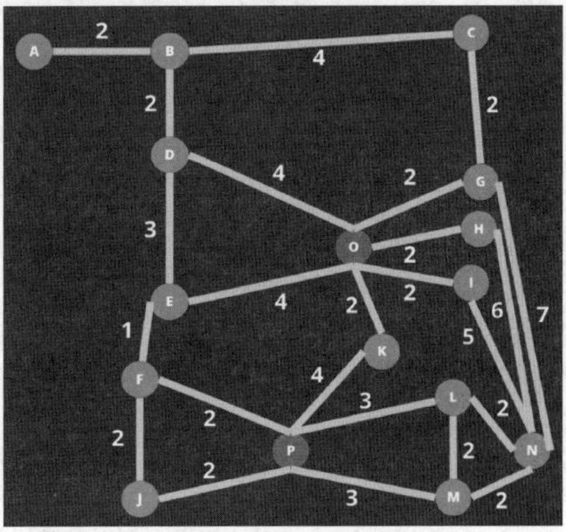

图1.3　Graph标准图

本项目的开发过程始于地图的图形表示，然后演化到路径查找算法的实现，并最终形成用户界面和交互的完整程序。

1.5.3　具体实现

本项目的目的是通过 Dijkstra 算法找到在CS:GO地图上从一个起始点到达炸弹点的最短路径，并输出路径以及预计所需的时间。在主函数中，用户被要求选择起始点和目标炸弹点，然后调用Dijkstra函数来计算并输出最短路径和预计时间（详细代码见本书配套资源codes/1/cs/main-bahasa.cpp）。

编写文件main-bahasa.cpp，使用Dijkstra算法在CS:GO地图中查找最短路径，帮助玩家确定从起点到炸弹点的最短路径。通过输入起始点和目标炸弹点，程序输出最短路径以及估计的到达时间。代码使用邻接矩阵表示地图，优先队列选择最短距离的顶点，实现了路径和时间的计算与输出。

具体实现流程如下：

（1）首先，定义了一个函数dijkstra()，该函数使用Dijkstra算法来计算从起点到目标点的最短路径。Dijkstra算法使用优先队列和邻接矩阵表示地图，初始化距离向量和路径向量，将起点加入优先队列。

（2）然后，Dijkstra算法进入主循环，每次从优先队列中弹出距离最短的顶点，并更新与该顶点相邻的顶点的距离和路径。重复这个过程直到队列为空，确保所有顶点的最短路径被计算。

（3）接着，在主函数中创建了一个CS:GO地图的邻接矩阵，并通过用户输入选择起点和目标炸弹点。通过调用dijkstra()函数，程序计算并输出了从起点到目标炸弹点的最短路径，以及估计的到达时间。

（4）最后，展示了CS:GO地图中各个顶点的标识，帮助玩家轻松选择起点和目标炸弹点，以便获取最短路径信息。

执行后首先根据提示选择起点：根据地图上显示的顶点信息，输入起点的字母表示（使用大写字母），例如，输入A代表T Spawn。然后选择目标炸弹点，根据提示输入字母O代表Bombsite A或字母P代表Bombsite B。完整的测试过程如下：

```
====================================================================
Program Penentuan Rute Terdekat Menuju Bombsite pada Permainan CSGO
====================================================================
Daftar Lokasi:
Vertex A melambangkan T Spawn (tempat awal teroris)
Vertex B melambangkan Big Blue
Vertex C melambangkan T Long
Vertex D melambangkan Break Room
Vertex E melambangkan Ladder
Vertex F melambangkan Lower Ramp
Vertex G melambangkan A3 Train
Vertex H melambangkan A2 Train
Vertex I melambangkan A1 Train
Vertex J melambangkan Boilers
Vertex K melambangkan Connector
Vertex L melambangkan Pink Train
Vertex M melambangkan Cloud
Vertex N melambangkan CT Spawn (tempat awal anti-teroris)
Vertex O melambangkan Bombsite A
Vertex P melambangkan Bombsite B
Pilih Vertex Awal (Gunakan Kapital): A
Pemilihan Bombsite
Jika Bombsite A Ketik O
Jika Bombsite B Ketik P
Pilih Bom (Gunakan Kapital): O
从顶点 A 到炸弹点的最短路径是: A -> B -> D -> O
预计所需时间: 8
```

小　结

本章深入介绍了Dijkstra算法，涵盖其历史背景、应用领域、核心思想及实现步骤。通过交通网络和机器人导航等案例，展示了该算法在实际场景中的广泛应用。同时，分析了Dijkstra算法在处理负权边和大规模图时的局限性，并探讨了应对这些问题的改进方法。通过综合实战项目，巩固了理论知识，提升了实际操作能力，使读者能够将Dijkstra算法有效应用于复杂的最短路径规划问题中。

习　题

一、填空题

1. Dijkstra算法的核心思想是通过不断更新____________，最终找到从起点到所有节点的最短路径。

2. Dijkstra算法不能处理____________的图，因为该算法假设所有边的权重都是非负的。

3. 在Dijkstra算法中，图的表示方法通常使用____________或邻接矩阵来表示图中的节点和边。

二、思考题

1. 为什么Dijkstra算法无法处理负权边的图？在解决负权边问题时，可以采用哪些算法？请简要说明它们的优缺点。

2. 在大规模图的情况下，Dijkstra算法的效率可能会受到影响。请思考并讨论在这种情况下有哪些优化方法或改进算法可以提高计算效率，并简述其工作原理。

第2章 A*算法

A*算法（A-star algorithm）是一种高效的启发式搜索算法，广泛应用于路径规划领域。它结合了Dijkstra算法和启发式搜索的优点，通过评估函数综合实际代价和启发式估计，能够快速找到从起点到终点的最优路径。在智能网联汽车中，A*算法可以利用高精度地图和实时交通信息，动态调整路径规划，优化行驶路线，减少拥堵和能耗。本章将详细介绍A*算法在智能网联汽车路径规划中的应用，包括其核心思想、优化方法以及在复杂交通场景中的实际应用案例，帮助读者理解如何高效利用该算法实现智能车辆的路径规划。

学习目标

◎ 理解A*算法的背景和核心思想：了解A*算法的历史背景，掌握其结合启发式搜索和Dijkstra算法的核心思路，用于高效地解决路径规划问题。

◎ 熟悉A*算法的实现步骤：掌握A*算法的具体实现过程，理解启发式函数的作用，并学会如何选择适合的启发式函数来提高搜索效率。

◎ 探索A*算法的优化方法：学习基本的优化措施，以及Hybrid A*算法的增强版本，掌握如何通过改进启发式函数和搜索策略，进一步提高算法在复杂环境中的性能。

◎ 应用A*算法解决实际问题：通过游戏开发和机器人导航等实际案例，了解A*算法在不同场景中的应用，具备将A*算法应用于日常项目和复杂系统中的能力。

2.1 A*算法简介

A*算法是一种广泛应用于图形路径规划和图搜索问题的启发式搜索算法。通过综合考虑实际代价和启发式估计，A*算法能够高效地找到从起点到目标点的最短路径。它使用评估函数$f(n)=g(n)+h(n)$，其中，$g(n)$表示从起点到当前节点的实际代价；$h(n)$是从当前节点到目标节点的启发式估计代价。A*算法在搜索过程中按照$f(n)$值的优先级进行探索，以有效地减少搜索空间，提高路径搜索效率。

2.1.1 背景与历史

A*算法由Peter Hart、Nils Nilsson及Bertram Raphael于1968年共同提出。这一算法的发展

背景可以追溯到对图形路径规划和搜索问题的需求。在当时，计算机科学家们面临着处理机器人路径规划和人工智能领域的挑战，需要一种高效而可靠的算法来找到最短路径。A*算法的设计目的是克服其他搜索算法在搜索空间大时效率低下的问题。

A*算法的独特之处在于它通过综合考虑实际代价和启发式估计，能够在搜索过程中更智能地选择节点，从而减少搜索空间。这使得A*算法成为路径规划领域中一种常用的、高效的算法。它被广泛应用于计算机游戏、机器人运动规划、地图应用等领域，成为解决路径规划问题的经典算法之一。

2.1.2　应用领域与典型场景

A*算法在各种领域和场景中都有广泛的应用，特别是在需要解决路径规划问题的情境中。A*算法的应用领域和典型场景如下：

（1）计算机游戏：A*算法常用于计算机游戏中的敌人或角色的路径规划，确保它们能够智能地穿越游戏地图，避免障碍物，并找到最短路径到达目标点。

（2）机器人运动规划：在机器人学领域，A*算法被用于规划机器人在复杂环境中的路径，以便它们能够安全、高效地导航。

（3）地图应用：A*算法常被地图应用于计算最短驾驶路线或步行路径。用户输入起点和终点，A*算法能够快速找到最优路径。

（4）网络路由：在计算机网络领域，A*算法被用于确定数据包在网络中的最佳路由，以确保数据以最短路径传输。

（5）生物学：A*算法在生物学研究中也有应用，例如，在基因测序中寻找最短的基因序列或在蛋白质折叠预测中寻找最优路径。

（6）智能交通系统：A*算法可用于优化交通信号控制系统，以降低交通拥堵并改善交通流畅性。

上面列出的这些应用领域展示了A*算法在解决路径规划问题中的多样性和实用性，使其成为许多实际应用中的核心算法之一。

2.2　A*算法的核心思想

A*算法的核心思想是结合实际代价和启发式估计，以高效地搜索图形中的最优路径。通过在评估函数中权衡实际代价和启发式估计，A*算法能够在保证找到最优路径的同时，尽可能减小搜索的时间和空间开销。这使得A*算法成为解决路径规划问题的一种高效而灵活的算法。

2.2.1　A*算法的原理和实现步骤

A*算法的独特之处在于使用启发式估计来引导搜索，从而减少搜索空间，提高效率。A*算法的原理如下：

（1）启发式搜索：A*算法是一种启发式搜索算法，利用启发式估计（heuristic estimation）来引导搜索过程。启发式函数$h(n)$用于估计从当前节点n到目标节点的代价。

（2）综合实际代价和估计代价：

实际代价$g(n)$，表示从起点到当前节点的实际路径代价。

估计代价$h(n)$，表示从当前节点到目标节点的启发式估计路径代价。

A使用评估函数$f(n)=g(n)+h(n)$来确定搜索的优先级。

（3）优先级队列：A*使用一个开放列表（open list）来存储待考察的节点，按照评估函数$f(n)$值的优先级排列。在每一步中，选择开放列表中具有最小$f(n)$值的节点进行探索。

（4）避免重复搜索：通过维护一个关闭列表（closed list）来避免对已经考察过的节点进行重复搜索，确保算法不会陷入无限循环。

A*算法的实现步骤如下：

（1）初始化：将起点加入开放列表，将关闭列表置为空。

（2）循环直到找到最优路径或开放列表为空：

①从开放列表中选择具有最小评估函数$f(n)$值的节点作为当前节点，将当前节点移到关闭列表。

②如果当前节点是目标节点，则路径已找到，进行路径追踪。否则，探索当前节点的邻近节点。

（3）探索邻近节点的，对于当前节点的每个邻近节点：

①如果邻近节点在关闭列表中，忽略它。

②如果邻近节点不在开放列表中，将其加入开放列表，计算$g(n)$、$h(n)$和$f(n)$值，并设置当前节点为其父节点。

③如果邻近节点已经在开放列表中，检查通过当前节点到达邻近节点的路径是否更优，如果是则更新邻近节点的$g(n)$值和父节点。

（4）路径追踪：当目标节点加入关闭列表，从目标节点沿着父节点一直追溯到起点，构建最短路径。

在实际编程过程中，需要以下几点：

①数据结构的选择：使用合适的数据结构来表示节点、开放列表和关闭列表，以便高效地进行插入、删除和查找操作。

②启发式函数的设计：根据具体问题设计合适的启发式函数，以提高搜索效率。

③边界条件的处理：考虑起点和目标点是否可通行，以及处理可能的边界情况。

请看下面的实例，通过A*算法寻找一个6×6网格中给定起点到终点的最短路径。用户输入起点和终点的坐标，然后使用A*算法计算最短路径，并在控制台输出路径信息。

【实例2.1】 使用A*算法计算最短路径（详细代码见本书配套资源codes/2/easy/easy.cpp）。

本实例代码的实现流程如下：

（1）首先，定义了一个Node类，表示迷宫中的节点。每个节点包含其在迷宫中的坐标、G、H、F值，同时提供了一个比较运算符，以便后续在优先队列中进行排序。

（2）然后，主程序通过AStar类实现了A*算法的核心逻辑。在迷宫中，起始节点通过A_start()函数被初始化，其G值设为0，H值通过Manhattan函数计算。这个节点被加入优先队列que中。

（3）接着，通过一个循环不断从优先队列中取出F值最小的节点，即当前最有可能到达目标的节点。对于当前节点，程序会检查其周围的节点，计算它们的G、H、F值，然后将其加入优先队列中。这个过程一直循环进行，直到找到目标节点，或者优先队列为空，表示无法找到路径。

（4）在搜索过程中，通过NodeIsLegal()函数判断节点是否合法，考虑了边界条件和障碍物的存在。同时，每个节点的父节点和路径的F值都会被记录，以备最后打印路径使用。

（5）最后，通过PrintPath()函数从目标节点开始，根据记录的父节点信息一步步回溯到起始节点，并将路径上的节点标记为2。整个过程结束后，程序会输出带有路径标记的迷宫，显示出从起点到终点的最优路径。

总体而言，这段代码实现了A*算法在给定迷宫中进行路径规划的功能，找到了起点到终点的最短路径，并将其在迷宫中可视化。执行后会先提示用户分别输入起点和终点，例如，分别输入1、1和6、6后的执行结果如下：

```
输入起点：1 1
输入终点：6 6
☆    ☆    ☆    ☆    □    □
□    ■    ■    ☆    ■    ■
□    □    ■    ☆    ☆    ☆
□    □    ■    ■    ■    ☆
□    ■    ■    □    □    ☆
■    ■    □    □    □    ☆
```

2.2.2 选择启发式函数（估算函数）

选择适当的启发式函数对A*算法的性能至关重要，启发式函数（heuristic function）用于估计从当前节点到目标节点的代价，以指导搜索过程。合理的启发式函数应该在尽量短的时间内提供较为准确的路径代价估计。下面列出了选择启发式函数时的一些常见策略。

1. 曼哈顿距离（Manhattan distance）

（1）适用于方格网格图形。

（2）计算当前节点到目标节点的水平和垂直距离之和。

（3）在城市街区网格中常用，但不适用于对角线移动。

2. 欧几里得距离（Euclidean distance）

（1）适用于连续空间的图形。

（2）计算当前节点到目标节点的直线距离。

（3）可能导致在方格网格上过于乐观的估计。

3. 对角线距离

（1）考虑对角线移动，是曼哈顿距离和欧几里得距离的一种折中。

（2）计算水平、垂直和对角线距离的权衡值。

4. 最大方向距离

（1）在方格网格中，计算水平和垂直距离中较大的一个。

（2）避免了对角线移动的过于乐观估计。

5. 自定义启发式函数

（1）根据问题的特性设计特定的启发式函数。

（2）可以利用问题的领域知识来提高估计的准确性。

例如，下面的例子实现了A*算法，用于在给定的迷宫地图中寻找从起始节点到目标节点的最短路径，通过使用优先队列和启发式函数（曼哈顿距离）遍历邻居节点并选择代价最小的路径。

【实例2.2】 使用优先队列和曼哈顿距离寻找最小的路径（详细代码见本书配套资源codes/2/qi.py）。

在本例代码中，使用优先队列来管理开放列表，并且使用了启发式函数来估计节点之间的距离。在A*算法的实现中，函数heappush()和函数heappop()使用了优先队列来确保每次从开放列表中取出的节点都是具有最小代价的节点。同时，函数heuristic()计算了节点之间的曼哈顿距离作为启发式函数，用于估计节点之间的实际代价。执行后会打印输出如下找到的最短路径，并绘制如图2.1所示的路径可视化图。

```
Shortest Path: [(0, 0), (1, 0), (2, 0), (3, 0), (3, 1), (4, 1), (4, 2),
(4, 3), (4, 4), (4, 5)]
```

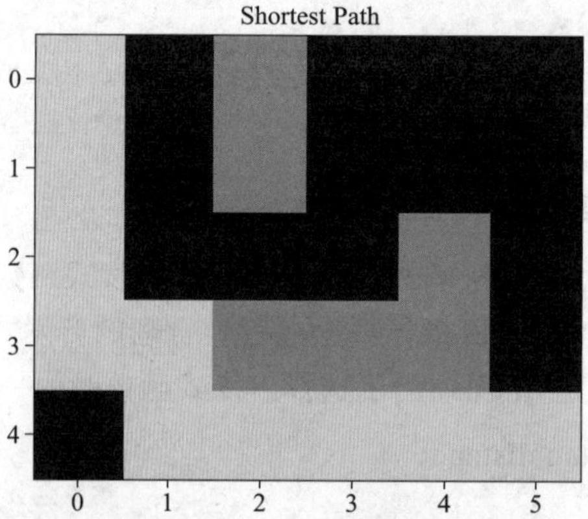

图2.1 路径可视化图

注意：在选择启发式函数时，需要权衡准确性和计算效率。过于简单的启发式函数可能导致算法收敛速度慢，而过于复杂的函数可能使算法变得过于计算密集。在实践应用中，不同问题可能需要尝试不同的启发式函数，以找到最适合问题特性的估计方法。

2.3 A*算法的优化

A*算法是一种常用的启发式搜索算法，用于在图形或图形网络中找到从起始节点到目标节点的最优路径。通过综合考虑节点的实际成本和启发式估计成本，A*算法能够在较短的时间内找到最优解。其优化包括使用堆优化开放列表、避免重复访问已访问的节点、剪枝等措施，以提高搜索效率。

2.3.1 基本的优化措施

请看下面的实例文件a_star_optimised.py，实现了一个基于A*算法的路径规划器，用于在给定的二维环境中找到起点到终点的最优路径。该算法考虑了障碍物的存在，并通过使用启发式函数和堆优化开放列表等技术来提高搜索效率。通过执行find_path()方法，可以找到起始点到目标点的最短路径，并通过可视化方式展示出来。

在这个实例中用到了下面几个优化措施：

（1）使用堆优化开放列表：在find_path()方法中，使用Python 标准库中的heapq模块来实现优先队列，即open_heap。这样可以确保每次从开放列表中选择下一个要探索的节点时，都是选择总成本最低的节点，从而使搜索更加高效。

（2）避免重复访问已访问的节点：在算法中使用了两个字典open_diction和visited_diction来分别存储待访问的节点和已访问的节点。这样可以在将节点添加到开放列表之前检查它是否已经在已访问的节点中，从而避免了重复访问相同的节点，减少了不必要的计算。

（3）剪枝：在向开放列表添加新节点之前，会检查新节点的总成本是否比已经存在于开放列表中的相同节点的总成本更高。如果是，则不将新节点添加到开放列表中，这样可以减少开放列表中的节点数量，提高搜索效率。

（4）启发式函数优化：使用启发式函数来评估从当前节点到目标节点的估计成本，这里使用了欧几里得距离。启发式函数的良好选择可以加速A*算法的搜索过程，使其更快地找到最优路径。

通过这些优化措施，该算法可以更有效地在给定的图形环境中找到起始点到目标点的最优路径。

【实例2.3】 A*算法的基本优化（详细代码见本书配套资源codes/2/a_star_optimised.py）。

本实例的代码实现了一个基本的A*路径规划算法，并在处理过程中进行了一些优化，例如，使用堆来管理开放列表，以提高搜索效率。同时，通过将已访问的节点信息存储在字典中，避免了重复访问相同的节点，从而减少了计算量。对上述代码的具体说明如下：

（1）定义了类a_star，其构造函数__init__初始化了算法所需的一些参数，如环境边界、障碍物等。

（2）函数euc_dist()的功能是计算两个点之间的欧几里得距离。

（3）函数costfunction()的功能是定义了从一个点到另一个点的成本。在此实现中，该函数始终返回1，表示从一个点移动到另一个相邻点的固定成本。

（4）函数Sort_Tuple()的功能是排序元组列表中的元素，按照元组中的第二个元素进行排序。

（5）函数find_path()是实际执行A*搜索的部分。它维护了一个开放列表open_heap和两个字典open_diction和visited_diction，用于存储待访问和已访问的节点信息。

（6）在主函数main()中，分别定义了起始点、目标点和障碍物，并创建了一个a_star类的实例。然后调用find_path()方法找到路径，并将结果可视化。

（7）在__main__中调用main()函数以执行主程序。

执行后会打印输出如下从起始点到目标点的最优路径的节点列表，并绘制最优路径在给定环境中的具体位置可视化图，如图2.2所示。

```
[(10, 10), (10, 9), (9, 8), (8, 7), (8, 6), (7, 5), (6, 4), (6, 3), (5, 2),
```

```
(4, 1), (3, 0), (2, -1), (1, -2), (0, -3), (-1, -3), (-2, -4), (-3, -4),
(-4, -5), (-5, -5), (-6, -6), (-7, -7), (-8, -8), (-9, -9), (-10, -10),
(-10, -10)]
```

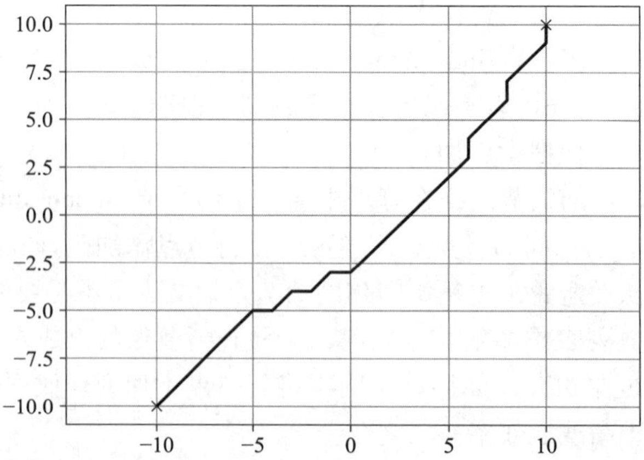

图2.2 最优路径可视化图

2.3.2 Hybrid A*算法优化

Hybrid A*算法是对A*算法的改进，它考虑了车辆动态学，并生成了更平滑的路径，以便车辆可以跟随。这可能意味着在生成路径时考虑车辆的转弯半径、加速度、速度限制等因素，以确保生成的路径更适合于车辆实际行驶。

Hybrid A*算法的核心思想是结合传统A*算法和车辆动力学模型，以生成更加平滑、更适合实际车辆行驶的路径。传统A*算法主要基于离散的节点进行路径搜索，而Hybrid A*算法在此基础上引入了车辆动力学模型，考虑了车辆的实际运动特性，例如，转弯半径、速度限制和加速度等。通过在搜索过程中考虑这些因素，Hybrid A*算法能够生成更平滑、更适合车辆行驶的路径，从而提高了路径规划的实用性和可行性。

Hybrid A*算法的实现流程如下：

（1）初始化参数：设置起始点和目标点，定义环境边界和障碍物等信息，初始化车辆动力学参数。

（2）生成初始路径：使用传统A*算法或其他启发式搜索算法生成一个初始路径作为起点。

（3）优化路径：对初始路径进行优化，以考虑车辆的动力学特性。这可能涉及调整路径以减小转弯半径、平滑路径以降低加速度变化等操作。

（4）评估路径：根据路径的平滑程度、长度、通过障碍物的情况等因素对路径进行评估，并计算路径的代价。

（5）搜索新路径：根据评估结果，在路径搜索空间中寻找更优的路径。这可能涉及在路径附近搜索新的路径片段，或者通过改变路径的一些参数来调整路径。

（6）迭代优化：重复执行优化和评估步骤，直到找到满足条件的最优路径或达到搜索的终止条件。

（7）打印输出最优路径：输出找到的最优路径，以便后续的车辆导航或控制。

例如，下面的实例实现了Hybrid A*算法，用于在给定的二维环境中找到从起始点到目标点的最优路径。该算法结合了离散的节点表示和连续的车辆动力学模型，以考虑车辆的实际运动特性。通过搜索离散节点和连续状态的组合，以及考虑转向和速度控制的影响，算法能够生成更加平滑、更适合实际车辆行驶的路径。最终，通过可视化方式展示找到的最优路径。

【实例2.4】　使用Hybrid A*算法平滑处理路径（详细代码见本书配套资源codes/2/hybrid_a_star_optimised.py）。

本实例代码的具体说明如下：

（1）字典possible_str和possible_sp：分别定义了可能的转向控制和速度控制，其中键表示控制名称，值表示对应的转向角度或速度。

（2）类hybrid_a_star：实现了Hybrid A*算法的路径规划功能。该类包含了初始化函数__init__、欧氏距离函数euc_dist()、成本函数costfunction()、路径搜索函数find_path()等，用于初始化环境参数、计算节点间距离和成本、搜索最优路径等功能。

（3）函数Sort_Tuple()：用于对元组列表进行排序，按照元组中的第二个元素（即成本）进行升序排序。

（4）函数find_path()：实现了Hybrid A*算法的路径搜索功能，该函数使用堆优化的方式搜索最优路径，考虑了转向和速度控制的影响，并返回找到的最优路径。

（5）主函数main()：程序的入口函数，用于设置起始点、目标点、障碍物等环境信息，并调用Hybrid A*算法的find_path()函数进行路径搜索。最后，根据搜索结果可视化展示找到的最优路径和环境信息，如图2.3所示。图中的黑点表示障碍物。

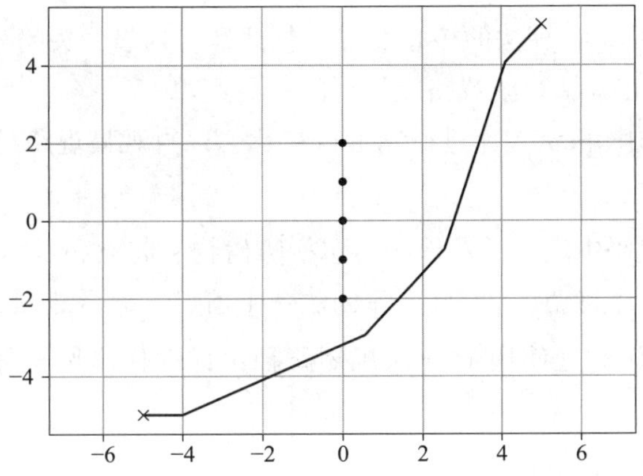

图2.3　最优路径和环境信息的可视化

本实例使用了如下优化技术：

（1）堆优化：在路径搜索过程中，使用堆来存储和管理待探索的节点，以确保每次选择总成本最低的节点进行探索，从而提高了搜索效率。

（2）预先计算：在初始化过程中，预先计算了可能的转向和速度控制的影响，并存储在字典中，避免了在搜索过程中重复计算，提高了运行效率。

（3）早期终止：在搜索过程中，如果发现当前节点到目标节点的距离小于一定阈值，即认为找到了最优路径，提前结束搜索，避免不必要的计算。

（4）有序列表：使用列表来存储路径中的节点信息，并通过Sort_Tuple()函数对列表进行排序，确保路径中的节点按照成本从低到高的顺序排列，提高了路径搜索效率。

2.4 A*算法的应用案例

A*算法在智能驾驶、无人机和机器人领域有着重要的应用。在智能驾驶中，该算法可用于规划车辆最短路径，以优化导航和避免交通拥堵。在机器人领域，算法可以用于路径规划，使机器人能够智能地导航和执行任务，例如在仓库中进行物流操作。

2.4.1 游戏开发中的路径规划

A*算法是一种常用的寻路算法，特别适用于游戏中角色的路径规划。在游戏开发中，A*算法被广泛应用于实现游戏角色的路径规划。以下例子展示了在游戏开发中使用A*算法进行路径规划的过程。

1. 项目目标

（1）路径规划示例：展示如何使用A*算法在游戏地图中找到从起点到目标点的最优路径。

（2）可视化展示：利用OpenCV库实现路径的可视化展示，以便直观地了解A*算法的工作过程。

2. 技术要点

（1）A*算法实现：展示A*算法的核心实现，包括开启列表、关闭列表、启发式函数等。

（2）C++编程：使用C++编写游戏路径规划的核心逻辑。

（3）OpenCV库：利用OpenCV库进行图形可视化，以直观呈现路径规划结果。

3. 使用方法

（1）定义地图：在代码中定义游戏地图，包括障碍物、起点和目标点。

（2）可视化展示：程序将使用OpenCV库创建一个窗口，展示地图、路径和其他相关信息。

【实例2.5】 在游戏中使用A*算法规划路径（详细代码见本书配套资源codes/2/game/game.cpp）。

本实例代码的实现流程如下：

（1）定义了一个C++类CPoint表示二维坐标点，其中包括坐标、路径代价（G值）、启发代价（H值）、总代价（F值）等成员。

（2）通过类CAStar实现了A*算法的核心逻辑，包括寻找最小F值点、更新路径代价、获取相邻可达点等操作。

（3）在主函数中构建了一个游戏地图，并指定起点和目标点，通过A*算法找到最优路径，并用OpenCV库可视化展示地图、障碍物、起点、目标点以及找到的路径。

（4）在图形窗口中展示了最终的路径规划结果，为游戏开发中的路径规划提供了示例。

执行后的效果如图2.4所示。其中，红色表示障碍块；白色绿边表示自由空间；蓝色表示起始点；黑色表示目标点；规划的路径用黄色块表示。

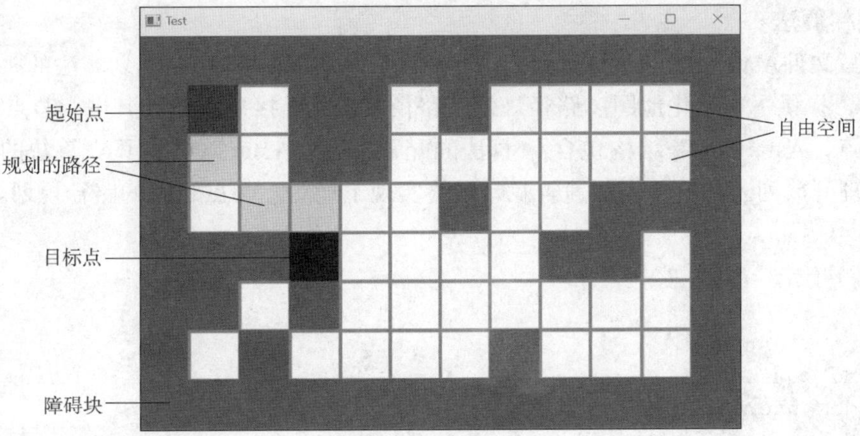

图2.4　执行效果

2.4.2　在机器人导航系统中的应用

A*算法在机器人导航系统中发挥着关键作用。首先，机器人通过传感器获取环境地图信息，包括障碍物、通行区域等。然后，利用A*算法进行路径规划，考虑地形、障碍物分布等因素，找到一条最优路径，以最小的代价实现从起点到目标点的导航。接着，机器人根据A*算法规划的路径进行智能导航，实时避开障碍物，完成自主移动。这样的路径规划方法使机器人能够高效、灵活地在复杂环境中导航，提高了自主机器人的工作效率和安全性。最后，系统可根据实时感知更新地图和路径，适应环境变化，保持导航的实时性和准确性，使机器人在各种应用场景中取得卓越的导航性能。

本项目是一个基于A*（A星）路径规划算法的ROS（机器人操作系统）应用，展示了A*算法在ROS中的实现，通过订阅地图信息，启动节点，接收起点和目标点，执行路径规划，并通过ROS话题发布路径信息。本项目的功能特点如下：

（1）A*路径规划算法实现：项目核心是A*算法，通过有效的启发式搜索，在给定地图上找到最佳路径。

（2）ROS节点应用：项目以ROS节点形式存在，接收地图信息、起点和目标点，执行路径规划，并发布路径信息。

（3）参数配置：用户可以通过ROS参数配置启发式计算方式、图像二值化阈值、膨胀半径等参数，以满足不同场景的需求。

（4）实时可视化：通过ROS话题发布路径信息，用户可以在RViz等可视化工具中实时查看A*算法计算得到的路径。

通过这个项目，可以帮助大家深入了解路径规划算法在机器人领域的应用，为进一步研究和开发提供基础。

【实例2.6】 基于ROS的机器人路径规划系统（codes/2/Astar/）。

本项目是一个使用A*算法实现的ROS节点，为机器人导航提供高效路径规划。该系统支持动态地图输入，灵活调整参数，通过可视化界面展示规划路径，为机器人在复杂环境中的自主导航提供可靠支持。

1. 实现A*算法

（1）编写文件Astar\include\Astar.h，这是一个C++实现的A*路径规划算法的头文件。它定义了Astar类，提供了初始化地图、路径规划、路径可视化等接口函数。其中，节点结构Node表示地图上的点，AstarConfig结构包含A*算法的配置参数，Astar类封装了A*算法的实现，使用优先队列管理开放列表和哈希表加速查找，最终实现了地图上两点之间的路径规划。

```
#ifndef ASTAR_H
#define ASTAR_H

#include <iostream>
#include <queue>
#include <unordered_map>
#include <opencv2/opencv.hpp>

using namespace std;
using namespace cv;

namespace pathplanning {

// 节点类型
enum NodeType {
    obstacle = 0,                        // 障碍物
    free,                                // 可通行
    inOpenList,                          // 在开放列表中
    InCloseList                          // 在关闭列表中
};

// 节点结构
struct Node {
    Point point;                         // 节点坐标
    int F, G, H;                         // 代价
    Node* parent;                        // 父节点

    Node(Point _point = Point(0, 0)) : point(_point), F(0), G(0), H(0),
    parent(NULL) {
    }
};

// 用于优先队列比较的结构
struct cmp {
    bool operator() (pair<int, Point> a, pair<int, Point> b) {
        return a.first > b.first;      // 最小堆
    }
};

// A*算法配置
struct AstarConfig {
    bool Euclidean;                              // 使用欧氏距离或曼哈顿距离
    int OccupyThresh;                            // 地图二值化阈值
    int InflateRadius;                           // 膨胀半径
```

```
    AstarConfig(bool _Euclidean = true, int _OccupyThresh = -1, int _
    InflateRadius = -1)
        : Euclidean(_Euclidean), OccupyThresh(_OccupyThresh), InflateRadius
          (_InflateRadius) {
    }
};

class Astar {

public:
    // 接口函数
    void InitAstar(Mat& _Map, AstarConfig _config = AstarConfig());
    void InitAstar(Mat& _Map, Mat& Mask, AstarConfig _config = AstarConfig());
    void PathPlanning(Point _startPoint, Point _targetPoint, vector<Point>& path);
    void DrawPath(Mat& _Map, vector<Point>& path, InputArray Mask = noArray(),
                  Scalar color = Scalar(0, 0, 255), int thickness = 1,
                  Scalar maskcolor = Scalar(255, 255, 255));

    // 内联函数，将二维坐标转换为一维索引
    inline int point2index(Point point) {
        return point.y * Map.cols + point.x;
    }

    // 内联函数，将一维索引转换为二维坐标
    inline Point index2point(int index) {
        return Point(int(index / Map.cols), index % Map.cols);
    }

private:
    void MapProcess(Mat& Mask);                        // 地图处理
    Node* FindPath();                                  // 寻找路径
    void GetPath(Node* TailNode, vector<Point>& path);  // 获取路径

private:
    // 成员变量
    Mat Map;                                           // 地图
    Point startPoint, targetPoint;                     // 起始点和目标点
    Mat neighbor;                                      // 邻居矩阵

    Mat LabelMap;                                      // 标签地图
    AstarConfig config;                                // A*算法配置

    // 优先队列及哈希表
    priority_queue<pair<int, Point>, vector<pair<int, Point>>, cmp> OpenList;
    unordered_map<int, Node*> OpenDict;
    vector<Node*> PathList;
};

}  // namespace pathplanning
```

```
#endif // ASTAR_H
```

（2）编写文件Astar\src\Astar.cpp，功能是实现了A*算法，用于在给定的地图中进行路径规划。通过初始化地图、配置参数，以及调用路径规划函数，可以获取起点到目标点的最优路径。另外，此文件还提供了绘制路径和地图预处理的功能，以及将地图坐标转换为图像坐标的工具函数。

```
#include "Astar.h"

namespace pathplanning{

// 初始化A*算法，如果没有遮罩图，则默认初始化为空
void Astar::InitAstar(Mat& _Map, AstarConfig _config)
{
    Mat Mask;
    InitAstar(_Map, Mask, _config);
}

// 初始化A*算法，包括地图、遮罩图和配置参数
void Astar::InitAstar(Mat& _Map, Mat& Mask, AstarConfig _config)
{
    char neighbor8[8][2] = {
            {-1, -1}, {-1, 0}, {-1, 1},
            {0, -1}, {0, 1},
            {1, -1}, {1, 0}, {1, 1}
    };

    Map = _Map;
    config = _config;
    neighbor = Mat(8, 2, CV_8S, neighbor8).clone();

    MapProcess(Mask);
}

// 路径规划入口函数，给定起点和目标点，返回路径
void Astar::PathPlanning(Point _startPoint, Point _targetPoint, vector<Point>& path)
{
    // 获取起点和目标点
    startPoint = _startPoint;
    targetPoint = _targetPoint;

    // 调用A*算法，返回尾节点
    Node* TailNode = FindPath();
    // 根据尾节点获取路径
    GetPath(TailNode, path);
}

// 在地图上绘制路径，可以传入遮罩图
void Astar::DrawPath(Mat& _Map, vector<Point>& path, InputArray Mask, Scalar color,
        int thickness, Scalar maskcolor)
{
```

```
    if(path.empty())
    {
        cout << "Path is empty!" << endl;
        return;
    }
    _Map.setTo(maskcolor, Mask);
    for(auto it:path)
    {
        rectangle(_Map, it, it, color, thickness);
    }
}

// 地图预处理，包括二值化、膨胀等
void Astar::MapProcess(Mat& Mask)
{
    int width = Map.cols;
    int height = Map.rows;
    Mat _Map = Map.clone();

    // 将RGB图像转为灰度图像
    if(_Map.channels() == 3)
    {
        cvtColor(_Map.clone(), _Map, cv::COLOR_BGR2GRAY);
    }

    // 二值化处理
    if(config.OccupyThresh < 0)
    {
        threshold(_Map.clone(), _Map, 0, 255, cv::THRESH_OTSU);
    } else
    {
        threshold(_Map.clone(), _Map, config.OccupyThresh, 255, cv::THRESH_BINARY);
    }

    // 膨胀处理
    Mat src = _Map.clone();
    if(config.InflateRadius > 0)
    {
        Mat se = getStructuringElement(MORPH_ELLIPSE, Size(2 * config.
        InflateRadius, 2 * config.InflateRadius));
        erode(src, _Map, se);
    }

    // 获取遮罩图
    bitwise_xor(src, _Map, Mask);

    // 初始化LabelMap
    LabelMap = Mat::zeros(height, width, CV_8UC1);
    for(int y=0;y<height;y++)
    {
        for(int x=0;x<width;x++)
```

```
            {
                if(_Map.at<uchar>(y, x) == 0)
                {
                    LabelMap.at<uchar>(y, x) = obstacle;
                }
                else
                {
                    LabelMap.at<uchar>(y, x) = free;
                }
            }
        }
}

// A*算法的核心实现，返回路径的尾节点
Node* Astar::FindPath()
{
    int width = Map.cols;
    int height = Map.rows;
    Mat _LabelMap = LabelMap.clone();

    // 将起点加入OpenList
    Node* startPointNode = new Node(startPoint);
    OpenList.push(pair<int, Point>(startPointNode->F, startPointNode->point));
    int index = point2index(startPointNode->point);
    OpenDict[index] = startPointNode;
    _LabelMap.at<uchar>(startPoint.y, startPoint.x) = inOpenList;

    while(!OpenList.empty())
    {
        // 找到F值最小的节点
        Point CurPoint = OpenList.top().second;
        OpenList.pop();
        int index = point2index(CurPoint);
        Node* CurNode = OpenDict[index];
        OpenDict.erase(index);

        int curX = CurPoint.x;
        int curY = CurPoint.y;
        _LabelMap.at<uchar>(curY, curX) = inCloseList;

        // 判断是否到达目标点
        if(curX == targetPoint.x && curY == targetPoint.y)
        {
            return CurNode; // 找到有效路径
        }

        // 遍历周围的节点
        for(int k = 0;k < neighbor.rows;k++)
        {
            int y = curY + neighbor.at<char>(k, 0);
            int x = curX + neighbor.at<char>(k, 1);
```

```
if(x < 0 || x >= width || y < 0 || y >= height)
{
    continue;
}
if(_LabelMap.at<uchar>(y, x) == free || _LabelMap.at<uchar>(y,
x) == inOpenList)
{
    // 判断是否可以通过对角线
    int dist1 = abs(neighbor.at<char>(k, 0)) + abs(neighbor.
    at<char>(k, 1));
    if(dist1 == 2 && _LabelMap.at<uchar>(y, curX) == obstacle
    && _LabelMap.at<uchar>(curY, x) == obstacle)
        continue;

    // 计算G、H、F值
    int addG, G, H, F;
    if(dist1 == 2)
    {
        addG = 14;
    }
    else
    {
        addG = 10;
    }
    G = CurNode->G + addG;
    if(config.Euclidean)
    {
        int dist2 = (x - targetPoint.x) * (x - targetPoint.x)
        + (y - targetPoint.y) * (y - targetPoint.y);
        H = round(10 * sqrt(dist2));
    }
    else
    {
        H = 10 * (abs(x - targetPoint.x) + abs(y - targetPoint.
        y));
    }
    F = G + H;

    // 更新节点的G、H、F值
    if(_LabelMap.at<uchar>(y, x) == free)
    {
        Node* node = new Node();
        node->point = Point(x, y);
        node->parent = CurNode;
        node->G = G;
        node->H = H;
        node->F = F;
        OpenList.push(pair<int, Point>(node->F, node->point));
        int index = point2index(node->point);
        OpenDict[index] = node;
        _LabelMap.at<uchar>(y, x) = inOpenList;
```

```
                }
                else // _LabelMap.at<uchar>(y, x) == inOpenList
                {
                    // 找到节点
                    int index = point2index(Point(x, y));
                    Node* node = OpenDict[index];
                    if(G < node->G)
                    {
                        node->G = G;
                        node->F = F;
                        node->parent = CurNode;
                    }
                }
            }
        }
    }

    return NULL; // 未找到有效路径
}

// 根据尾节点获取路径
void Astar::GetPath(Node* TailNode, vector<Point>& path)
{
    PathList.clear();
    path.clear();

    // 将路径保存到PathList
    Node* CurNode = TailNode;
    while(CurNode != NULL)
    {
        PathList.push_back(CurNode);
        CurNode = CurNode->parent;
    }

    // 将路径保存到vector<Point>
    int length = PathList.size();
    for(int i = 0;i < length;i++)
    {
        path.push_back(PathList.back()->point);
        PathList.pop_back();
    }

    // 释放内存
    while(OpenList.size()) {
        Point CurPoint = OpenList.top().second;
        OpenList.pop();
        int index = point2index(CurPoint);
        Node* CurNode = OpenDict[index];
        delete CurNode;
    }
    OpenDict.clear();
```

```
    }
    
    }
```

2. 占据栅格地图的坐标转换

占据栅格地图的坐标转换指的是在占据栅格地图中，通过转换坐标系统，实现图像坐标和地图坐标之间的相互转换。在机器人导航和路径规划中，占据栅格地图是一种常见的地图表示方式，其中每个栅格代表地图上的一个小区域，栅格的状态表示该区域是否被占据（occupied）。这样的坐标转换功能对于在机器人导航系统中进行传感器数据和地图的配准以及路径规划等任务非常重要。

（1）编写文件Astar\include\OccMapTransform.h，定义了一个名为OccupancyGridParam 的类，用于处理占据栅格地图的参数及坐标变换。该类包含了获取地图参数、图像坐标到地图坐标的转换以及地图坐标到图像坐标的转换等接口。通过这些功能，可以方便地进行占据栅格地图的信息处理和坐标转换。

```
#ifndef OCCMAPTRANSFORM_H
#define OCCMAPTRANSFORM_H

#include <iostream>
#include <cmath>
#include <nav_msgs/OccupancyGrid.h>
#include <tf/tf.h>
#include <opencv2/opencv.hpp>

using namespace std;
using namespace cv;

//------------------------------- 类定义 --------------------------------//
class OccupancyGridParam {

public: // 接口
    void GetOccupancyGridParam(nav_msgs::OccupancyGrid OccGrid);
                                    // 获取占据栅格地图参数
    void Image2MapTransform(Point& src_point, Point2d& dst_point);
                                    // 图像坐标到地图坐标变换
    void Map2ImageTransform(Point2d& src_point, Point& dst_point);
                                    // 地图坐标到图像坐标变换


private: // 私有函数

public:  // 公有变量
    double resolution;              // 分辨率
    int height;                     // 高度
    int width;                      // 宽度
    // 地图原点姿态
    double x;
    double y;
    double theta;
```

```
private: // 私有变量
    // 变换矩阵
    Mat R;
    Mat t;

};

#endif //OCCMAPTRANSFORM_H
```

（2）编写文件Astar\src\OccMapTransform.cpp，功能是将ROS中激光SLAM算法产生的地图坐标系和图像坐标系进行转换的。通过获取占据栅格地图的参数，包括分辨率、高度、宽度、原点位置和姿态等信息，实现了地图到图像坐标的转换以及图像到地图坐标的转换。具体的转换过程包括旋转、平移和上下翻转等几何变换操作。

```
#include "OccMapTransform.h"

// 获取占据栅格地图参数
void OccupancyGridParam::GetOccupancyGridParam(nav_msgs::OccupancyGrid OccGrid) {
    // 获取参数
    resolution = OccGrid.info.resolution;
    height = OccGrid.info.height;
    width = OccGrid.info.width;
    x = OccGrid.info.origin.position.x;
    y = OccGrid.info.origin.position.y;

    double roll, pitch, yaw;
    geometry_msgs::Quaternion q = OccGrid.info.origin.orientation;
    tf::Quaternion quat(q.x, q.y, q.z, q.w);  // x, y, z, w
    tf::Matrix3x3(quat).getRPY(roll, pitch, yaw);
    theta = yaw;

    // 计算R, t
    R = Mat::zeros(2, 2, CV_64FC1);
    R.at<double>(0, 0) = resolution * cos(theta);
    R.at<double>(0, 1) = resolution * sin(-theta);
    R.at<double>(1, 0) = resolution * sin(theta);
    R.at<double>(1, 1) = resolution * cos(theta);
    t = Mat(Vec2d(x, y), CV_64FC1);
}

// 图像到地图坐标的变换
void OccupancyGridParam::Image2MapTransform(Point& src_point, Point2d& dst_point) {
    // 上下翻转
    Mat P_src = Mat(Vec2d(src_point.x, height - 1 - src_point.y), CV_64FC1);
    // 旋转和平移
    Mat P_dst = R * P_src + t;

    dst_point.x = P_dst.at<double>(0, 0);
    dst_point.y = P_dst.at<double>(1, 0);
}
```

```
// 地图到图像坐标的变换
void OccupancyGridParam::Map2ImageTransform(Point2d& src_point, Point& dst_point) {
    Mat P_src = Mat(Vec2d(src_point.x, src_point.y), CV_64FC1);
    // 旋转和平移
    Mat P_dst = R.inv() * (P_src - t);
    // 上下翻转
    dst_point.x = round(P_dst.at<double>(0, 0));
    dst_point.y = height - 1 - round(P_dst.at<double>(1, 0));
}
```

3. 准备地图

文件Astar\maps\gmapping-005.pgm是激光SLAM（simultaneous localization and mapping）算法中使用的激光雷达建图阶段生成的栅格地图，这种地图通常以PGM（portable graymap）格式保存，其中每个像素的灰度值表示相应位置的占据概率。在本项目中，该地图文件用于测试A*路径规划算法的输入地图，如图2.5所示。

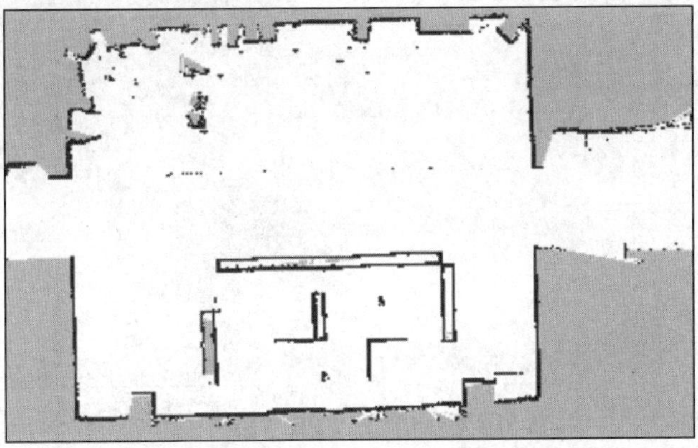

图2.5　地图文件

4. 主程序

编写文件Astar\src\main.cpp，这是一个ROS节点，使用A*算法进行路径规划。它订阅了地图map，起始点initialpose和目标点move_base_simple/goal的话题，通过初始化A*算法类，处理地图，计算路径，并发布规划好的路径nav_path和处理后的地图mask。另外，这个ROS节点还根据参数进行路径规划和地图处理，可以配置使用欧氏距离或曼哈顿距离，设置占据阈值、膨胀半径等参数。

```
#include <iostream>
#include <ros/ros.h>
#include <nav_msgs/OccupancyGrid.h>
#include <nav_msgs/Path.h>
#include <geometry_msgs/PoseWithCovarianceStamped.h>
#include <geometry_msgs/PoseStamped.h>
#include <geometry_msgs/Quaternion.h>
#include <opencv2/opencv.hpp>
#include "Astar.h"
#include "OccMapTransform.h"

using namespace cv;
```

```
using namespace std;

//------------------------------ 全局变量 --------------------------------//
// 订阅者
ros::Subscriber map_sub;
ros::Subscriber startPoint_sub;
ros::Subscriber targetPoint_sub;
// 发布者
ros::Publisher mask_pub;
ros::Publisher path_pub;

// 对象
nav_msgs::OccupancyGrid OccGridMask;
nav_msgs::Path path;
pathplanning::AstarConfig config;
pathplanning::Astar astar;
OccupancyGridParam OccGridParam;
Point startPoint, targetPoint;

// 参数
double InflateRadius;
bool map_flag;
bool startpoint_flag;
bool targetpoint_flag;
bool start_flag;
int rate;

//------------------------------ 回调函数 --------------------------------//
void MapCallback(const nav_msgs::OccupancyGrid& msg)
{
    // 获取参数
    OccGridParam.GetOccupancyGridParam(msg);

    // 获取地图
    int height = OccGridParam.height;
    int width = OccGridParam.width;
    int OccProb;
    Mat Map(height, width, CV_8UC1);
    for(int i=0; i<height; i++)
    {
        for(int j=0; j<width; j++)
        {
            OccProb = msg.data[i * width + j];
            OccProb = (OccProb < 0) ? 100 : OccProb; // 将Unknown设置为0
            // OccGrid的原点在地图的左下角
            Map.at<uchar>(height-i-1, j) = 255 - round(OccProb * 255.0 / 100.0);
        }
    }

    // 初始化Astar
    Mat Mask;
```

```
    config.InflateRadius = round(InflateRadius / OccGridParam.resolution);
    astar.InitAstar(Map, Mask, config);

    // 发布Mask
    OccGridMask.header.stamp = ros::Time::now();
    OccGridMask.header.frame_id = "map" ;
    OccGridMask.info = msg.info;
    OccGridMask.data.clear();
    for(int i=0; i<height; i++)
    {
        for(int j=0; j<width; j++)
        {
            OccProb = Mask.at<uchar>(height-i-1, j) * 255;
            OccGridMask.data.push_back(OccProb);
        }
    }

    // 设置标志
    map_flag = true;
    startpoint_flag = false;
    targetpoint_flag = false;
}

void StartPointCallback(const geometry_msgs::PoseWithCovarianceStamped& msg)
{
    Point2d src_point = Point2d(msg.pose.pose.position.x, msg.pose.pose.position.y);
    OccGridParam.Map2ImageTransform(src_point, startPoint);

    // 设置标志
    startpoint_flag = true;
    if(map_flag && startpoint_flag && targetpoint_flag)
    {
        start_flag = true;
    }

//    ROS_INFO("startPoint: %f %f %d %d", msg.pose.pose.position.x, msg.
      pose.pose.position.y,
//             startPoint.x, startPoint.y);
}

void TargetPointtCallback(const geometry_msgs::PoseStamped& msg)
{
    Point2d src_point = Point2d(msg.pose.position.x, msg.pose.position.y);
    OccGridParam.Map2ImageTransform(src_point, targetPoint);

    // 设置标志
    targetpoint_flag = true;
    if(map_flag && startpoint_flag && targetpoint_flag)
    {
        start_flag = true;
    }
```

```
//    ROS_INFO("targetPoint: %f %f %d %d", msg.pose.position.x, msg.pose.
      position.y,
//              targetPoint.x, targetPoint.y);
}

//------------------------------- 主函数 --------------------------------//
int main(int argc, char * argv[])
{
    // 初始化节点
    ros::init(argc, argv, "astar");
    ros::NodeHandle nh;
    ros::NodeHandle nh_priv("~");
    ROS_INFO("Start astar node!\n");

    // 初始化变量
    map_flag = false;
    startpoint_flag = false;
    targetpoint_flag = false;
    start_flag = false;

    // 参数
    nh_priv.param<bool>("Euclidean", config.Euclidean, true);
    nh_priv.param<int>("OccupyThresh", config.OccupyThresh, -1);
    nh_priv.param<double>("InflateRadius", InflateRadius, -1);
    nh_priv.param<int>("rate", rate, 10);

    // 订阅话题
    map_sub = nh.subscribe("map", 10, MapCallback);
    startPoint_sub = nh.subscribe("initialpose", 10, StartPointCallback);
    targetPoint_sub = nh.subscribe("move_base_simple/goal", 10,
    TargetPointtCallback);

    // 广播话题
    mask_pub = nh.advertise<nav_msgs::OccupancyGrid>("mask", 1);
    path_pub = nh.advertise<nav_msgs::Path>("nav_path", 10);

    // 循环等待回调
    ros::Rate loop_rate(rate);
    while(ros::ok())
    {
        if(start_flag)
        {
            double start_time = ros::Time::now().toSec();
            // 开始规划路径
            vector<Point> PathList;
            astar.PathPlanning(startPoint, targetPoint, PathList);
            if(!PathList.empty())
            {
                path.header.stamp = ros::Time::now();
                path.header.frame_id = "map";
```

```
                path.poses.clear();
                for(int i=0; i<PathList.size(); i++)
                {
                    Point2d dst_point;
                    OccGridParam.Image2MapTransform(PathList[i], dst_point);

                    geometry_msgs::PoseStamped pose_stamped;
                    pose_stamped.header.stamp = ros::Time::now();
                    pose_stamped.header.frame_id = "map";
                    pose_stamped.pose.position.x = dst_point.x;
                    pose_stamped.pose.position.y = dst_point.y;
                    pose_stamped.pose.position.z = 0;
                    path.poses.push_back(pose_stamped);
                }
                path_pub.publish(path);
                double end_time = ros::Time::now().toSec();

                ROS_INFO("Find a valid path successfully! Use %f s",
                end_time - start_time);
            }
            else
            {
                ROS_ERROR("Can not find a valid path");
            }

            // 设置标志
            start_flag = false;
        }

        if(map_flag)
        {
            mask_pub.publish(OccGridMask);
        }

        loop_rate.sleep();
        ros::spinOnce();
    }

    return 0;
}
```

5. 调试运行

（1）启动ROS节点：使用如下roslaunch命令启动A*算法的ROS节点。

```
roslaunch astar astar.launch
```

（2）订阅路径信息：使用如下rostopic命令订阅nav_path话题。

```
rostopic echo /nav_path
```

这将显示路径信息，其中包括一系列包含(x, y)坐标的ROS消息。

（3）使用RViz进行可视化：使用RViz（ROS visualization）工具创建一个Path显示器，将路径信息进行可视化。在RViz中添加一个Path显示器，并订阅/nav_path话题。效果如图2.6所示。

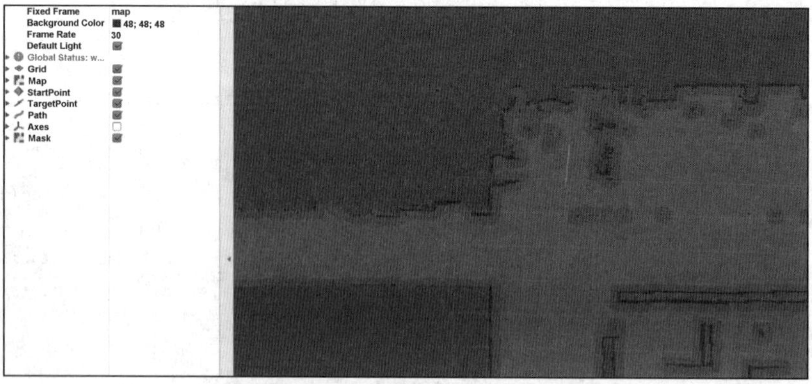

图2.6 路径在地图中的可视化效果

小　结

本章全面介绍了A*算法，探讨了其历史背景、核心思想及实现步骤，重点强调了启发式函数在路径规划中的重要性。通过分析A*算法的基本优化措施以及Hybrid A*算法的增强版本，读者可以深入理解如何提高算法的效率和适应性。此外，结合游戏开发和机器人导航的实际应用案例，本章展示了A*算法在复杂环境中的广泛应用，帮助读者掌握如何将其高效应用于实际项目中。

习　题

一、填空题

1. A*算法结合了Dijkstra算法和____________的思想，通过优先选择距离目标较近的节点来加速路径搜索。

2. 在A*算法中，估算函数通常用____________来衡量当前节点到目标节点的预估距离。

3. Hybrid A*算法通过增加____________，使得算法可以更好地处理复杂环境中的非线性路径规划问题。

二、思考题

1. 为什么A*算法比Dijkstra算法在路径规划中更高效？启发式函数在A*算法中起到了什么作用？

2. 如何选择合适的启发式函数来优化A*算法？启发式函数不合理会带来什么影响？

第3章 Bellman-Ford算法

在智能网联汽车领域，Bellman-Ford算法可用于动态交通流量优化、自动驾驶中的路径规划，以及处理交通信号灯等负权边场景。本章将详细讲解Bellman-Ford算法在智能网联汽车中的应用，包括其在处理负权边问题、大规模图优化以及自动驾驶中的具体实现，帮助读者理解如何高效利用该算法解决智能交通中的复杂路径规划问题。

学习目标

◎ 理解Bellman-Ford算法的基本原理和历史背景：掌握该算法的起源、发展历程及其在路径规划领域中的重要性，了解其与其他路径规划算法的对比优势。

◎ 熟悉Bellman-Ford算法的实现步骤和图的表示方法：学习如何在不同类型的图中应用Bellman-Ford算法，理解其处理负权边的能力，并掌握如何有效表示图结构。

◎ 探索Bellman-Ford算法的应用场景：通过案例分析，了解该算法在负权边最短路径问题、网络流量优化和自动驾驶等领域的实际应用，提高解决相关问题的能力。

◎ 识别Bellman-Ford算法的局限性及改进策略：分析算法在处理负权回路和大规模图时的局限性，并学习改进方法以提升算法的效率和适应性。

◎ 通过实战项目加深理解：参与自动驾驶应用中的Bellman-Ford算法实现，掌握调试与运行的技巧，并通过Flask Web框架实现路径规划的可视化，提高实际开发能力。

3.1 Bellman-Ford算法介绍

Bellman-Ford算法是解决单源最短路径问题的一种算法。它的核心思想是通过对所有边进行松弛操作，逐步更新节点的最短路径估计值。

3.1.1 背景与历史

Bellman-Ford算法是一种计算加权有向图中从单个源顶点到所有其他顶点的最短路径的算法，该算法最初由Alfonso Shimbel（1955年）提出，但实际上是以Richard Bellman和Lester Ford Jr.的名字命名的。

美国数学家Richard Bellman和加拿大数学家Lester Ford在1958年共同提出了相关算法的论文，所以被命名为Bellman-Ford。这个算法最初是为了解决离散动态规划问题而设计的，而最短路径问题正是其中之一。

Richard Bellman是随机动态规划的奠基人之一，他在20世纪50年代初提出了动态规划的基本概念。Bellman-Ford算法是其中的一部分，被应用于解决单源最短路径问题。Bellman-Ford算法的提出为图论和网络优化问题的研究提供了有力的工具，尤其是考虑到它能够处理带有负权边的图。

Bellman-Ford算法的发展历程主要集中在其提出之后的数十年中，其中关键的发展阶段和相关节点如下：

（1）初期提出（1958年）：Richard Bellman和Lester Ford在1958年的论文中首次提出了Bellman-Ford算法。他们的目标是解决离散动态规划问题，其中最短路径问题是一个重要的子问题。

（2）应用领域扩展：随着计算机科学和网络理论的发展，Bellman-Ford算法被广泛应用于网络优化、通信网络以及路由算法等领域。其能够处理带有负权边的图的特性使其在一些实际问题中表现出色。

（3）改进和优化：随着对算法的深入研究，一些学者提出了一些对Bellman-Ford算法的改进和优化，以减小其时间复杂度。这包括一些变体，如队列优化、Delta-Stepping算法等，旨在提高算法在实际应用中的效率。

（4）并行化研究：随着并行计算的兴起，研究人员也开始关注如何将Bellman-Ford算法并行化，以加速其处理大规模图的能力。并行算法的设计成为一个活跃的研究领域。

（5）新的应用场景：随着计算机科学和网络技术的不断发展，Bellman-Ford算法在新的应用场景中不断得到应用。例如，在实时系统、流量工程、链路状态路由等方面，它依然发挥着关键作用。

总体而言，Bellman-Ford算法作为解决最短路径问题的经典算法，在理论研究和实际应用上都有着丰富的发展历程，它的设计理念和特性使得它在特定的情况下仍然是一个有用的工具。

3.1.2 应用领域与典型场景

Bellman-Ford算法在许多领域和场景中都有广泛的应用，尤其是由于其能够处理带有负权边的图。总结来说，Bellman-Ford算法的主要应用领域和场景如下：

（1）网络路由：在计算机网络中，Bellman-Ford算法可以用于计算最短路径，特别是在路由算法中。它适用于动态网络环境，能够处理链路权重变化的情况，例如网络拓扑变化或链路负载变化。

（2）通信网络：在通信网络中，Bellman-Ford算法被用于路由表的计算，以确定数据包的最佳传输路径。它的灵活性使其适用于各种网络环境。

（3）流量工程：在流量工程中，Bellman-Ford算法可用于优化网络中的流量分布，确保数据以最短路径传输，以提高网络性能和吞吐量。

（4）链路状态路由协议：Bellman-ford算法的一种变体被用于链路状态路由协议，如OSPF（open shortest path First）协议，用于在企业和互联网环境中动态计算最短路径。

（5）电力网络规划：在电力系统规划中，Bellman-Ford算法可以用于计算电力网中的最短路径，以优化电力传输和分配。

（6）航空业中的航线规划：在航空业中，Bellman-Ford算法可用于计算航线的最短路径，以优化航班计划和航线规划。

（7）金融风险管理：在金融领域，Bellman-Ford算法可用于建模和计算不同金融资产之间的最短路径，帮助评估风险和优化投资组合。

总体而言，Bellman-Ford算法在许多实际应用中都有广泛的应用，特别是在那些需要处理动态变化和负权边的场景下，其灵活性和适应性使得它成为解决各种最短路径问题的有力工具。

3.1.3　Bellman-Ford算法与其他路径规划算法的对比

在本书前面的内容中，已经学习了Dijkstra算法和A*算法的知识，和Bellman-Ford算法一样，它们都是用于解决图中最短路径问题的算法，但它们在实现和应用上有一些显著的区别。

1. 处理负权边问题

（1）Bellman-Ford：能够处理图中存在负权边的情况，因此适用于具有负权边的图。

（2）Dijkstra和A*：不能处理负权边，因为它们的基本假设是所有边的权重都是非负的。

2. 最优子结构性质

（1）Bellman-Ford：通过对所有边进行松弛操作，逐步更新节点的最短路径估计值，具有最优子结构性质。

（2）Dijkstra和A*：同样具有最优子结构性质，但通过贪心策略进行局部优化，不适用于包含负权边的情况。

3. 运行时间复杂度

（1）Bellman-Ford：时间复杂度为$O(V*E)$，其中V是节点数，E是边数。时间复杂度相对较高，尤其在边数较多的情况下。

（2）Dijkstra和A*：在实际应用中，Dijkstra算法的时间复杂度为$O((V+E)*\log(V))$，A*算法的时间复杂度取决于启发函数的选择，但通常情况下也较为高效。

4. 适用场景

（1）Bellman-Ford：适用于带有负权边的图，也可用于检测图中是否存在负权环。

（2）Dijkstra：适用于没有负权边的图，是一种常用的最短路径算法。

（3）A*：主要用于图搜索问题，通过启发式函数进行优化，通常在具有启发信息的情况下表现良好。

5. 路径选择方式：

（1）Bellman-Ford：可以计算从源节点到所有其他节点的最短路径。

（2）Dijkstra和A*：通常计算从源节点到特定目标节点的最短路径。

6. 启发性质

（1）Bellman-Ford：不依赖于启发式信息，是一种基于动态规划的算法。

（2）Dijkstra和A*：Dijkstra算法是一种贪心算法，A*算法结合了贪心策略和启发式信息，具有更好的效率。

综合来说，选择适当的算法取决于图的性质和问题的特点。如果图中存在负权边，Bellman-Ford算法是一个合适的选择；而在没有负权边的情况下，Dijkstra算法和A*算法通常更为常用。

3.1.4 图的表示方法

Bellman-Ford算法可以适用于图的不同表示方法，其中邻接矩阵和邻接表是两种常见的表示方式。下面分别介绍这两种表示方法，展示使用Bellman-Ford算法找到图中最短路径的方法。

1. 邻接矩阵

邻接矩阵（adjacency matrix）是一个二维数组，其中矩阵的行和列分别代表图中的节点，矩阵的元素表示节点之间的边的关系。

（1）表示方式：若存在边(i, j)，则矩阵的第i行第j列的元素为1。若不存在边(i, j)，则矩阵的第i行第j列的元素为0。

（2）优点：查找两个节点之间是否有边的关系非常高效，时间复杂度为$O(1)$。

（3）缺点：对于稀疏图（边相对较少）而言，矩阵中大部分元素为0，造成空间浪费。

例如，下面的邻接矩阵举例：

```
  0 1 2 3
0 0 1 1 0
1 1 0 1 1
2 1 1 0 0
3 0 1 0 0
```

2. 邻接表

邻接表（adjacency list）是由若干个链表构成的集合，其中每个链表表示图中一个节点及其相邻节点。

（1）表示方式：对于每个节点，用一个链表存储其相邻的节点。

（2）优点：对于稀疏图而言，邻接表更为节省空间，因为只存储存在的边。遍历节点的相邻节点更为高效，时间复杂度取决于节点的度数。

（3）缺点：查找两个节点之间是否有边的关系的时间复杂度较高，需要遍历链表。

例如，下面的邻接表举例：

```
0: 1 2
1: 0 2 3
2: 0 1
3: 1
```

在实际应用中，选择邻接矩阵还是邻接表取决于图的规模、密度以及算法的需求。邻接矩阵适合表示稠密图，而邻接表适合表示稀疏图。

3.2 Bellman-Ford算法的应用案例

Bellman-Ford算法在许多实际应用中都有广泛的应用，特别是在网络和路径规划领域。在本节内容中，将详细讲解Bellman-Ford算法的应用案例。

3.2.1　解决负权边的最短路径问题

下面是一个简单的Python例子，演示了使用Bellman-Ford算法解决含有负权边的最短路径问题。我们将使用一个模拟的场景：一辆汽车需要穿越城市之间的道路网络，每条道路都有一个特定的距离（有可能是负数，代表着某些道路是陡坡下坡），我们需要找到汽车从起点到终点的最短路径。

【实例3.1】 计算汽车从起点到终点的最短路径（详细代码见本书配套资源codes/3/city.py）。

本实例代码的实现流程如下：

（1）定义两个类：Edge和Graph。类Edge表示图中的边，其中包含了边的起点、终点和权重信息。Graph类表示整个图，其中包含了节点数量和边的信息。

（2）实现了Bellman-Ford算法的主要逻辑。首先，初始化了一个距离数组，用于存储从起点到每个节点的最短距离。然后，对图中的所有边进行V-1次松弛操作，其中V是节点数量。每次松弛操作都尝试通过更新距离数组来找到更短的路径。

（3）检查是否存在负权边循环。遍历所有的边，并再次尝试通过更新距离数组来找到更短的路径。如果在V-1次松弛操作后仍然可以找到更短的路径，则说明图中存在负权边循环。

（4）打印输出从起点到各个节点的最短距离，并调用plot_graph方法来可视化图。在可视化图中，我们使用Matplotlib库绘制了每条边，并标记了起点。这样可以直观地看到从起点到各个节点的最短路径，以及路径的分叉情况。

执行后会输出下面的路径信息，并绘制如图3.1所示的路径可视化图。这个可视化图显示了从起点到每个节点的最短路径，每个节点代表一个城市，而边代表连接城市的道路。在这个特定的例子中，由于图中存在负权边，因此可能会出现路径的分叉，这是因为Bellman-Ford算法可以通过负权边找到更短的路径。因此，最终的可视化图可能会显示出从起点到某些节点存在多条最短路径，这些路径可能会在某些节点处分叉。

```
从源节点到各节点的最短距离：
0         0
1         1
2         2
3         4
4         6
```

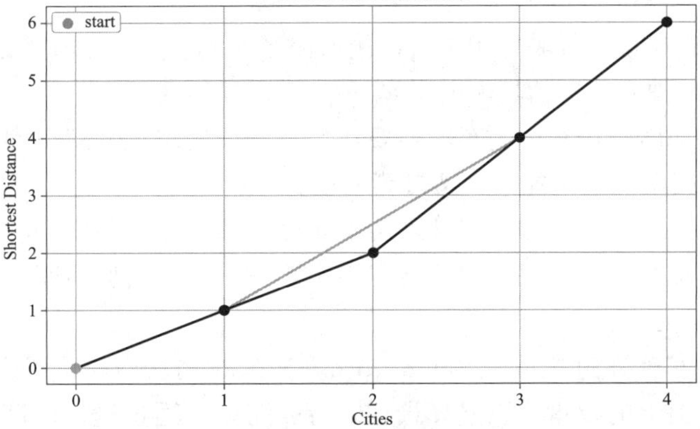

图3.1　Bellman-Ford算法的可视化

3.2.2 在网络流量优化中的应用

网络流量优化是一个复杂的主题，Bellman-Ford算法可以用于路径选择，但在实际网络环境中的可视化呈现可能较为庞大。例如，下面是一个使用Bellman-Ford算法的例子，演示了实现一个简化的网络拓扑结构的过程，并使用Matplotlib进行可视化操作。在这个例子中将模拟一个局域网内的数据包传输过程，其中每个设备表示为一个节点，设备之间的连接表示为边。我们将使用Bellman-Ford算法来找到从源节点到其他节点的最短路径，并使用Matplotlib可视化整个网络拓扑以及最短路径。

【实例3.2】 在网络拓扑结构中寻找最短路径并可视化（详细代码见本书配套资源codes/3/net.py）。

在本实例代码中，使用Matplotlib绘制了一个简化的网络拓扑结构。每个节点表示为一个圆点，每条边表示为一个连接节点的线段。Bellman-Ford算法找到的最短路径被着重显示为绿色线段，起点标记为红色圆点。通过这种可视化方式，我们可以直观地看到数据包在网络中的传输路径，以及Bellman-Ford算法如何选择最短路径，如图3.2所示。

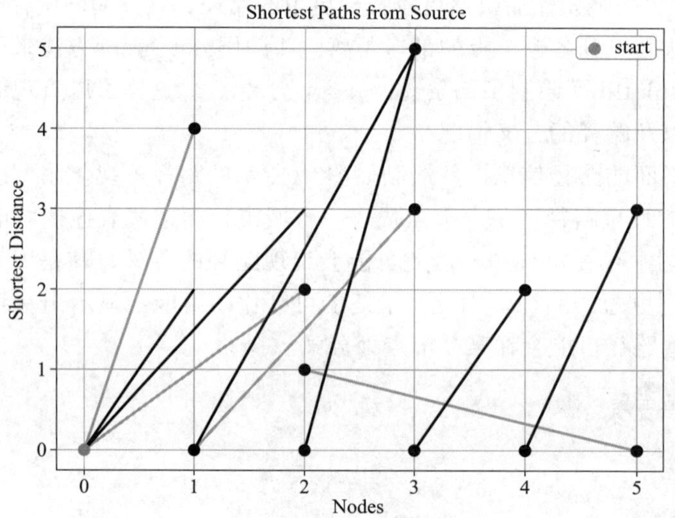

图3.2 网络拓扑图

3.2.3 在自动驾驶路径规划中的应用

Bellman-Ford算法在自动驾驶应用中可以用于路径规划，特别是在考虑交通网络的情况下。Bellman-Ford在自动驾驶应用中的具体说明如下：

（1）背景：在自动驾驶场景中，车辆需要选择一条最短路径从起点到目的地，这个路径需要考虑交通状况、道路限制、可能的交叉口等因素。

（2）应用场景：Bellman-Ford算法可以用于计算车辆在道路网络中的最短路径。每个道路被建模为图中的边，交叉口为节点。权重可以表示距离、车辆行驶时间或其他因素，以便考虑交通拥堵等情况。

（3）算法执行：车辆通过执行Bellman-Ford算法来找到从当前位置到目的地的最短路径。算法会考虑到不同道路上的权重，以选择最优的行驶路径。通过迭代计算，车辆可以得知最短路径上的节点顺序。

（4）实时更新：由于交通状况可能随时变化，Bellman-Ford算法可以定期执行以更新最短路径。车辆可以实时获取交通信息，并相应地调整路径，以避免拥堵或其他不可预测的情况。

（5）安全性考虑：在路径规划中，安全性是至关重要的因，算法可以被扩展以考虑避免高风险区域、遵循交通规则等安全性相关的因素。

在自动驾驶应用中，Bellman-Ford算法可以用于帮助车辆智能地选择最短路径，比如在城市道路网络中选择最快到达目的地的路线。假设将城市道路网络表示为一个有向图，每个节点表示一个路口，每条边表示两个路口之间的道路，边的权重表示车辆通过该道路需要的时间。假设车辆的起点是节点A，终点是节点B。我们可以使用Bellman-Ford算法来找到从节点A到节点B的最短路径，即最快到达目的地的路线。

【实例3.3】 Bellman-Ford算法在自动驾驶中的应用（详细代码见本书配套资源codes/3/zi.py）。

本实例代码的具体实现流程如下：

（1）定义了一个Edge类来表示图中的边，包括边的起点、终点和权重。

（2）创建类Graph来表示图，其中包括节点数量和边列表的属性。实现添加边和Bellman-Ford算法的方法。

（3）在Bellman-Ford算法中，首先初始化起点到各个节点的距离，然后进行了V−1次松弛操作，以计算最短路径。接着，检查是否存在负权边循环。最后，构造从起点到终点的最短路径，并返回最短路径距离和路径。

（4）使用Matplotlib库来绘制图形。在可视化图中设置中文字体，并绘制了图中的边和节点。如果提供了最佳路径，还会在图中绘制出这条路径。

执行后会打印输出如下最短路径信息，并绘制如图3.3所示的可视化图。

```
最短时间为 16 分钟。
最佳路径为 [0, 1, 2, 3, 4]
```

上面的输出表示从节点0出发到各个节点的最短行驶时间。

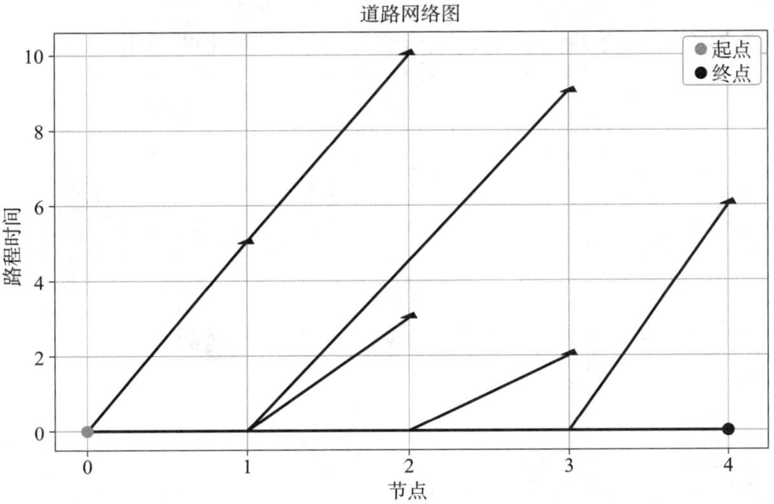

图3.3　最短路径信息的可视化图

3.3 Bellman-Ford算法的局限性与改进

Bellman-Ford算法在解决单源最短路径问题时面临负权环无法处理的局限性，且其时间复杂度较高。为改进其性能，可以采用队列优化策略如SPFA算法，或考虑并行化的Delta-Stepping算法，然而在某些场景下，其他更高效的算法如Dijkstra可能更为适用。

3.3.1 负权回路的处理

负权环和负权回路是相同的概念，指的是图中存在一条环路，使得环路上所有边的权重之和为负数。在图算法中，这样的负权环会对某些最短路径算法产生影响，尤其是Bellman-Ford算法，因为它无法处理图中存在负权环的情况。负权环可能导致算法无法收敛，因为每次循环都可以得到更小的路径长度，使得算法无法停止。

为了解决这一问题，一种改进的策略是检测负权回路并标记相关节点。一旦在图中检测到从源节点可达的权重之和为负的路径，就表示存在负权回路。此时，算法可以通过标记这些节点或采取其他措施来识别并处理负权回路的影响，从而保证算法的正确性。例如在下面的实例中，使用Bellman-Ford算法检测了图中的负权回路，并通过可视化方式标记了属于负权回路的节点。

【实例3.4】 使用Bellman-Ford算法检测图中的负权回路（详细代码见本书配套资源codes/3/huan/huan.cpp）。

本实例代码的实现流程如下：

（1）分别定义图类Graph和边结构Edge来表示图的结构，包括节点数、边数以及存储边的数组。

（2）实现了Bellman-Ford算法，通过对图进行多次松弛操作，计算从指定源节点到所有其他节点的最短路径。

（3）检测是否存在负权回路，标记相关节点，并在可视化图中用红色圆圈表示。执行效果如图3.4所示。

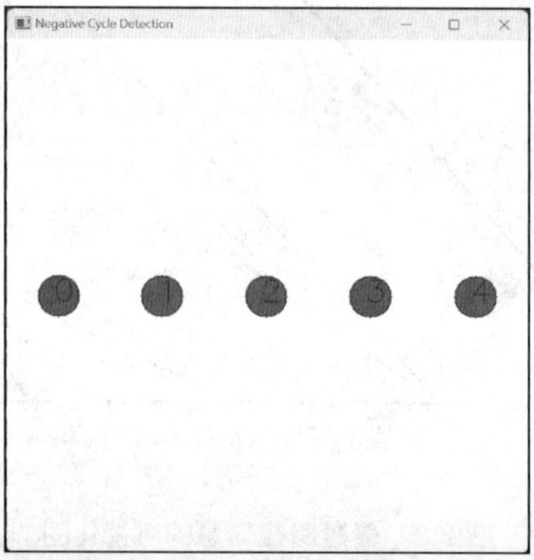

图3.4 可视化图中的负权回路

在这个可视化图中，红色圆圈0、1、2、3、4表示属于负权回路的节点，这是Bellman-Ford算法检测到的负权回路的可视化表示。在这个负权回路中，节点0、1、2、3、4形成一个循环，经过这个循环的路径上存在负权边，使得路径的总权值为负数。Bellman-Ford算法通过检测到这个负权回路，可以判断图中存在负权环，从而避免计算不准确的最短路径。

注意： 负权回路的处理通常需要在算法的基础上进行额外的操作，因为它是算法无法解决的特殊情况。在实际应用中，使用Bellman-Ford算法时需要谨慎处理负权回路的情况，或者在预先得知图中不存在负权回路的情况下使用该算法。

3.3.2　大规模图的计算效率

Bellman-Ford算法在处理大规模图时存在计算效率较低的问题，主要原因是其时间复杂度为$O(VE)$，其中V为节点数，E为边数。这使得在边数较多的情况下，算法的执行时间相对较长。为了改进这一局限性，可以考虑使用更高效的最短路径算法，例如，在本书前面所学的Dijkstra算法或A*算法。这些算法在特定情境下能够更快地找到最短路径，并且对于没有负权边的情况下更为适用。另外，对于特定类型的图，如稀疏图，还可以考虑使用一些专门针对该类型图优化过的算法，以提高计算效率。例如，下面的实例演示了分别使用Bellman-Ford、Dijkstra和A*算法处理大规模图的过程，并比较了这三种算法的处理时间。

【实例3.5】 比较Bellman-Ford、Dijkstra和A*算法的效率（详细代码见本书配套资源codes/3/bi.py）。

本实例代码的实现流程如下：

（1）定义了类Edge和类Graph，分别用于表示图和图中的边。

（2）通过类Graph中的方法实现了Bellman-Ford、Dijkstra和A*算法，这些算法用于计算图中的最短路径或最优路径。

（3）统计生成大规模图和比较算法运行时间，通过调用这些算法并记录运行时间来比较它们的性能差异。

执行后会输出：

```
Bellman-Ford运行时间: 0.6553676128387451
Dijkstra运行时间: 0.08400630950927734
A*运行时间: 0.08307218551635742
```

通过上面的输出结果可以看出，Dijkstra算法和A*算法的运行时间明显比Bellman-Ford算法快得多。这表明在处理大规模图时，Bellman-Ford算法的效率较低，而Dijkstra算法和A*算法则更为高效。

总体而言，Bellman-Ford算法适用于一般性的图，但在处理大规模图时，可以考虑选择更适用于具体情境的其他算法以提高效率。

3.4　综合实战——路线导航

在本节将要介绍一个自动驾驶中的路线导航项目（codes/3/dao/），面临的挑战是在一个城市的地图上找到从起点到终点的最短路径，并考虑所有可能的因素，以便在最短的旅行时间内到达目的地。

3.4.1 项目背景

某旅客正在使用自动驾驶汽车旅行，这次的旅行计划是去某个指定目的地游玩，图3.5是这个目的地地区的地图。项目的目标是通过考虑所有影响旅行时间的因素，找到从起点到终点的最短路径。

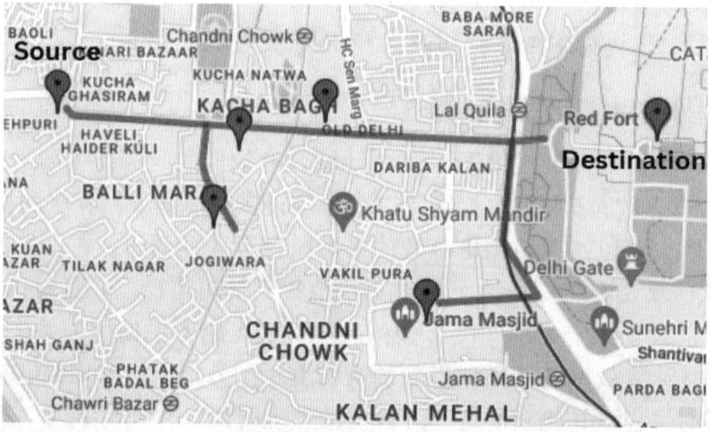

图3.5 某个地区的地图

接下来对地图进行图化处理，我们可以将地图上的每个定位点都视为一个顶点，形成一个图，连接各个位置的道路是图的边，如图3.6所示。

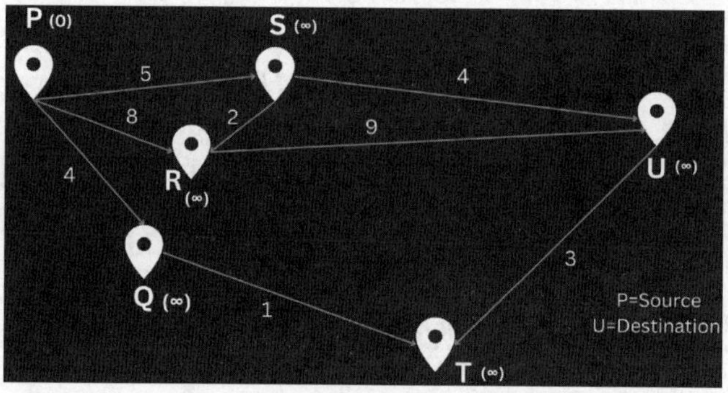

图3.6 矩阵图

本项目将使用Bellman-Ford算法解决问题，在算法的初始阶段，将起始节点的距离设为0，其他所有节点或顶点的距离设为无穷大。在城市地图中有各个节点（P、Q、R、S、T、U）和它们之间的连接，这些连接被称为边。我们将每个节点之间的距离表示为矩阵，在初始时，源节点（P）到自身的距离为0，而源节点到其他所有节点的距离被设置为无穷大，具体说明如下：

```
P  Q  R  S  T  U
0  ∞  ∞  ∞  ∞  ∞
```

这个矩阵展示了我们在算法开始时的初始状态，即尚未探索其他节点与源节点之间的最短路径。Bellman-Ford算法将在接下来的迭代中逐步更新这些距离值，以找到从源节点到其他节点的最短路径。

在第一次迭代后，距离表的修改如下：

```
P   Q   R   S   T   U
0   ∞   ∞   ∞   ∞   ∞
0   4   7   5   5   9
```

此时的节点矩阵图效果如图3.7所示。

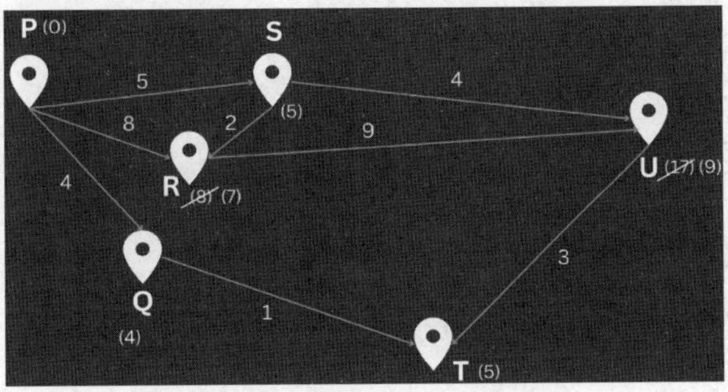

图3.7 修改后的节点矩阵图

现在已经实现了距离的最小化处理，在接下来的迭代中不会再发生改变。尽管算法会继续进行4次迭代，但距离表不再更新。在经过5次迭代后的结果如下：

```
顶点  最短距离
 P      0
 Q      4
 R      7
 S      5
 T      5
 U      9
```

但是本项目中的道路条件并不总是相同的，交通状况和道路状况可能会有所不同。道路的高峰时段可能不同，有时即使交通量较低，不平坦的道路或正在施工的道路也可能导致延误。我们希望考虑这个问题，并通过假设所有段落的不同交通和道路条件，使我们编写的代码适用于更广泛的情况：

（1）高交通量（h），不平坦的道路（r）：对于P—Q段。

（2）低交通量（l），平坦的道路（s）：对于P—R段。

（3）中等交通量（m），平坦的道路（s）：对于P—S段。

（4）低交通量（l），不平坦的道路（r）：对于P—T段。

（5）高交通量（h），平坦的道路（s）：从P—U段。

3.4.2 问题介绍

根据前面的项目背景总结出我们当前自动驾驶路径导航的问题，使用Bellman-Ford算法寻找最佳导航路线。

1. 问题描述

假设给定一个有向图，其中包含6个顶点P、Q、R、S、T和U，每个顶点代表城市中的一个位置。图中有8条边，它们分别连接两个位置，每条边表示连接两个位置的道路。每个顶点都有一个分配的数值，分别为：

```
P --> 0
Q --> 1
R --> 2
S --> 3
T --> 4
U --> 5
```

图的边和对应的权重如下：

（1）P—Q，权重=4

（2）P—R，权重=8

（3）P—S，权重=5

（4）Q—T，权重=1

（5）R—T，权重=9

（6）S—R，权重=2

（7）S—U，权重=4

（8）U—T，权重=3

要求使用Bellman-Ford算法找出从源顶点到图中每个顶点的最短路径，并考虑交通和道路状况。顶点之间的交通和道路状况如下：

（1）从P到Q：高交通（h），不平坦道路（r）。

（2）从P到R：低交通（l），平坦道路（s）。

（3）从P到S：中等交通（m），平坦道路（s）。

（4）从P到T：低交通（l），不平坦道路（r）。

（5）从P到U：高交通（h），平坦道路（s）。

2. 任务

（1）使用Bellman-Ford算法计算从源顶点到每个顶点的最短路径。

（2）考虑交通和道路状况，找到从源顶点到每个顶点的最快路径。

（3）输出每个顶点的最短路径长度，并指示最快路径的顶点。

（4）如果在图中存在负权重环，算法将返回错误。

3.4.3 具体实现

实例文件dao.cpp实现了Bellman-Ford算法，用于找到有向图中从指定源顶点到其他各顶点的最短路径。通过考虑动态变化的参数，如交通拥堵和道路状况，进一步优化路径选择。用户可以输入图的顶点数、边数以及每条边的起点、终点和权重，然后程序将计算并输出最短路径信息，并提示用户输入交通和道路状况，找出最快的路径。

```
#include <iostream>
#include <vector>
#include <climits>

//结构体表示图中的一条边
struct Edge
{
    int source, destination, weight;
};
```

```
// 结构体表示图
struct Graph
{
    int vertices, edges;
    std::vector<Edge> edge;
};

// 创建具有V个顶点和E条边的图
Graph* createGraph(int vertices, int edges)
{
    Graph* graph = new Graph;
    graph->vertices = vertices;
    graph->edges = edges;
    graph->edge.resize(edges);
    return graph;
}

// 打印Bellman-Ford算法返回的距离数组
void printDistance(const std::vector<int>& dist)
{
    std::cout << "Vertex\tShortest distance from the source\n";
    for(int i = 0; i < dist.size(); ++i)
    {
        if(i == 0)
           std::cout << "Source\t\t0\n";
        else
           std::cout << i << "\t\t" << dist[i] << "\n";
    }
}

// 考虑动态变化的参数，例如交通拥堵和道路状况
void Traffic_And_Condition(const std::vector<int>& dist)
{
    int min_val = INT_MAX, min_vertex = -1;
    for(int i = 1; i < dist.size(); ++i)
    {
        char traffic, condition;
        std::cout << "Enter the traffic(l/m/h) and road condition(s/r) from
        source to vertex " << i << " (l/m/h):\n";
        std::cin >> traffic >> condition;

        int t, c;
        if(traffic == 'l')
            t = -1;
        else if(traffic == 'm')
            t = 0;
        else if(traffic == 'h')
            t = 1;
        if(condition == 's')
            c = -1;
```

```
        else if(condition == 'r')
            c = 1;

        int new_dist = dist[i] + t + c;
        if(new_dist < min_val)
        {
            min_val = new_dist;
            min_vertex = i;
        }
    }
    std::cout << "The path from the source to vertex " << min_vertex
    << " is the quickest\n";
}

// Bellman-Ford算法，找到从源顶点到所有其他顶点的最短路径
void BellmanFord(Graph* graph, int source)
{
    int V = graph->vertices;
    int E = graph->edges;
    std::vector<int> dist(V, INT_MAX);

    // 初始化距离数组
    dist[source] = 0;

    // 松弛所有边V-1次
    for(int i = 1; i <= V - 1; ++i)
    {
        for(int j = 0; j < E; ++j)
        {
            int u = graph->edge[j].source;
            int v = graph->edge[j].destination;
            int weight = graph->edge[j].weight;
            if(dist[u] != INT_MAX && dist[u] + weight < dist[v])
            {
                dist[v] = dist[u] + weight;
            }
        }
    }

    // 检查负权重环
    for(int i = 0; i < E; ++i)
    {
        int u = graph->edge[i].source;
        int v = graph->edge[i].destination;
        int weight = graph->edge[i].weight;
        if(dist[u] != INT_MAX && dist[u] + weight < dist[v])
        {
            std::cout << "The graph contains a negative-weight cycle\n";
            return;
        }
    }
```

```
    // 打印距离数组
    printDistance(dist);
    Traffic_And_Condition(dist);
}

int main()
{
    int V, E, s = 0;
    std::cout << "Enter the number of vertices and edges in the graph :\n";
    std::cin >> V >> E;

    Graph* graph = createGraph(V, E);
    for(int i = 0; i < E; ++i)
    {
        int u, v, w;
        std::cout << "Enter the source, destination and weight of edge "
        << i + 1 << " :\n";
        std::cin >> u >> v >> w;
        graph->edge[i].source = u;
        graph->edge[i].destination = v;
        graph->edge[i].weight = w;
    }

    BellmanFord(graph, s);

    delete graph; // 释放动态分配的内存

    return 0;
}
```

上述代码的实现流程如下：

（1）实现了创建一个有向图的结构，其中包含顶点数和边数等信息。接着，通过Bellman-Ford算法计算了从指定源顶点到图中所有其他顶点的最短路径。在计算中，距离数组被初始化，然后通过对所有边进行V-1次松弛操作，不断更新顶点之间的最短距离。在这个过程中，还进行了负权重环的检测，以确保图中不存在负权重环。

（2）提供了一个交互式的方式，用户可以输入每个顶点的交通和道路状况，这些动态变化的参数通过交互输入，进一步影响了路径的选择。通过对这些参数的考虑，程序找出了从源顶点到每个顶点的最快路径，并输出了相关的信息。

（3）为了防止内存泄漏，程序在完成计算后释放了动态分配的内存，确保良好的程序执行和资源管理。这一系列流程使得代码成为一个灵活而完整的Bellman-Ford算法实现，同时考虑了动态变化的因素，提高了路径选择的实用性。

3.4.4　调试运行

运行本项目后，在程序运行时会提示用户输入一些信息。具体来说，用户需要提供以下信息：

（1）程序会要求输入图的顶点数（V）和边数（E）：

```
Enter the number of vertices and edges in the graph:
```

用户需要输入两个整数，分别表示图的顶点数和边数。

（2）程序会循环提示用户输入每条边的信息，包括边的起始顶点、目标顶点和权重：

```
Enter the source, destination, and weight of edge 1:
```

用户需要输入三个整数，分别表示边的起始顶点、目标顶点和权重。这个提示会重复执行E次，其中E是用户在第一步中输入的边数。

（3）程序将输出从源顶点到图中每个顶点的最短距离，并要求用户输入交通状况（l/m/h）和道路状况（s/r）：

```
Enter the traffic (l/m/h) and road condition (s/r) from source to vertex 1 (l/m/h):
```

用户需要输入两个字符，分别表示交通状况和道路状况。这个提示会重复执行$V-1$次，其中V是用户在第一步中输入的顶点数，排除了源顶点。

根据用户的输入，程序将计算并输出从源顶点到每个顶点的最短距离，并考虑了动态变化的参数，如交通状况和道路状况。最后，程序会指出哪条路径是最快的。

接下来看作者的一次调试运行过程，具体过程如下：

（1）假设有一个简单的图，包含4个顶点（V=4）和5条边（E=5），可以输入以下信息：

```
Enter the number of vertices and edges in the graph:
4 5
```

（2）接下来，输入每条边的信息：

```
Enter the source, destination, and weight of edge 1:
0 1 2
Enter the source, destination, and weight of edge 2:
0 2 4
Enter the source, destination, and weight of edge 3:
1 2 1
Enter the source, destination, and weight of edge 4:
1 3 7
Enter the source, destination, and weight of edge 5:
2 3 3
```

这表示有4个顶点，分别用数字0、1、2、3表示，边的信息如下：

①从顶点0到1，权重为2。

②从顶点0到2，权重为4。

③从顶点1到2，权重为1。

④从顶点1到3，权重为7。

⑤从顶点2到3，权重为3。

（3）程序将计算从源顶点（0）到每个顶点的最短距离，并要求输入交通和道路状况：

```
Enter the traffic (l/m/h) and road condition (s/r) from source to vertex 1 (l/m/h):
l s
Enter the traffic (l/m/h) and road condition (s/r) from source to vertex 2 (l/m/h):
m r
```

```
Enter the traffic (l/m/h) and road condition (s/r) from source to vertex 3 (l/m/h):
h s
```

这表示从源顶点到各个顶点的交通状况和道路状况如下：

①从源顶点到顶点1，车流量适中，道路状况良好。

②从源顶点到顶点2，车流量较大，道路状况较差。

③从源顶点到顶点3，车流量大，道路状况良好。

（4）程序最终将输出最短路径，并指示哪条路径最快。下面是本次调试运行的完整过程展示：

```
Enter the number of vertices and edges in the graph :
4 5
Enter the source, destination and weight of edge 1 :
0 1 2
Enter the source, destination and weight of edge 2 :
0 2 4
Enter the source, destination and weight of edge 3 :
1 2 1
Enter the source, destination and weight of edge 4 :
1 3 7
Enter the source, destination and weight of edge 5 :
2 3 3
Vertex  Shortest distance from the source
Source          0
1               2
2               3
3               6
Enter the traffic(l/m/h) and road condition(s/r) from source to vertex 1 (l/m/h):
l s
Enter the traffic(l/m/h) and road condition(s/r) from source to vertex 2 (l/m/h):
m r
Enter the traffic(l/m/h) and road condition(s/r) from source to vertex 3 (l/m/h):
h s
The path from the source to vertex 1 is the quickest
```

从上面的这次输出结果可以看出，程序已经正确运行，并输出了从源顶点到各个顶点的最短路径和考虑交通和道路状况后的最快路径。以上面的输出结果为例，具体说明如下：

①从源顶点到顶点1的最短路径为2，车流量适中，道路状况良好，因此是最快路径。

②从源顶点到顶点2的最短路径为3，车流量较大，道路状况较差。

③从源顶点到顶点3的最短路径为6，车流量大，道路状况良好。

④最后，程序正确地指示了从源顶点到顶点1的路径是最快的。

注意：具体的输入会根据实际情况而变化，上述的调试过程仅为一次演示。

3.5　综合实战——基于Flask Web的路径规划可视化

本项目是一个基于Flask Web框架的路径规划应用，通过网页交互界面实现用户在图形化地选择起始节点和结束节点，并选择路径规划算法，然后通过与后端交互，利用A*、双向Dijkstra和Bellman-Ford等算法进行路径规划，最终将计算结果以及路径详细信息返回到网页上显示，为用户提供了便捷的路径规划服务（codes/3/Route-Planner-main）。

3.5.1 项目介绍

在现代社会，人们经常需要找到最有效的路径来完成各种任务，例如，交通导航、物流配送等。为了解决这一需求，本项目开发了一个基于Web的路径规划应用。该应用旨在为用户提供一个简单易用的界面，通过选择起始点和目标点，以及选择不同的路径规划算法，来计算并显示最佳路径。该应用不仅提供了常用的A*、双向Dijkstra和Bellman-Ford算法，还提供了可视化的交互界面，使用户能够直观地理解路径规划过程。

本项目的主要功能模块如下：

1）用户界面模块

（1）提供网页交互界面，包括节点和边的可视化展示以及路径规划参数的输入。

（2）允许用户通过点击节点来选择起始节点和目标节点。

（3）提供选择不同路径规划算法的下拉菜单，并提供路径搜索按钮用于触发路径计算。

（4）在页面上展示路径计算结果，包括最佳路径、总距离、访问节点数和计算时间等详细信息。

2）路径规划模块

（1）实现了A*、双向Dijkstra和Bellman-Ford等常用的路径规划算法。

（2）根据用户选择的算法和输入的起始节点、目标节点，计算出最佳路径。

（3）处理异常情况，例如，图中包含负权重边或无法到达目标节点的情况。

3）后端服务器模块

（1）基于Flask框架搭建后端服务器，处理来自前端的路径规划请求。

（2）接收前端发送的路径规划参数，调用相应的路径规划算法进行计算，并将结果返回给前端。

4）数据处理模块

（1）维护节点和边的信息，并提供给路径规划算法使用。

（2）将节点和边的信息以合适的数据结构存储，以便于算法的高效计算。

通过这些功能模块的协同作用，用户可以在网页上方便地进行路径规划，并获取最佳路径的详细信息，从而帮助他们更高效地完成各种任务。

3.5.2 路径规划（1）

文件algorithms.py是一个路径规划应用程序，使用A*、双向Dijkstra和Bellman-Ford算法找到节点之间最有效的路径。它具有用户友好的界面，用户可以在图上交互式地选择节点，并选择不同的算法进行路径计算。

```
import heapq, math, time

def heuristic(node, end_node, positions):
    # Euclidean distance as the heuristic
    node_pos = positions.get(node)
```

```
    end_node_pos = positions.get(end_node)
    if node_pos is not None and end_node_pos is not None:
        return math.sqrt((end_node_pos[0] - node_pos[0])**2 + (end_node_
        pos[1] - node_pos[1])**2)
    return float('inf')

def a_star_algorithm(start_node, end_node, graph, positions):
    start_time = time.time()
    total_distance = 0
    nodes_visited = 0
    open_set = set([start_node])
    came_from = {}
    g_score = {node: float('inf') for node in graph}
    g_score[start_node] = 0
    f_score = {node: float('inf') for node in graph}
    f_score[start_node] = heuristic(start_node, end_node, positions)

    open_heap = []
    heapq.heappush(open_heap, (f_score[start_node], start_node))

    while open_set:
        current = heapq.heappop(open_heap)[1]
        if current == end_node:
            path = reconstruct_path(came_from, current)
            computation_time = time.time() - start_time * 1000
            return path, total_distance, nodes_visited, computation_time

        open_set.remove(current)
        for neighbor in graph[current]:
            nodes_visited += 1
            tentative_g_score = g_score[current] + graph[current][neighbor]
            if tentative_g_score < g_score[neighbor]:
                total_distance += graph[current][neighbor]
                came_from[neighbor] = current
                g_score[neighbor] = tentative_g_score
                f_score[neighbor] = g_score[neighbor] + heuristic(neighbor,
                end_node, positions)
                if neighbor not in open_set:
                    open_set.add(neighbor)
                    heapq.heappush(open_heap, (f_score[neighbor], neighbor))

def reconstruct_path(came_from, current):
    total_path = [current]
    while current in came_from:
        current = came_from[current]
        total_path.append(current)
    total_path.reverse()
    return total_path

def bidirectional_dijkstra(graph, start, goal):
    def dijkstra_partial(graph, start, other_visited):
        distances = {vertex: float('infinity') for vertex in graph}
```

```
        distances[start] = 0
        pq = [(0, start)]
        visited = {}
        while pq:
            current_distance, current_vertex = heapq.heappop(pq)
            if current_vertex in other_visited:
                return visited, current_vertex

            visited[current_vertex] = current_distance
            for neighbor, weight in graph[current_vertex].items():
                distance = current_distance + weight
                if distance < distances[neighbor]:
                    distances[neighbor] = distance
                    heapq.heappush(pq, (distance, neighbor))

        return visited, None

    visited_start, visited_goal = {}, {}
    while True:
        visited_start, middle = dijkstra_partial(graph, start, visited_goal)
        if middle:
            break
        visited_goal, middle = dijkstra_partial(graph, goal, visited_start)
        if middle:
            break

    path = [middle]
    while path[-1] != start:
        for neighbor in graph[path[-1]]:
            if neighbor in visited_start and visited_start[neighbor] +
            graph[path[-1]][neighbor] == visited_start[path[-1]]:
                path.append(neighbor)
                break
    path.reverse()

    next_node = middle
    while next_node != goal:
        for neighbor in graph[next_node]:
            if neighbor in visited_goal and visited_goal[neighbor] +
            graph[next_node][neighbor] == visited_goal[next_node]:
                next_node = neighbor
                path.append(next_node)
                break

    return path

def bellman_ford_algorithm(graph, start_node):
    distance = {node: float('inf') for node in graph}
    distance[start_node] = 0

    for _ in range(len(graph) - 1):
        for node in graph:
```

```
            for neighbour, weight in graph[node].items():
                if distance[node] + weight < distance[neighbour]:
                    distance[neighbour] = distance[node] + weight

    # Check for negative weight cycles
    for node in graph:
        for neighbour, weight in graph[node].items():
            if distance[node] + weight < distance[neighbour]:
                return "Graph contains a negative weight cycle"

    return distance
```

在上述代码中包含了如下函数：

（1）函数heuristic(node, end_node, positions)：计算节点node到终点end_node的启发式（heuristic）估计值。使用欧氏距离作为启发式估计值，根据节点位置信息计算两个节点之间的直线距离。如果节点位置信息不完整，则返回正无穷大。

（2）函数a_star_algorithm(start_node,end_node,graph,positions)：实现A*算法，用于在图中找到起点start_node到终点end_node的最短路径。使用启发式搜索，结合实际路径成本和启发式估计值，寻找最优解。输入参数包括起点、终点、图的结构和节点位置信息，输出最短路径、总距离、访问节点数和计算时间。

（3）函数reconstruct_path(came_from,current)：这是一个辅助函数，用于从最终节点回溯到起点，重构最短路径。输入参数为从起点到每个节点的路径映射came_from和当前节点current。返回从起点到终点的最短路径。

（4）函数bidirectional_dijkstra(graph,start,goal)：实现双向Dijkstra算法，用于在图中找到起点start到终点goal的最短路径。通过同时从起点和终点出发进行Dijkstra搜索，以提高搜索效率。输入参数为图的结构、起点和终点，返回起点到终点的最短路径。

（5）函数bellman_ford_algorithm(graph, start_node)：实现Bellman-Ford算法，用于处理带有负权边的图，在图中找到起点start_node到其他节点的最短路径。根据节点之间的边权重，寻找最短路径或检测负权环。输入参数为图的结构和起点，返回起点到每个节点的最短路径长度或负权环的信息。

3.5.3 路径规划（2）

文件app.py是一个基于Flask框架的路径规划程序，通过提供一个简单的网页界面让用户输入起点、终点和选择算法来查找最优路径。具体功能包括：

（1）定义了Flask应用，并设置了两个路由：

①'/' 路由返回渲染index.html模板，展示网页界面。

②'/route'路由用于接收POST请求，根据用户输入的起点、终点和选择的算法进行路径规划，并返回结果。

（2）实现了find_route()函数来处理路径规划请求：

①根据POST请求中的数据获取起点、终点和选择的算法。

②根据选择的算法调用相应的路径规划函数来计算最优路径。

③将计算结果以JSON格式返回给前端页面。

（3）定义了路径规划所需的图结构和节点位置信息。

（4）引入了路径搜索算法的实现模块algorithms.py中的函数来进行路径规划。

（5）如果算法选择不正确或路径规划出错，会返回相应的错误信息。

（6）如果以主程序方式运行，则启动Flask应用。

总的来说，文件app.py提供了一个简单的网页界面用于实现路径规划工作，用户可以选择不同的算法来寻找最优路径，并获取计算结果。

```
from flask import Flask, jsonify, request, render_template
import algorithms
import time

app = Flask(__name__)

@app.route('/')
def index():
    return render_template('index.html')

@app.route('/route', methods=['POST'])
def find_route():
    data = request.get_json()
    start_node = data.get('start')
    end_node = data.get('end')
    algorithm = data.get('algorithm')

    graph = {
        'A': {'B': 1, 'C': 4, 'E': 3},
        'B': {'A': 1, 'C': 2, 'D': 5},
        'C': {'A': 4, 'B': 2, 'D': 1, 'E': 2},
        'D': {'B': 5, 'C': 1, 'F': 3},
        'E': {'A': 3, 'C': 2, 'F': 2},
        'F': {'D': 3, 'E': 2}
    }

    positions = {
        'A': (0, 0),
        'B': (1, 0),
        'C': (1, 1),
        'D': (2, 2),
        'E': (0, 2),
        'F': (2, 0)
    }

    if algorithm == 'a_star':
        route, distance, nodes_visited, computation_time = algorithms.a_
        star_algorithm(start_node, end_node, graph, positions)
        computation_time *= 1000
    elif algorithm == 'bidirectional_dijkstra':
        start_time = time.time()
        route = algorithms.bidirectional_dijkstra(graph, start_node, end_node)
        computation_time = time.time() - start_time * 1000
        distance = sum(graph[route[i]][route[i+1]] for i in
        range(len(route) - 1)) if len(route) > 1 else 0
```

```
        nodes_visited = len(route)
    elif algorithm == 'bellman_ford':
        start_time = time.time()
        distances = algorithms.bellman_ford_algorithm(graph, start_node)
        computation_time = time.time() - start_time * 1000

        if distances == "Graph contains a negative weight cycle":
            return jsonify({ "error" : distances}), 400

        if end_node not in distances:
            return jsonify({"error": "End node not reachable"}), 400

        route = "Path not provided by Bellman-Ford"
        distance = distances[end_node]
        nodes_visited = "Not applicable for Bellman-Ford"
    else:
        return jsonify({"error": "Invalid algorithm specified"}), 400

    return jsonify({
        "Route": route,
        "TotalDistance": distance,
        "NodesVisited": nodes_visited,
        "ComputationTime": computation_time
    })

if __name__ == '__main__':
    app.run(debug=True)
```

3.5.4 模板文件

文件index.html是本Flask项目的模板文件，包含了一个简单的HTML结构，其中包括一个画布用于绘制图形、一个表单用于选择起点、终点和算法，并显示计算结果。在这个文件中，主要的部分是表单和画布：

（1）表单包括三个输入框和一个下拉菜单，分别用于选择起点、终点和算法类型。

（2）画布用于显示节点和边的图形表示。

```
<!DOCTYPE html>
<html lang="en">
  <head>
    <meta charset="UTF-8"/>
    <meta name="viewport"content="width=device-width, initial-scale=1.0" />
    <link
      rel="stylesheet"
      type="text/css"
      href="{{ url_for('static', filename='style.css') }}"
    />
    <title>Route Planner</title>
  </head>
  <body>
    <div class="container">
      <h1>A.S.C.G</h1>
      <canvas
```

```
        id="graphCanvas"
        width="500"
        height="400"
        style="border: 1px solid black"
      ></canvas>
      <form id="routeForm">
        <label for="start">Start Node:</label>
        <input type="text" id="start" name="start" readonly /><br /><br />
        <label for="end">End Node:</label>
        <input type="text" id="end" name="end" readonly /><br /><br />
        <select name="algorithm" id="algorithm">
          <option value="a_star">A*</option>
          <option value="bidirectional_dijkstra">Bidirectional Dijkstra</option>
          <option value="bellman_ford">Bellman-Ford</option></select
        ><br /><br />
        <input type="submit" value="Find Route" />
      </form>
      <div id="result"></div>
    </div>

    <script src="{{ url_for('static', filename='script.js') }}"></script>
  </body>
</html>
```

3.5.5 脚本文件

文件script.js实现了网页端的交互功能。首先，通过绘制静态图形，包括节点和边，为用户提供可视化的路径选择界面。其次，为节点和边分配了坐标值，并在画布上绘制了它们。通过添加点击事件监听器，允许用户通过点击节点来选择起始节点和结束节点。当用户提交路径规划请求时，通过发送POST请求到服务器端获取路径信息，并将响应内容显示在页面上，包括路径、总距离、访问节点数和计算时间。通过这些功能，用户可以在网页上直观地选择路径规划参数，并获取最短路径的详细信息。

```
document.getElementById('routeForm').addEventListener('submit', function(e) {
    e.preventDefault();

    var startNode = document.getElementById('start').value;
    var endNode = document.getElementById('end').value;
    var algorithm = document.getElementById('algorithm').value;

    fetch('/route', {
        method: 'POST',
        headers: {
            'Content-Type': 'application/json',
        },
        body: JSON.stringify({ start: startNode, end: endNode, algorithm:
        algorithm }),
    })
    .then(response => response.json())
    .then(data => {
        document.getElementById('result').innerText = JSON.stringify(data);
```

```
        })
        .catch((error) => {
            console.error('Error:', error);
        });
});

function drawGraph() {
    const canvas = document.getElementById('graphCanvas');
    const ctx = canvas.getContext('2d');
    canvas.removeEventListener('click', onCanvasClick);
    // Remove existing listener

    const nodes = {'A': {x: 50, y: 100}, 'B': {x: 200, y: 50}, 'C': {x:
    350, y: 100}, 'D': {x: 200, y: 200}, 'E': {x: 100, y: 150}, 'F': {x:
    250, y: 150}};
    const edges = [['A', 'B'], ['B', 'C'], ['C', 'D'], ['D', 'A'], ['B',
    'D'], ['A', 'E'], ['E', 'C'], ['C', 'F'], ['F', 'D']];

    // Clear canvas before redrawing
    ctx.clearRect(0, 0, canvas.width, canvas.height);

    const offsetX = (canvas.width - Math.max(...Object.values(nodes).map
    (n => n.x))) / 2;
    const offsetY = (canvas.height - Math.max(...Object.values(nodes).
    map(n => n.y))) / 2;

    // Draw nodes
    for(const [node, {x, y}] of Object.entries(nodes)) {
        ctx.beginPath();
        ctx.arc(x + offsetX, y + offsetY, 10, 0, 2 * Math.PI);
        ctx.fillStyle = 'blue';
        ctx.fill();
        ctx.stroke();
        ctx.fillText(node, x - 5 + offsetX, y - 15 + offsetY);
        ctx.closePath();
    }

    // Draw edges
    edges.forEach(edge => {
        const [start, end] = edge;
        ctx.beginPath();
        ctx.moveTo(nodes[start].x + offsetX, nodes[start].y + offsetY);
        ctx.lineTo(nodes[end].x + offsetX, nodes[end].y + offsetY);
        ctx.stroke();
    });

    function onCanvasClick(event) {
        for(const [node, {x, y}] of Object.entries(nodes)) {
            if(Math.sqrt((event.offsetX - (x + offsetX)) ** 2 + (event.
            offsetY - (y + offsetY)) ** 2) < 10) {
                if(!document.getElementById('start').value) {
                    document.getElementById('start').value = node;
                    console.log('Start node selected: ${node}');
```

```
                } else if(!document.getElementById('end').value) {
                    document.getElementById('end').value = node;
                    console.log('End node selected: ${node}');
                }
                break;
            }
        }
    }

    canvas.addEventListener('click', onCanvasClick);
}

drawGraph();
```

运行后可以在网页上方显示绘制的可视化图，在此可以分别选择Start Node和End Node，然后在下拉框中选择一种路径规划算法，如图3.8所示。

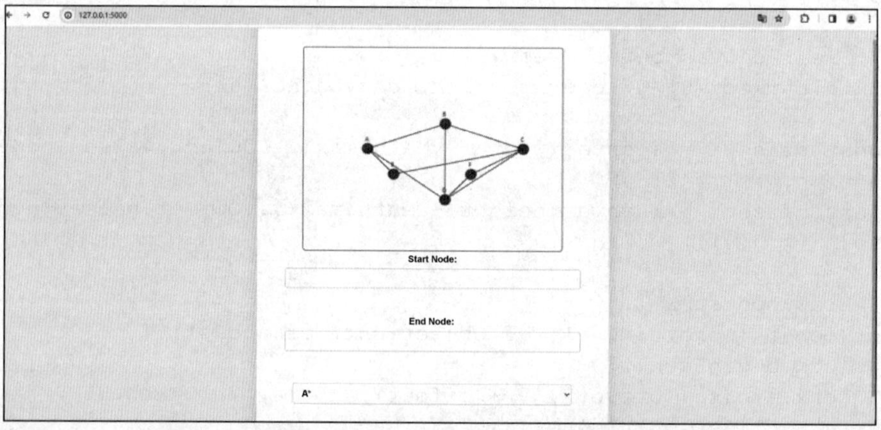

图3.8　分别选择Start Node、End Node和路径规划算法

单击“Find Route”按钮后会显示对应的最短路径信息，例如，Start Node设置为D，End Node设置为B，算法选择“Bidirectional Dijkstra”，对应的最短路径信息如图3.9所示。

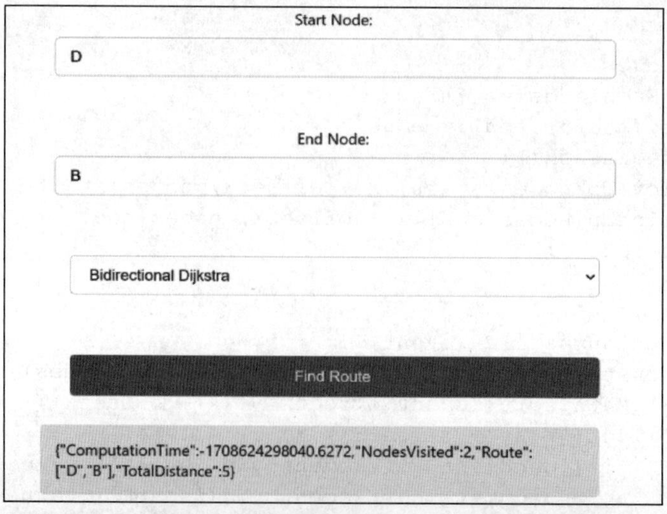

图3.9　显示对应的最短路径信息

小　　结

本章详细介绍了Bellman-Ford算法，包括其背景、历史和与其他路径规划算法的对比，强调了在处理负权边问题中的优势。通过多个应用案例，如网络流量优化和自动驾驶，本章展示了该算法在实际场景中的有效性。同时，分析了Bellman-Ford算法的局限性，特别是在负权回路和大规模图计算中的挑战，并探讨了相关的改进策略。最后，通过综合实战项目和基于Flask Web的路径规划可视化，巩固了理论知识，提升了实际应用能力，使读者能够将Bellman-Ford算法有效运用到复杂的路径规划问题中。

习　　题

一、填空题

1. Bellman-Ford算法能够处理____________权重的边，这使其在某些情况下比Dijkstra算法更为有效。

2. Bellman-Ford算法中，每次迭代都需要遍历____________次边，以更新从起点到各节点的最短路径。

3. Bellman-Ford算法的主要局限性之一是无法处理____________，因为它会导致最短路径计算不正确。

二、思考题

1. Bellman-Ford算法在处理负权边时的优势是什么？在什么情况下应优先选择使用Bellman-Ford算法而不是Dijkstra算法？

2. 在大规模图中，Bellman-Ford算法的计算效率如何？有没有什么方法可以提升其性能？

第4章

Floyd-Warshall算法

Floyd-Warshall算法是一种经典的动态规划算法，用于计算图中所有节点对之间的最短路径，适用于带权有向图或无向图，但不支持负权环路。在智能网联汽车领域，该算法可用于城市交通网络的全局路径规划、多车协同调度以及动态交通流量优化。例如，在无人驾驶出租车或运输车的路径规划系统中，Floyd-Warshall算法能够快速计算出所有可能起点和终点之间的最短路径，为车辆提供高效的路径选择。本章将详细介绍Floyd-Warshall算法在智能网联汽车中的应用，包括其核心思想、与其他算法的对比、在复杂交通场景中的优化策略，以及如何结合高精度地图和实时交通数据实现高效的路径规划。

学习目标

◎ 理解Floyd-Warshall算法的基本原理和历史背景：掌握Floyd-Warshall算法的起源和发展，了解其在路径规划领域的重要性及其与其他算法的对比。

◎ 熟悉Floyd-Warshall算法的推导过程和图的表示方法：学习如何将图表示为邻接矩阵，理解算法的推导过程及其核心思想，掌握算法在不同类型图中的应用。

◎ 探索Floyd-Warshall算法的应用案例：通过航空线路规划和城市交通规划等实际案例，了解Floyd-Warshall算法在解决复杂路径规划问题中的有效性。

◎ 识别Floyd-Warshall算法的局限性及改进策略：分析算法在处理大规模图时的计算复杂度和挑战，学习如何有效处理负权回路等问题。

◎ 应用Floyd-Warshall算法解决无人驾驶领域的路径规划问题：掌握在无人驾驶系统中实现路径规划的具体方法，理解数据结构的选择（如红黑树和栈）对算法性能的影响，并通过实践项目加深对算法的理解。

4.1 Floyd-Warshall算法简介

Floyd-Warshall算法是一种动态规划算法，用于解决所有节点对之间的最短路径问题。Floyd-Warshall通过遍历所有节点，检查是否存在更短的路径来更新距离矩阵，并最终确定所有节点对之间的最短路径长度。在实际应用中，Floyd-Warshall算法的优点是能够找到所有节点对之间的最短路径，并且适用于带有负权边但不带负权环路的图。缺点是因为其时间复杂度较高，所以对于大型图而言可能不太适用。

4.1.1 背景与历史

在1962年和1962年到1963年之间，Robert Floyd和Stephen Warshall分别独立提出了Floyd-Warshall算法。这两位计算机科学家各自研究了图论和动态规划的问题，并最终导致了这一算法的诞生。

1. Robert Floyd的贡献

Robert Floyd是一位美国计算机科学家，他在计算机科学领域做出了许多重要贡献。Floyd毕业于芝加哥大学，他的研究涵盖了算法、编程语言和计算机体系结构等领域。

在1962年，Robert Floyd提出了用于解决单源最短路径问题的算法，即著名的Dijkstra算法。但是，在发表这篇论文之前，他发现了一个用于解决所有节点对之间最短路径问题的更为通用的算法，即后来被称为Floyd-Warshall算法，这一算法是他在研究网络流问题时的一个副产品。

除了提出著名的Floyd-Warshall算法外，Robert Floyd还开发了Dijkstra算法用于解决单源最短路径问题，并提出了Knuth-Morris-Pratt算法用于字符串匹配。Floyd在1967年获得了图灵奖，以表彰他在计算机科学领域的杰出贡献。

2. Stephen Warshall的贡献

Stephen Warshall是一位美国数学家，他的生平资料相对较少。同样在1962年至1963年期间，Stephen Warshall在研究布尔逻辑的变化中发现了一个与Floyd类似的算法，用于寻找所有节点对之间的可达性。他的这个算法使用了一个类似的动态规划的思想，可以找到所有节点对之间的可达关系。Warshall的算法让人们意识到这种类型的动态规划算法的潜力，为最终的合并和命名提供了基础。

3. 合并与命名

Floyd和Warshall的算法是各自独立完成的，由于两者的算法非常相似，因此最终将两者的成果合并，并将这一算法命名为Floyd-Warshall算法，以表彰这两位科学家的贡献。

Floyd-Warshall算法的发现标志着动态规划在图论中的重要应用，它提供了一种有效解决所有节点对之间最短路径问题的方法，成为图算法设计中的经典范例之一。

4.1.2 应用领域与典型场景

Floyd-Warshall算法在许多领域都有着广泛的应用，特别是在需要找到所有节点对之间最短路径的场景下。以下是Floyd-Warshall算法的典型应用领域和场景：

（1）网络路由：在计算机网络中，路由器需要找到最短路径来转发数据包。Floyd-Warshall算法可以用于计算网络拓扑中所有节点之间的最短路径，从而帮助路由器做出正确的路由决策。

（2）交通规划：在城市交通规划中，Floyd-Warshall算法可以帮助规划者找到最优的交通路线，以减少交通拥堵和行车时间。

（3）航空航线规划：航空公司需要规划航班的路线，以便在最短时间内到达目的地。Floyd-Warshall算法可以帮助航空公司计算出所有机场之间的最短路径，从而优化航班计划。

（4）电力网络规划：在电力系统中，Floyd-Warshall算法可以用于计算输电线路之间的最短路径，以便更有效地传输电力并应对突发事件。

（5）通信网络优化：通信网络中的信号传输需要选择最优的路径以减少传输延迟和能量消耗。Floyd-Warshall算法可以帮助优化通信网络的结构和路由选择。

（6）游戏开发：在游戏开发中，Floyd-Warshall算法可以用于计算游戏世界中所有地点之间的最短路径，以便NPC或玩家角色能够找到最佳的移动路径。

总的来说，Floyd-Warshall算法在需要解决所有节点对之间最短路径问题的任何场景中都具有应用潜力，它为优化资源分配、规划路线和提高效率提供了有效的工具。

4.2 Floyd-Warshall算法的核心思想

Floyd-Warshall算法利用动态规划的思想，通过迭代更新距离矩阵来逐步逼近所有节点对之间的最短路径，其核心思想是考虑中间节点，利用子问题的最优解来求解整个问题的最优解。

4.2.1 图的表示方法

在Floyd-Warshall算法中，通常使用邻接矩阵来表示图。邻接矩阵是一个二维数组，其中的元素表示图中节点之间的连接关系和权重。对于有向图，矩阵的(i, j)元素表示从节点i到节点j的边的权重；对于无向图，则可以在(i, j)和(j, i)位置都标记上边的权重。

举例来说，如果有一个带权有向图，其邻接矩阵可能如下：

```
    | 1   2   3   4
--------------------------------------------------
  1 | 0   3   ∞   7
  2 | ∞   0   2   ∞
  3 | 8   ∞   0   1
  4 | ∞   ∞   ∞   0
```

在这个矩阵中，如果存在一条从节点i到节点j的边，则对应的矩阵元素(i, j)的值为该边的权重；如果不存在这样的边，则矩阵元素的值为∞。

例如，下面是Floyd-Warshall算法的伪代码，其中，graph表示输入的图，weight(u, v)表示从节点u到节点v的权重，dist表示距离矩阵，$|V|$表示图中节点的数量。

```
procedure FloydWarshall(graph)
    // 初始化距离矩阵
    for each vertex v
        dist[v][v] ← 0
    for each edge (u,v) in graph
        dist[u][v] ← weight(u,v)
    // 动态规划更新距离矩阵
    for k from 1 to |V|
        for i from 1 to |V|
            for j from 1 to |V|
                if dist[i][k] + dist[k][j] < dist[i][j]
                    dist[i][j] ← dist[i][k] + dist[k][j]
    // 检查负权环路
    for each vertex v
        if dist[v][v] < 0
            return "Graph contains a negative-weight cycle"
```

```
    return dist
```

4.2.2　Floyd-Warshall算法的推导过程

假设有一个带权有向图，其中包含了4个节点（*A*、*B*、*C*、*D*）和对应的边的权重。现在将这个有向图转换为邻接矩阵表示，用∞表示不可达的情况：

```
     A   B   C    D
   ------------------------
 A |  0   2   ∞    1
 B |  ∞   0   3    ∞
 C |  ∞   ∞   0    1
 D |  ∞   ∞   ∞    0
```

接下来，将使用Floyd-Warshall算法的迭代步骤，更新距离矩阵中的值。具体迭代的过程如下：

（1）第1轮迭代结果如下：

```
     A   B   C   D
   ------------------------------
 A |  0   2   ∞   1
 B |  ∞   0   3   ∞
 C |  ∞   ∞   0   1
 D |  ∞   ∞   ∞   0
```

以节点A作为中间节点：

```
dist(B, C) = min(dist(B, C), dist(B, A) + dist(A, C)) = min(∞, ∞ + ∞) = ∞
dist(B, D) = min(dist(B, D), dist(B, A) + dist(A, D)) = min(∞, ∞ + 1) = ∞
dist(C, B) = min(dist(C, B), dist(C, A) + dist(A, B)) = min(∞, ∞ + 2) = ∞
dist(C, D) = min(dist(C, D), dist(C, A) + dist(A, D)) = min(∞, ∞ + 1) = ∞
dist(D, B) = min(dist(D, B), dist(D, A) + dist(A, B)) = min(∞, ∞ + 2) = ∞
dist(D, C) = min(dist(D, C), dist(D, A) + dist(A, C)) = min(∞, ∞ + ∞) = ∞
```

（2）第2轮迭代结果如下：

```
     A     B     C      D
   -----------------------------------
 A |  0     2     ∞      1
 B |  ∞     0     3      ∞
 C |  ∞     ∞     0      1
 D |  ∞     ∞     ∞      0
```

以节点B作为中间节点：

```
dist(C, A) = min(dist(C, A), dist(C, B) + dist(B, A)) = min(∞, 3 + 2) = 5
dist(C, D) = min(dist(C, D), dist(C, B) + dist(B, D)) = min(∞, 3 + ∞) = ∞
dist(D, A) = min(dist(D, A), dist(D, B) + dist(B, A)) = min(∞, ∞ + 2) = ∞
dist(D, C) = min(dist(D, C), dist(D, B) + dist(B, C)) = min(∞, ∞ + 1) = ∞
```

（3）第3轮迭代结果如下：

```
     A     B     C     D
   --------------------------------
 A |  0     2     ∞     1
```

```
B |  ∞    0    3    ∞
C |  ∞    5    0    1
D |  ∞    ∞    ∞    0
```

以节点C作为中间节点：

```
dist(D, A) = min(dist(D, A), dist(D, C) + dist(C, A)) = min(∞, 1 + 5) = 6
dist(D, B) = min(dist(D, B), dist(D, C) + dist(C, B)) = min(∞, 1 + 3) = 4
```

（4）第4轮迭代结果如下：

```
      A    B   C    D
   ------------------------------------
A |  0    2   6    1
B |  ∞    0   3    4
C |  ∞    5   0    1
D |  ∞    ∞   ∞    0
```

最终得到的距离矩阵即为所有节点之间的最短路径长度。例如，从节点*A*到节点*D*的最短路径长度为1，从节点*B*到节点*C*的最短路径长度为3。

例如，在下面的例子中，假设图中的顶点数为4，顶点索引从0到3，分别表示为*A*、*B*、*C*、*D*。下面的代码实现了Floyd-Warshall算法，用于求解给定图中所有顶点对之间的最短路径距离。该实例通过构建邻接矩阵表示图，然后使用Floyd-Warshall算法进行计算，并输出每对顶点之间的最短距离矩阵。

【实例4.1】 使用Floyd-Warshall算法计算最短距离（详细代码见本书配套资源codes/4/Floyd/Floyd.cpp）。

本实例代码的实现流程如下：

（1）定义一个常量INF表示无穷大的距离值，以及一个函数floydWarshall用于执行Floyd-Warshall算法。

（2）在主函数main中，通过构建一个邻接矩阵表示图的结构。这个图是一个4×4的矩阵，表示了4个顶点之间的连接情况及对应的权重。

（3）调用floydWarshall函数，传入邻接矩阵作为参数。在floydWarshall函数中，使用Floyd-Warshall算法计算图中所有顶点对之间的最短路径距离。

（4）输出显示最短路径距离矩阵，展示每对顶点之间的最短距离。执行后会输出：

```
Shortest distances between every pair of vertices:
0 5 8 9
INF 0 3 4
INF INF 0 1
INF INF INF 0
```

在上面的输出结果中，第一行表示从顶点0到其他顶点的最短距离，第二行表示从顶点1到其他顶点的最短距离，依此类推。INF代表无穷大的距离，表示两个顶点之间没有直接连接的路径。

4.2.3 Floyd-Warshall算法与其他路径规划算法的对比

Floyd-Warshall算法和其他路径规划算法相比具有一些优势和劣势，下面是它与其他常见路径规划算法的对比。

1. Dijkstra算法

（1）适用范围：Dijkstra算法适用于解决单源最短路径问题，即计算从单个源节点到其他所有节点的最短路径。

（2）时间复杂度：Dijkstra算法的时间复杂度取决于所采用的数据结构，在最坏情况下可达到$O(V^2)$，或者通过使用优先队列优化后可达到$O(E+V\log V)$，其中V是节点数量，E是边数量。

（3）负权边：Dijkstra算法不能处理带有负权边的图。

2. Bellman-Ford算法

（1）适用范围：Bellman-Ford算法适用于解决单源最短路径问题，且可以处理带有负权边但不含负权环的图。

（2）时间复杂度：Bellman-Ford算法的时间复杂度为$O(V*E)$，其中V是节点数量，E是边数量。

（3）负权环路：如果图中存在负权环路，Bellman-Ford算法能够检测并报告。

3. Floyd-Warshall算法

（1）适用范围：Floyd-Warshall算法适用于解决所有节点对之间的最短路径问题，能够计算任意两个节点之间的最短路径。

（2）时间复杂度：Floyd-Warshall算法的时间复杂度为$O(V^3)$，其中V是节点数量。

（3）负权环路：Floyd-Warshall算法不能处理带有负权环路的图，但它能够检测到负权环路的存在。

4. A*算法

（1）适用范围：A*算法适用于解决单源最短路径问题，且可以利用启发式函数加速搜索。

（2）时间复杂度：A*算法的时间复杂度取决于所采用的启发式函数，通常情况下比Dijkstra算法更快，但可能不如Dijkstra算法精确。

（3）负权边：A*算法不能处理带有负权边的图。

综上所述，选择合适的路径规划算法取决于问题的具体情况，包括图的规模、边的属性（如是否存在负权边）、搜索的目标等。Floyd-Warshall算法适用于需要计算所有节点对之间的最短路径的情况，但由于其时间复杂度较高，不适合用于大规模图的计算。

4.3　Floyd-Warshall算法的应用案例

Floyd-Warshall算法在许多实际应用中都有着广泛的应用，特别是在需要计算图中所有顶点对之间的最短路径时，它是一种非常有效的解决方案。

4.3.1　航空线路规划

某航空公司计划开辟新的航线，连接四个城市：A、B、C、D，每个城市之间的航班距离如下：

- A ⟷ B: 100 km
- A ⟷ D: 200 km

- B ⟷ C: 150 km
- C ⟷ D: 300 km

请使用Floyd-Warshall算法，帮助航空公司规划最短的航线，以最大限度地减少航程和飞行时间。请计算出每对城市之间的最短航线距离，并给出优化后的航线信息。

【实例4.2】 解决航空网络规划问题（详细代码见本书配套资源codes/4/Air /Air.cpp）。

在这个例子中，假设有4个城市（A、B、C、D），并给出了它们之间的航班距离。然后，我们使用Floyd-Warshall算法计算了每对城市之间的最短航线距离，并输出了优化后的航线信息。这有助于航空公司规划飞机航线，以最大限度地减少航程和飞行时间。上述代码的实现流程如下：

（1）帮助航空公司规划新的航线连接四个城市：A、B、C、D，每个城市之间的航班距离已经提供。

（2）使用Floyd-Warshall算法来计算每对城市之间的最短航线距离。

（3）通过计算得到的最短航线距离，帮助航空公司优化航线安排，以最大限度地减少航程和飞行时间。最后，输出优化后的航线信息，显示了从一个城市到另一个城市的最短航线距离，以及航线的具体路径。

```
Shortest flight distances between every pair of cities:
0 100 250 200
100 0 150 300
250 150 0 300
200 300 300 0
Optimized flight routes:
From A to B, distance: 100 km
From A to C, distance: 250 km
From A to D, distance: 200 km
From B to C, distance: 150 km
From B to D, distance: 300 km
From C to D, distance: 300 km
```

对上面输出结果的具体说明如下：

（1）“Shortest flight distances between every pair of cities”部分显示了每对城市之间的最短航线距离矩阵。例如，从城市A到城市B的最短航线距离是100 km，从城市A到城市C的最短航线距离是250 km，依此类推。

（2）“Optimized flight routes”部分列出了优化后的航线信息。每行显示了从一个城市到另一个城市的最短航线距离，以及航线的具体路径。例如，从城市A到城市B的最短航线距离是100 km，从城市A到城市C的最短航线距离是250 km，依此类推。

4.3.2 城市交通规划应用

在实际应用中，城市交通规划者可以利用Floyd-Warshall算法来计算城市道路网络中各个路段的最短路径，从而优化交通流量并减少拥堵。请看下面的题目：

在一个由五个交叉路口A、B、C、D和E组成的城市中，每个交叉路口之间通过道路相连。通过给出每个路口之间的道路距离和交通规则，你需要设计一个交通规划系统，帮助司机在城市中选择最短路径到达目的地。道路网络的信息如下：

（1）交叉路口名称：A、B、C、D和E。

（2）道路距离：给出了每个交叉路口之间的道路距离，以邻接矩阵的形式表示。

（3）交通规则：存在单行道和禁止左转等限制，通过布尔类型的二维数组表示。

请编写一个程序，计算出从交叉路口A到其他交叉路口的最短路径，并输出最短路径以及对应的距离。同时，确保所计算出的路径不违反任何交通规则。你可以假设司机总是从交叉路口A出发，但目的地可以是任何一个交叉路口。请你在考虑交通规则的情况下，设计一个算法来找到最佳路径，并解释他们的思路和算法设计。

【实例4.3】 解决城市交通规划的最短路径问题（详细代码见本书配套资源codes/4/city.py）。

本实例代码的实现流程如下：

（1）定义了城市道路网络中各路段之间的距离（邻接矩阵表示），以及交叉路口之间的交通规则（如单行道和禁止左转）。

（2）使用Floyd-Warshall算法计算从交叉路口A到其他交叉路口的最短路径。在计算过程中考虑交通规则，并将有限制的路段距离设为无穷大。

（3）将计算得到的最短路径结果转换为NetworkX图形对象，并利用Matplotlib库进行可视化。我们使用节点表示交叉路口，边表示道路，边的权重表示道路距离。这样的可视化图形能够直观地展示城市道路网络。

（4）打印输出了最短路径距离矩阵和优化的交通路线信息，并绘制了城市道路网络的可视化图，如图4.1所示。这个图中的节点代表交叉路口，边代表道路，边的权重表示道路距离。通过可视化图形，可以直观地展示城市道路网络的结构，以及各个交叉路口之间的连接关系和距离。

```
Shortest distances between every pair of junctions:
0 7 5 6 10
INF 0 INF 2 6
INF 2 0 1 5
INF INF INF 0 4
INF INF INF INF 0
Optimized traffic routes:
Shortest route from A to B: A -> B
```

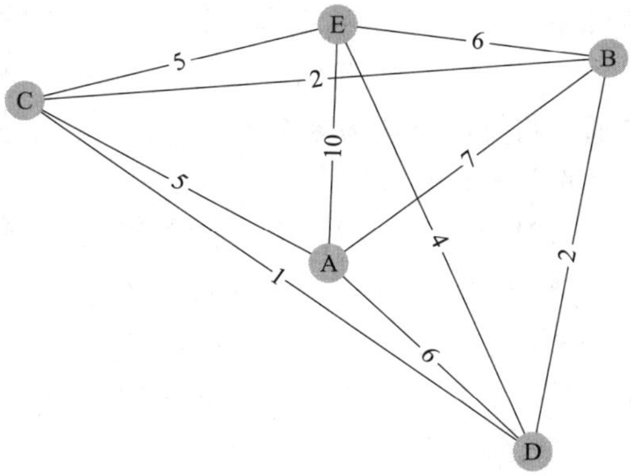

图4.1　城市道路网络的可视化图

4.4 Floyd-Warshall算法的局限性与改进

Floyd-Warshall算法是一种用于解决所有点对最短路径的经典算法，它能够处理带有负权边但没有负权环的加权有向图。然而，Floyd-Warshall算法也存在一些局限性。在本节的内容中，将详细讲解Floyd-Warshall算法的局限性与改进的知识。

4.4.1 算法复杂度与大规模图的挑战

Floyd-Warshall算法是一种经典的解决所有点对最短路径的算法，但其在面对大规模图时存在一些挑战和局限性，具体说明如下：

（1）时间复杂度高：Floyd-Warshall算法的时间复杂度为$O(n^3)$，其中n表示图中顶点的个数。对于大规模图，特别是稀疏图，算法的执行时间可能会非常长。

（2）空间复杂度高：算法需要使用二维数组来存储所有点对之间的最短路径距离，因此其空间复杂度为$O(n^2)$。在大规模图中，这将占用大量的内存空间。

为了克服这些挑战，可以考虑使用如下的改进措施：

（1）并行计算：可以将Floyd-Warshall算法改造为并行计算的形式，利用多核处理器或分布式计算环境，加速算法的执行速度。

（2）分布式算法：将大规模图分割成小块，并分配给多台计算机进行处理。这样可以降低单个计算机的负载，提高算法的扩展性和效率。

（3）近似算法：对于特别大的图，可以使用近似算法来求解最短路径问题。近似算法可能无法找到最优解，但可以在可接受的时间内给出一个较好的解决方案。

（4）基于索引的优化：可以利用索引技术，对图的结构进行优化，加速最短路径的计算过程。例如，可以使用跳表或哈希表来加速查找操作。

通过采取上面介绍的这些改进措施，可以有效地应对大规模图带来的挑战，提高Floyd-Warshall算法在实际应用中的效率和可扩展性。请看下面的实例，使用多线程技术实现了Floyd-Warshall算法，以在计算最短路径时并行处理矩阵。

【实例4.4】 多线程Floyd-Warshall算法（详细代码见本书配套资源codes/4/Dan/Dan.cpp）。

在本实例代码中实现了使用多线程和并行计算的Floyd-Warshall算法，以加快计算加权图中所有节点之间的最短路径。通过将算法分解为多个子任务，并利用线程间的并发执行，实现了更高效的路径计算。上述代码的实现流程如下：

（1）实现了Floyd-Warshall算法来计算加权图中所有节点之间的最短路径。

（2）使用多线程和并行计算的方式来加速算法执行。通过将计算任务分解为多个子任务，并利用线程间的并发执行，实现了更高效的路径计算过程。

（3）使用了信号量来控制对共享数据的访问，确保线程安全性。信号量用于同步线程对临界区的访问，以避免竞争条件和数据冲突。

（4）提供了用户交互界面，允许用户输入图的信息，包括节点数、边数以及每条边的起点、终点和权重，然后输出计算得到的最短路径矩阵。

执行后会先提示用户输入图的信息，例如输入：

```
4 6
1 2 3
2 3 2
3 4 7
4 1 2
4 2 6
1 3 8
2 4 6
```

此时完整的执行结果如下：

```
Enter Your Matrix Information in The Format <NodeCount> <VerticesCount> <Vertices> :
----->(no Brackets<>):4 6
1 2 3
2 3 2
3 4 7
4 1 2
4 2 6
1 3 8
2 4 6
4 3 5 2
3 4 2 5
5 2 4 7
2 5 7 4
```

4.4.2 负权回路的处理策略

Floyd-Warshall算法有一些局限性，其中一个主要的局限性是它无法处理负权回路。负权回路是一个环路，通过该环路可以无限次地降低路径的总权值，这使得最短路径的概念变得模糊，并导致Floyd-Warshall算法产生错误的结果。在这种情况下，算法可能会陷入无限循环，或者给出错误的结果。要处理负权回路，可以使用如下几种常见的策略：

（1）检测负权回路：在运行Floyd-Warshall算法之前，首先检测图中是否存在负权回路。一种方法是使用Bellman-Ford算法，该算法能够检测到图中是否存在负权回路。如果检测到负权回路，可以根据具体情况采取适当的措施，例如终止算法并报告无解。

（2）限制迭代次数：在实现Floyd-Warshall算法时，可以限制迭代的次数。如果算法在预定次数内没有收敛，可以假设存在负权回路并终止算法。

（3）动态规划优化：对于Floyd-Warshall算法的改进，可以使用动态规划优化，使得算法能够处理负权回路。这种方法通常需要修改算法的内部逻辑，以处理负权边的情况，例如将无穷大值与负权值进行比较，或者使用其他策略来处理负权值。

（4）权值调整：有时候，可以对图中的权值进行调整，使得不存在负权回路。例如，可以添加一个足够大的常数到所有边的权值，以确保所有权值都为正数。这种方法可能需要根据具体情况进行权值调整，以确保不会改变最短路径的结果。

无论选择哪种策略，都需要根据具体情况来决定。在某些情况下，检测负权回路可能是最好的选择，而在其他情况下，可能需要修改算法以处理负权边。例如，下面是一个使用Bellman-Ford算法检测负权回路的例子，如果检测到负权回路，则会输出提示信息，否则会继续执行后续的Floyd-Warshall算法。

【实例4.5】 使用Bellman-Ford算法检测负权回路（详细代码见本书配套资源codes/4/Fu/Fu.cpp）。

上述代码的实现流程如下：

（1）定义了一个边的结构体Edge，用于表示图中的边。每条边包含源节点、目标节点和权重。

（2）实现了函数bellmanFord，该函数使用Bellman-Ford算法来检测负权回路。该算法遍历图中的所有边，并尝试对它们进行松弛操作，以找到从起始节点到各个节点的最短路径。在这个过程中，如果存在负权回路，算法会在某次松弛操作中发现到达某个节点的最短路径权值继续减小的情况。如果检测到负权回路，则会调用printNegativeCycle函数打印出负权回路的路径。

（3）在main函数中定义了图的节点数量和边集合，并指定了起始节点。然后调用bellmanFord函数检测负权回路。如果检测到负权回路，则输出提示信息并终止程序执行。否则，输出提示信息并继续执行后续的Floyd-Warshall算法或其他操作。

（4）根据检测到负权回路的情况，程序采取不同的行动，保证了在图中存在负权回路时能够及时发现并进行相应处理，确保后续操作的正确性和有效性。

在本实例中，Bellman-Ford算法没有检测到负权回路，因此程序继续执行后续的Floyd-Warshall算法。这表明图中不存在负权回路，可以安全地继续进行其他操作。执行后会输出：

```
No negative cycle detected. Proceeding with Floyd-Warshall algorithm.
```

4.5 综合实战——无人驾驶领域的路径规划系统（出租车/运输车）

本节将要介绍的项目是一个应用于无人驾驶领域的路径规划系统，通过读取输入的交通信息，包括不同城市之间的运输费用或打车费用，利用图论中的Floyd-Warshall算法来找到两个指定城市之间的最优路径，并计算出最优路径的总费用，最终输出最优路径和费用信息（codes/4/FloydWarshallAlgorithm）。

4.5.1 背景介绍

随着无人驾驶技术的不断发展和普及，人们对于出行方式的需求也在不断变化。在城市交通拥堵和环保意识日益增强的背景下，基于无人驾驶的路径规划系统应运而生。该系统旨在利用先进的无人驾驶技术，为用户提供高效、安全、环保的出行解决方案，特别针对出租车和货运车等交通工具进行路径规划和优化，以满足用户对出行便捷性和经济性的需求。

本项目的功能目标如下：

（1）提供智能化的路径规划服务：通过系统的智能算法和数据分析，为用户提供最佳的出行路径规划方案，包括出租车和运输车的线路选择、停靠点优化等。

（2）优化出行效率和舒适度：通过合理规划路径和避开拥堵路段，提高出行的效率和舒适度，缩短用户的行程时间。

（3）降低出行成本和能源消耗：通过优化路径和节约行驶距离，降低出行成本和能源消耗，提升交通运输的经济性和环保性。

（4）提升交通安全水平：利用无人驾驶技术，实现车辆自主导航和智能交通管理，提高交通安全水平，减少交通事故发生的可能性。

通过基于无人驾驶的路径规划系统，我们旨在为用户提供更加智能、便捷、安全的出行体验，推动城市交通领域的技术创新和发展。

4.5.2　键值对映射模板

文件map.h定义了Map类模板，实现了一个键值对的映射结构。这个类模板提供了插入、查找、删除等功能，并且实现了一个迭代器，用于遍历键值对。

```
#ifndef MAP_H
#define MAP_H

#include <iostream>
#include "string"
#include "rbtree.h"
#include "list.h"
#include "pair.h"



template<class T1,class T2>
class Map
{
private:
    RBTree<T1,T2>*rbtree;
public:
    int size;

    Map()
    {
        size=0;
        rbtree=new RBTree<T1,T2>();
    }

    ~Map()
    {
        delete rbtree;
    }

    void Insert(const T1& key,const T2& data)
    {
        rbtree->Insert(key,data);
        size++;
    }

    void Add(const T1& key,const T2& data)
    {
        rbtree->Add(key,data);
    }

    void Delete(T1 key)
    {
```

```
        rbtree->Delete(key);
        size--;
    }

    T2 Find(T1 key)
    {
        return rbtree->FindData(key);
    }

    List<T1>*FindKeysByData(T2 data)
    {
        auto itr=this->create_iterator();

        List<T1>*foundkeys=new List<T1>();

        while(itr->has_next())
        {
            Pair<T1,T2>pair=itr->next();
            if(pair.second==data)
            {
                foundkeys->push_back(pair.first);
            }
        }
        return foundkeys;
    }

    void Clear()
    {
        delete rbtree;
        rbtree=new RBTree<T1,T2>();
        size=0;
    }

    class MapIterator:public Iterator<Pair<T1,T2>>
    {
    public:
        friend class Map;

        Iterator<Pair<T1,T2>>*treeiter;

        MapIterator(RBTree<T1,T2>*rbtree)
        {
            treeiter=rbtree->create_iterator();
        }

        ~MapIterator()
        {
            delete treeiter;
        }

        bool has_next()
```

```
        {
            return treeiter->has_next();
        }

        Pair<T1,T2>next()
        {
            return treeiter->next();
        }
    };

    MapIterator*create_iterator()
    {
        return new MapIterator(rbtree);
    }
};

#endif
```

整个类Map使用了模板 template<class T1,class T2>，可以用于存储不同类型的键值对。#ifndef、#define、#endif 用于防止头文件重复包含。在类Map中包含了如下成员函数：

（1）构造函数和析构函数，用于创建和销毁映射。

（2）Insert()和Add()函数，用于向映射中插入新的键值对。

（3）Delete()函数，用于从映射中删除指定键对应的值。

（4）Find()函数，用于根据键查找对应的值。

（5）FindKeysByData()函数，根据给定的值查找对应的键。

（6）Clear()函数，用于清空映射中的所有键值对。

在类Map的内部还定义了一个嵌套的MapIterator类，继承自Iterator<Pair<T1,T2>>接口，用于实现迭代器功能。这个迭代器类包含了has_next()和next()函数，用于遍历映射中的键值对。

4.5.3　城市编号

文件pair.h定义了Pair结构体模板，用于存储一对值。在这个项目中，Pair用于表示城市名称和唯一编号之间的对应关系。

```
#ifndef PAIR_H
#define PAIR_H

template<typename T1,typename T2>
struct Pair
{
public:
    T1 first;
    T2 second;

    Pair(const T1& first,const T2& second)
    {
        this->first=first;
        this->second=second;
    }
```

```
        Pair(const Pair& pair)
        {
            this->first=pair.first;
            this->second=pair.second;
        }

        Pair(){}

        ~Pair(){}
    };

    template<typename T1,typename T2>
    Pair<T1,T2>makepair(T1 first,T2 second)
    {
        return Pair<T1,T2>(first,second);
    }
    #endif
```

上述代码定义了一个模板结构体Pair<T1,T2>，表示键值对。每个键值对由两个成员组成：first和second，分别表示键和值。结构体Pair包含了如下函数：

（1）两个构造函数，一个接受两个参数来初始化键值对的成员，另一个接受另一个Pair对象作为参数进行初始化。

（2）默认构造函数和析构函数。

此外，上述代码还定义了一个全局函数makepair()，用于创建并返回一个键值对对象。这个函数接受两个参数，分别为键和值，然后返回一个对应的Pair对象。

总之，这个结构体和函数的设计使得用户可以方便地创建和操作键值对，这在实现映射等数据结构时非常有用。

4.5.4 红黑树数据结构和迭代器

编写文件rbtree.h，功能是实现了红黑树数据结构及其迭代器。红黑树是一种自平衡的二叉查找树，它的节点被着色为红色或黑色，并满足一些约束条件。这里的红黑树用于存储城市名称和唯一编号之间的对应关系，并提供了插入、删除、查找等操作。

（1）定义类RBTree，这是一个模板类，实现了红黑树数据结构。Node*root表示红黑树的根节点指针。Node*Nil表示一个特殊的空节点，表示红黑树的叶子节点。size表示红黑树中节点的数量。

```
    #ifndef RBTREE_H
    #define RBTREE_H

    #include "stack.h"
    #include "iterator.h"
    #include "list.h"
    #include "pair.h"

    using namespace std;
```

```
template<class T1,class T2>
class RBTree
{
private:
    enum class color{RED=0,BLACK=1};
    class Node
    {
    private:
        Node*parent;
        Node*left;
        Node*right;

        T1*key;
        T2 data;

        color color;
    public:
        friend class RBTree;

        friend class RBTreeIterator;


        Node(const T1& key,const T2& data):Node()
        {
            this->key=new T1[1];
            *this->key=key;
            this->data=data;
        }

        Node()
        {
            left=nullptr;
            right=nullptr;
            parent=nullptr;
            key=nullptr;
            color=color::RED;
        }

        ~Node()
        {
            if(key!=nullptr)
                delete[] key;
        }
    };

    Node*root;

    Node*Nil;
public:
    int size;
```

（2）实现构造函数RBTree()，这是默认的构造函数，用于创建一个空的红黑树。

```
RBTree()
```

```
{
    size=0;
    Nil=new Node();
    Nil->color=color::BLACK;
    root=nullptr;
}
```

（3）函数LeftSwitch()执行左旋操作，用于修正红黑树的平衡。左旋转是红黑树中的一种平衡操作，旨在通过节点的左旋转来调整树的结构，保持红黑树的性质。具体而言，LeftSwitch()函数将指定节点向左旋转，以保持红黑树的性质。在左旋转操作中，当前节点会向左旋转，其右子节点会成为新的父节点，而原父节点则成为当前节点的左子节点。同时，适当地调整相关节点的指针和颜色，以保持红黑树的性质不变。

```
void LeftSwitch(Node*X)
{
    Node*Y=X->right;

    Node*B=Y->left;

    X->right=B;

    if(B!=Nil)
    {
        B->parent=X;
    }

    Node*P=X->parent;
    Y->parent=P;

    if(P==nullptr)
    {
        this->root=Y;
    }
    else if(X==P->left)
    {
        P->left=Y;
    }
    else
    {
        P->right=Y;
    }

    Y->left=X;
    X->parent=Y;
}
```

（4）函数RightSwitch()执行右旋操作，用于修正红黑树的平衡。右旋转是红黑树中的一种平衡操作，旨在通过节点的右旋转来调整树的结构，保持红黑树的性质。具体而言，RightSwitch()函数将指定节点向右旋转，以保持红黑树的性质。在右旋转操作中，当前节点会向右旋转，其左子节点会成为新的父节点，而原父节点则成为当前节点的右子节点。同时，适当地调整相关节点的指针和颜色，以保持红黑树的性质不变。

```
void RightSwitch(Node*X)
    {
    Node*Y=X->left;

    Node*B=Y->right;

    X->left=B;

    if(B!=Nil)
    {
        B->parent=X;
    }

    Node*P=X->parent;
    Y->parent=P;

    if(P==nullptr)
    {
        this->root=Y;
    }
    else if(X==P->right)
    {
        P->right=Y;
    }
    else
    {
        P->left=Y;
    }

    Y->right=X;
    X->parent=Y;
}
```

（5）实现函数ParentNodeToInsert()，用于查找要插入节点的父节点。在红黑树中，当插入新节点时，需要找到合适的位置将其插入，并保持红黑树的性质不变。具体而言，ParentNodeToInsert()函数接收一个键值作为参数，然后从根节点开始，根据键值比较逐级向下遍历红黑树，直到找到合适的插入位置。如果该键值已经存在于树中，则返回空节点（Nil），表示不需要插入重复的键值。函数ParentNodeToInsert()的工作流程如下：

①从根节点开始，不断比较当前节点的键值和目标键值，决定是向左子树还是向右子树遍历。

②如果目标键值小于当前节点的键值，则向左子树遍历；如果大于则向右子树遍历。

③如果遍历过程中遇到空节点（Nil），则说明找到了插入位置，返回当前节点作为父节点。

④如果目标键值已经存在于树中，则返回空节点（Nil），表示不需要插入。

```
Node*ParentNodeToInsert(T1 key)
{
    Node*currNode=root;
```

```
        if(key==*currNode->key)
        {
            return Nil;
        }


        while(true)
        {
            if(key>*currNode->key)
            {
                if(currNode->right!=Nil)
                {
                    if(*currNode->right->key==key)
                        return currNode;
                    currNode=currNode->right;
                }
                else
                    return currNode;
            }
            else
            {
                if(currNode->left!=Nil)
                {
                    if(*currNode->left->key==key)
                        return currNode;
                    currNode=currNode->left;
                }
                else return currNode;
            }
        }
    }
```

（6）实现函数Add(const T1& key,const T2& data)，用于向红黑树中插入一个节点，如果键已存在则更新对应的值。函数Add()接受两个参数：键（key）和数据（data），表示要插入的节点的键和相应的数据。该函数首先检查树是否为空，如果为空，则创建一个根节点，并将新节点插入为根节点。如果树不为空，则找到适当的插入位置，并插入新节点。函数Add()的具体实现步骤如下：

①如果树为空，则创建一个新节点作为根节点，并将新节点的键和数据分别设置为给定的键和数据。

②如果树不为空，则调用ParentNodeToInsert(key)辅助函数确定新节点应该插入的位置。如果返回的父节点是空节点，则表示新节点的键已经存在于树中，因此更新对应节点的数据即可。

③否则，创建一个新节点，将给定的键和数据设置到新节点中。

④根据新节点的键值与父节点的比较结果，决定将新节点插入为父节点的左子节点还是右子节点。

⑤在插入新节点后，调用FixInsert(newNode)函数修正可能破坏红黑树性质的情况。

```
void Add(const T1& key,const T2& data)
{
    if(root==nullptr)
    {
        size++;
        Node*newNode=new Node(key,data);

        root=newNode;
        root->color=color::BLACK;

        newNode->left=Nil;
        newNode->right=Nil;
    }
    else
    {
        Node*parentNode=ParentNodeToInsert(key);

        if(parentNode==Nil)
        {
            /*if(root->key==key)
            {
                throw invalid_argument("Node does not exist.");
            }*/
            root->data+=data;
            return;
        }


        if(parentNode->left!=Nil &&*parentNode->left->key==key)
        {
            parentNode->left->data+=data;
            return;

        }
        else if(parentNode->right!=Nil &&*parentNode->right->key==key)
        {
            parentNode->right->data+=data;
            return;
        }

        Node*newNode=new Node(key,data);
        size++;

        if(key<*parentNode->key)
            parentNode->left=newNode;
        else
            parentNode->right=newNode;

        newNode->parent=parentNode;
        newNode->left=Nil;
        newNode->right=Nil;
```

```
            newNode->color=color::RED;

            FixInsert(newNode);
        }
    }
```

（7）实现函数Insert(const T1& key,const T2& data)，功能是向红黑树中插入一个节点，如果键已存在则抛出异常。函数Insert(const T1& key,const T2& data)接受两个参数：键（key）和数据（data），表示要插入的节点的键和相应的数据。该函数的实现与Add(const T1&key,const T2& data)函数类似，但在遇到重复键时会抛出异常。函数Insert(const T1& key,const T2& data)的具体实现步骤如下：

①如果树为空，则创建一个新节点作为根节点，并将新节点的键和数据分别设置为给定的键和数据。

②如果树不为空，则调用ParentNodeToInsert(key)辅助函数确定新节点应该插入的位置。如果返回的父节点是空节点，则表示新节点的键已经存在于树中，因此抛出异常。

③否则，创建一个新节点，将给定的键和数据设置到新节点中。

④根据新节点的键值与父节点的比较结果，决定将新节点插入为父节点的左子节点还是右子节点。

⑤在插入新节点后，调用FixInsert(newNode)函数修正可能破坏红黑树性质的情况。

```
void Insert(const T1& key,const T2& data)
{
    if(root==nullptr)
    {
        size++;
        Node*newNode=new Node(key,data);

        root=newNode;
        root->color=color::BLACK;

        newNode->left=Nil;
        newNode->right=Nil;
    }
    else
    {
        Node*parentNode=ParentNodeToInsert(key);

        if(parentNode==Nil)
        {
            throw invalid_argument("Key already exists");
        }

        if(parentNode->left!=Nil &&*parentNode->left->key==key)
        {
            throw invalid_argument("Key already exists");

        }
```

```
        else if(parentNode->right!=Nil &&*parentNode->right->key==key)
        {
            throw invalid_argument("Key already exists");
        }

        size++;
        Node*newNode=new Node(key,data);

        if(key<*parentNode->key)
            parentNode->left=newNode;
        else
            parentNode->right=newNode;

        newNode->parent=parentNode;
        newNode->left=Nil;
        newNode->right=Nil;

        newNode->color=color::RED;

        FixInsert(newNode);
    }
}
```

（8）实现函数FixInsert()，功能是在插入新节点后修正红黑树以满足红黑树的性质。在向红黑树中插入新节点后，可能会破坏红黑树的性质，例如，可能会导致出现相邻的红色节点或者违反黑色节点数量的规则。为了修正这些问题，需要对红黑树进行一系列的旋转和着色操作。具体来说，函数FixInsert()会检查新插入节点的父节点的颜色，以及叔父节点的颜色，并根据不同情况执行不同的操作，使得红黑树恢复到满足性质的状态。

```
void FixInsert(Node*newNode)
{
    while(newNode->parent->color==color::RED)
    {
        Node*p=newNode->parent;
        Node*Gp=p->parent;

        if(p==Gp->left)
        {
            //Case I
            if(Gp->right->color==color::RED)
            {
                Gp->left->color=color::BLACK;
                Gp->right->color=color::BLACK;
                Gp->color=color::RED;
            }
            else//Case II
            {
                if(newNode==p->right)
                {
                    newNode=p;
                    LeftSwitch(newNode);
```

```
                p=newNode->parent;
                Gp=p->parent;
            }
            //Case III
            p->color=color::BLACK;
            Gp->color=color::RED;
            RightSwitch(Gp);
        }
    }
    else
    {
        //Case I
        if(Gp->left->color==color::RED)
        {
            Gp->left->color=color::BLACK;
            Gp->right->color=color::BLACK;
            Gp->color=color::RED;
            newNode=Gp;
        }
        else//Case II
        {
            if(newNode==p->left)
            {
                newNode=p;
                RightSwitch(newNode);
                p=newNode->parent;
                Gp=p->parent;
            }

            //Case III
            p->color=color::BLACK;
            Gp->color=color::RED;
            LeftSwitch(Gp);
        }
    }

    if(newNode==root)
        break;
}
//Case IV
root->color=color::BLACK;
}
```

（9）函数Delete(const T1& key)用于删除具有给定键的节点，它接受一个键作为参数，并按照红黑树的规则进行删除操作。如果存在具有给定键的节点，则删除该节点并调整树以保持红黑树的性质。如果不存在具有给定键的节点，则函数会抛出异常。

```
void Delete(const T1& key)
{
    Node*nodeToDelete=FindNode(key);

    if(nodeToDelete!=Nil)
```

```
{
    size--;
    color originalColor=nodeToDelete->color;

    Node*X=nullptr;

    if(nodeToDelete->left==Nil)
    {
        X=nodeToDelete->right;
        NodeTransplant(nodeToDelete,X);
    }
    else if(nodeToDelete->right==Nil)
    {
        X=nodeToDelete->left;
        NodeTransplant(nodeToDelete,X);
    }
    else
    {
        Node*Y=FindMinimum(nodeToDelete->right);

        originalColor=Y->color;
        X=Y->right;

        if(Y->parent==nodeToDelete)
        {
            X->parent=Y;
        }
        else
        {
            NodeTransplant(Y,Y->right);
            Y->right=nodeToDelete->right;
            Y->right->parent=Y;
        }

        NodeTransplant(nodeToDelete,Y);

        Y->color=originalColor;
        Y->left=nodeToDelete->left;
        Y->left->parent=Y;
        Y->color=nodeToDelete->color;
    }

    delete nodeToDelete;

    if(originalColor==color::BLACK)
    {
        FixDelete(X);
    }
}
else
{
```

```
            throw invalid_argument("Node does not exist.");
        }
    }
```

（10）实现函数FixDelete()，用于在删除节点后修正红黑树，以确保其性质得以满足。在从红黑树中删除节点后，可能会破坏红黑树的性质，例如，可能会导致出现黑色节点不平衡或者相邻的红色节点。为了修正这些问题，需要对红黑树进行一系列的旋转和着色操作。具体来说，函数FixDelete()会检查被删除节点的兄弟节点和兄弟节点的子节点的颜色，以及其他相关节点的颜色，并根据不同情况执行不同的操作，使得红黑树恢复到满足性质的状态。

```
void FixDelete(Node*X)
{
    Node*W;
    while(X!=root && X->color==color::BLACK)
    {
        if(X==X->parent->left)
        {
            W=X->parent->right;
            if(W->color==color::RED)
            {
                W->color=color::BLACK;
                X->parent->color=color::RED;
                LeftSwitch(X->parent);
                W=X->parent->right;
            }

            if(W->left->color==color::BLACK && W->right->color==color::BLACK)
            {
                W->color=color::RED;
                X=X->parent;
            }
            else
            {
                if(W->right->color==color::BLACK){
                    W->left->color=color::BLACK;
                    W->color=color::RED;
                    RightSwitch(W);
                    W=X->parent->right;
                }

                W->color=X->parent->color;
                X->parent->color=color::BLACK;
                W->right->color=color::BLACK;
                LeftSwitch(X->parent);
                X=this->root;
            }
        }
        else
        {
            W=X->parent->left;
            if(W->color==color::RED){
```

```
                W->color=color::BLACK;
                X->parent->color=color::RED;
                RightSwitch(X->parent);
                W=X->parent->left;
            }

            if(W->left->color==color::BLACK && W->right->color==color::BLACK)
            {
                W->color=color::RED;
                X=X->parent;
            }
            else
            {
                if(W->left->color==color::BLACK)
                {
                    W->right->color=color::BLACK;
                    W->color=color::RED;
                    LeftSwitch(W);
                    W=X->parent->left;
                }

                W->color=X->parent->color;
                X->parent->color=color::BLACK;
                W->left->color=color::BLACK;
                RightSwitch(X->parent);
                X=this->root;
            }
        }
    }
    X->color=color::BLACK;
}
```

（11）实现函数FindNode()，用于在红黑树中查找具有特定键值的节点，并返回该节点的指针。如果找到了匹配的节点，则返回指向该节点的指针；如果未找到匹配的节点，则返回空指针。函数FindNode()的实现思路如下：

①从根节点开始，将当前节点指针初始化为根节点。

②循环遍历红黑树，直到当前节点为空（即遍历到了叶子节点）。

③在循环中，进行以下操作：

- 如果当前节点的键值等于目标键值，则返回指向当前节点的指针，表示找到了匹配的节点。
- 如果目标键值小于当前节点的键值，则将当前节点指针移动到当前节点的左子节点。
- 如果目标键值大于当前节点的键值，则将当前节点指针移动到当前节点的右子节点。
- 如果遍历结束时仍然未找到匹配的节点，则返回空指针，表示未找到。

这样，FindNode()函数就可以在红黑树中查找具有特定键值的节点，并返回指向该节点的指针，或者返回空指针表示未找到。

```
Node*FindNode(const T1& key)
{
```

```
    Node*currNode=root;

    while(currNode!=Nil)
    {
        if(*currNode->key==key)
            return currNode;

        if(*currNode->key<key)
        {
            currNode=currNode->right;
        }
        else if(*currNode->key>key)
        {
            currNode=currNode->left;
        }
    }
    return Nil;
}
```

（12）函数NodeTransplant()的功能是在红黑树中执行节点替换操作，将节点Y替换节点 X。具体来说，它将节点Y替换节点X的位置，并更新树中相应的父节点指针，以保持树的结构和红黑树的性质不变。该函数的实现思路如下：

①首先判断节点X是否为根节点，如果是，则将树的根节点指针指向节点Y。

②然后判断节点X在其父节点中的位置（左子节点或右子节点），并相应地更新其父节点的指向。如果节点X是其父节点的左子节点，则将其父节点的左子节点指针指向节点Y；如果节点X是其父节点的右子节点，则将其父节点的右子节点指针指向节点Y。

③最后，更新节点Y的父节点指针，使其指向节点X的父节点。这样就完成了节点替换操作。

通过这样的替换操作，节点Y成功地替换了节点X的位置，并且树的结构保持不变。

```
void NodeTransplant(Node*X,Node*Y)
{
    if(X->parent==nullptr)
    {
        root=Y;
    }
    else if(X==X->parent->left)
    {
        X->parent->left=Y;
    }
    else
    {
        X->parent->right=Y;
    }
    Y->parent=X->parent;
}
```

（13）函数FindMinimum()的功能是查找以指定节点为根的子树中的最小节点。

```
Node*FindMinimum(Node*node)
{
    while(node->left!=Nil)
    {
        node=node->left;
    }
    return node;
}
```

（14）函数FindData()的功能是根据键查找对应节点的数据。

```
T2 FindData(const T1& key)
{
    Node*node=FindNode(key);
    if(node==Nil)
    {
        throw invalid_argument("Node does not exist.");
    }
    else
    {
        return node->data;
    }
}
```

（15）函数GetKey()的功能是获取指定节点的键。

```
T1 GetKey(Node*node)
{
    return*node->key;
}
```

（16）函数GetData()的功能是获取指定节点的数据。

```
T2 GetData(Node*node)
{
    return node->data;
}
```

（17）实现析构函数~RBTree()，用于释放红黑树占用的内存。

```
~RBTree()
{
    size=0;
    auto itr=create_iterator();

    while(itr->has_next())
    {
        Node*temp=itr->current;
        itr->next();
        delete temp;
    }
    delete itr;
```

```
    delete Nil;
}
```

（18）RBTreeIterator是用于迭代红黑树中节点的迭代器类，它实现了遍历红黑树的功能，可以依次访问红黑树中的每个节点。在红黑树的实现中，类RBTreeIterator用于遍历树中的节点，从而实现对树的遍历操作。

```
class RBTreeIterator:public Iterator<Pair<T1,T2>>
{
public:
    friend class RBTree;

    Stack<Node*>*stack;

    Node*current;

    RBTreeIterator(Node*root)
    {
        current=root;
        stack=new Stack<Node*>();
    }

    ~RBTreeIterator()
    {
        delete stack;
    }

    bool has_next()
    {
        return current!=nullptr;
    }

    Pair<T1,T2>next()
    {
        Node*temp=current;

        Pair<T1,T2>pair=makepair(*temp->key,temp->data);

        if(current->right->key!=nullptr)
        {
            stack->push(current->right);
        }

        if(current->left->key!=nullptr)
        {
            current=current->left;
        }
        else
        {
            if(!stack->empty())
            {
```

```
                    current=stack->top();
                    stack->pop();
                }
                else
                {
                    current=nullptr;
                }
            }

            return pair;
        }

    };

    RBTreeIterator*create_iterator()
    {
        return new RBTreeIterator(root);
    }

};

#endif
```

在上述代码中定义了一个模板类RBTree<T1,T2>，表示红黑树数据结构。红黑树是一种自平衡的二叉查找树，它保持着良好的平衡性，从而能够在$O(\log n)$的时间内进行插入、删除和查找操作。类RBTree中包含了一个嵌套的 Node 类，表示树中的节点。每个节点包含了指向父节点、左子节点和右子节点的指针，以及键值对中的键、值和颜色。

4.5.5 栈数据结构

文件stack.h实现了栈数据结构，用于辅助路径规划算法中的一些操作。

```
#ifndef STACK_H
#define STACK_H

#include <iostream>
using namespace std;

template<class T>
class Stack
{
private:
    class Node
    {
    public:
        Node(T node,Node*prev)
        {
            this->node=node;
            this->prev=prev;
        }

        Node(T node):Node(node,nullptr){}
```

```
        T node;
        Node*prev;
    };

    Node*head;
public:
    Stack()
    {
        head=nullptr;
    }

    ~Stack()
    {
        while(!empty())
        {
            pop();
        }
    }

    void pop()
    {
        if(empty())
        {
            throw out_of_range("No more elements");
        }
        else
        {
            Node*temp=head;
            head=head->prev;
            delete temp;
        }
    }

    void push(T node)
    {
        Node*newNode=new Node(node,head);
        head=newNode;
    }

    bool empty()
    {
        return head==nullptr;
    }

    T top()
    {
        if(empty())
        {
            throw out_of_range("Empty");
        }
        else
```

```
            {
                return head->node;
            }
        }
};

#endif
```

4.5.6 迭代器接口

文件iterator.h定义了迭代器接口，用于遍历数据结构中的元素。

```
#ifndef ITERATOR_H
#define ITERATOR_H

template<class T>
class Iterator
{
public:
    virtual T next()=0;

    virtual bool has_next()=0;

    virtual ~Iterator(){};
};

#endif ITERATOR_H
```

4.5.7 图结构

文件graph.h定义了类Graph，用于表示一个图结构。这里使用了邻接矩阵来表示图，其中的元素表示从一个顶点到另一个顶点的权重，即边的权重。该文件还包含了路径规划算法Floyd-Warshall的实现。

```
#ifndef GRAPH_H
#define GRAPH_H

using namespace std;
#include <string>
#include "list.h"
#include "airticket.h"
#include "map.h"

struct Graph
{
    double**matrix;
    int size;

    Graph(int);
};

void FloydWarshall(Graph&,Graph&);
```

```
#endif
```

4.5.8 车费信息

文件airticket.h定义了类AirTicket，用于表示车费信息，它包括了出发地、目的地以及两个不同的车费价格（价格1和价格2）。

```
#ifndef AIRTICKET_H
#define AIRTICKET_H

using namespace std;
#include <string>

struct AirTicket
{
public:
    string departure;
    string arrival;

    string price1;
    string price2;

    AirTicket(string departure,string arrival,string price1,string price2)
    {
        this->departure=departure;
        this->arrival=arrival;
        this->price1=price1;
        this->price2=price2;
    }

    AirTicket()
    {
        this->departure="";
        this->arrival="";
        this->price1="N/A";
        this->price2="N/A";
    }
};

#endif
```

4.5.9 路径规划

（1）文件ticketsmanager.h声明了路径规划系统的一些函数，例如，获取运费信息列表、查找最优解等。

```
#ifndef TICKETSPARSER_H
#define TICKETSPARSER_H

#include "list.h"
#include "airticket.h"
#include "pair.h"
```

```
List<AirTicket>getTicketsList(string);

Pair<List<string>,double>findOptimalSolution(List<AirTicket>&,string,string);

#endif
```

（2）文件ticketsmanager.cpp实现了路径规划系统的函数，包括获取运费信息列表、建立图、查找最优解等功能。

①函数giveCitiesUniqueNumbers的功能是根据输入的无人驾驶出租车应用系统的票务列表，为城市分配唯一的数字编号，以便后续使用。

```
Map<string,int>giveCitiesUniqueNumbers(List<AirTicket>& ticketsList)
{
    Map<string,int>*cityNumerics=new Map<string,int>();

    auto itr=ticketsList.create_iterator();
    int cityCount=0;
    while(itr->has_next())
    {
        AirTicket ticket=itr->next();

        try
        {
            cityNumerics->Insert(ticket.departure,cityCount);
            cityCount++;
        }
        catch(const std::exception&){}

        try
        {
            cityNumerics->Insert(ticket.arrival,cityCount);
            cityCount++;
        }
        catch(const std::exception&){}
    }
    delete itr;

    return*cityNumerics;
}
```

②函数tokenize用于将字符串按照指定的分隔符进行分割，并返回分割后的字符串列表。

```
List<string>tokenize(string line,string separator=" ")
{
    int start=0;
    int end=line.find(separator);
    List<string>splittedLines;

    while(end!=-1)
    {
```

```
        splittedLines.push_back(line.substr(start,end-start));
        start=end+separator.size();
        end=line.find(separator,start);
    }

    splittedLines.push_back(line.substr(start,end-start));

    return splittedLines;
}
```

③函数getTicketsList的功能是从文件中读取票务信息，创建并返回无人驾驶出租车的票务列表。

```
List<AirTicket>getTicketsList(string filename)
{
    List<AirTicket>ticketsList;

    ifstream finput;
    finput.open(filename);

    string line;
    while(getline(finput,line))
    {
        List<string>newTicket=tokenize(line,";");

        auto newTicket_itr=newTicket.create_iterator();
        string token1=newTicket_itr->next();
        string token2=newTicket_itr->next();
        string token3=newTicket_itr->next();
        string token4=newTicket_itr->next();
        delete newTicket_itr;

        AirTicket ticket(token1,token2,token3,token4);
        ticketsList.push_back(ticket);
    }

    return ticketsList;
}
```

④函数buildGraphByTickets的功能是根据无人驾驶出租车的票务列表和城市编号映射，构建无人驾驶出租车应用系统的路线图，将城市与运费信息转化为图的边和权重。

```
Graph buildGraphByTickets(List<AirTicket>& ticketsList,Map<string,int>& cityNumerics)
{
    Graph*graph=new Graph(cityNumerics.size);

    for(int i=0;i<graph->size;i++)
    {
        graph->matrix[i][i]=0;
    }
```

```
        auto ticket_itr=ticketsList.create_iterator();
        while(ticket_itr->has_next())
        {
            AirTicket ticket=ticket_itr->next();

            int numCity1=cityNumerics.Find(ticket.departure);
            int numCity2=cityNumerics.Find(ticket.arrival);

            if(ticket.price1=="N/A")
                graph->matrix[numCity1][numCity2]=inf;
            else
                graph->matrix[numCity1][numCity2]=stod(ticket.price1);

            if(ticket.price2=="N/A")
                graph->matrix[numCity2][numCity1]=inf;
            else
                graph->matrix[numCity2][numCity1]=stod(ticket.price2);
        }
        delete ticket_itr;

        return*graph;
    }
```

⑤编写函数findOptimalPath，功能是通过Floyd-Warshall算法找到两个城市之间的最优路径，并返回最优路径以及对应的运费。

```
    List<string>findOptimalPath(Graph& pathGraph,Map<string,int>&
cityNumerics,int i,int j)
    {
        List<string>*optimalPath=new List<string>();

         optimalPath->push_back(cityNumerics.FindKeysByData(i)->getHead());

        double**pathMatrix=pathGraph.matrix;

        int k=i;
        while(pathMatrix[k][j]!=j)
        {
            if(pathMatrix[k][j]==inf)
                throw invalid_argument("No way");
               string subCity=cityNumerics.FindKeysByData(pathMatrix[k][j])-
>getHead();
            optimalPath->push_back(subCity);
            k=pathMatrix[k][j];
        }

        optimalPath->push_back(cityNumerics.FindKeysByData(j)->getHead());
        return*optimalPath;
    }
```

⑥编写函数findOptimalSolution，功能是通过调用上面的函数，找到两个指定城市之间的最优路径和对应的运费。

```
    Pair<List<string>,double>findOptimalSolution(List<AirTicket>&
ticketsList,string city1,string city2)
    {
        Map<string,int>cityNumerics=giveCitiesUniqueNumbers(ticketsList);

        int size=cityNumerics.size;

        int numCity1=cityNumerics.Find(city1);
        int numCity2=cityNumerics.Find(city2);

        Graph graph=buildGraphByTickets(ticketsList,cityNumerics);

        Graph pathGraph(size);
        FloydWarshall(graph,pathGraph);

        Pair<List<string>,double>optimalSoulution;

        double optimalWay=graph.matrix[numCity1][numCity2];
        if(optimalWay==inf)
            throw invalid_argument("No way");

        optimalSoulution.second=optimalWay;

        List<string>optimalPath=findOptimalPath(pathGraph,cityNumerics,numCity1,
numCity2);
        optimalSoulution.first=optimalPath;

        return optimalSoulution;
    }
```

4.5.10 收费信息

在文件tickets.txt中保存了无人驾驶出租车应用系统的收费信息：

```
Spb;Kingisepp;100;N/A
Spb;Omsk;1;2
Omsk;Kirov;90;170
Kirov;Kingisepp;7;8
Kirov;Spb;300;400
Florida;Spb;N/A;16
Florida;Kirov;1;1
```

在上面的信息中，每一行代表一条收费信息，具体格式如下：

（1）第1列：出发城市。

（2）第2列：到达城市。

（3）第3列：从出发城市到达目的城市的第一段运费（单位：货币，如美元）。

（4）第4列：从出发城市到达目的城市的第二段运费（如果该路线需要经过中转或分段运输，单位：货币）。

这些信息描述了无人驾驶出租车应用系统中各个城市之间的运输路线以及对应的费用。

4.5.11 入口函数

文件main.cpp实现了本项目的入口点main函数，演示了如何使用路径规划系统来查找两个指定城市（出发地和目的地）之间的最优路径。

```
#include <string>
#include <iostream>

#include "ticketsmanager.h"
#include "map.h"
#include "graph.h"

using namespace std;


int main()
{
    List<AirTicket>ticketsList=getTicketsList("tickets.txt");

    try
    {
        Pair<List<string>,double>optimalSolution=findOptimalSolution(ticket
sList,"Omsk","Florida");

        cout<<"Optimal price:"<<optimalSolution.second<<endl;

        cout<<"Optimal way:"<<endl;
        auto itr=optimalSolution.first.create_iterator();
        while(itr->has_next())
        {
            cout<<itr->next();
            if(itr->has_next())
                cout<<"->";
        }
    }
    catch(const invalid_argument& exception)
    {
        cout<<exception.what()<<endl;
    }
}
```

上述代码调用了函数findOptimalSolution，用于寻找从Omsk到Florida的最优运输路径，并返回结果：

```
Optimal price:18
Optimal way:
Omsk->Spb->Florida
```

小　结

本章深入探讨了Floyd-Warshall算法，介绍了其背景、历史以及在路径规划中的应用价值，强调了该算法在解决任意两点间最短路径问题的优势。通过学习图的邻接矩阵表示、算法的推导过程及与其他路径规划算法的对比，读者能够理解其核心思想。结合航空线路规划和城市交通规划的实际案例，展示了Floyd-Warshall算法在复杂场景中的有效应用。同时，分析了算法的局限性，特别是在大规模图中的计算复杂度以及负权回路的处理策略。最后，通过无人驾驶领域的路径规划系统案例，巩固了理论知识，并加深了对数据结构和算法实现的理解。上面的输出表明从Omsk到Florida的最优路径经过了Spb，并且最优费用为18。

习　题

一、填空题

1. Floyd-Warshall算法主要用于解决图中任意两点之间的____________问题。

2. 在Floyd-Warshall算法中，图通常通过____________来表示，便于计算最短路径。

3. Floyd-Warshall算法的时间复杂度为____________，这使得它在处理大规模图时面临挑战。

二、思考题

1. Floyd-Warshall算法与Dijkstra算法相比，有哪些优缺点？在什么情况下选择Floyd-Warshall算法？

2. 如何改进Floyd-Warshall算法在处理大规模图时的性能？请提出至少两种策略。

第5章 Floyd算法

Floyd算法是一种经典的动态规划算法，用于计算图中所有节点对之间的最短路径，广泛应用于路径规划领域。它与Floyd-Warshall算法密切相关，但Floyd算法更注重基础原理和逐步优化的过程。在智能网联汽车中，Floyd算法可用于优化车辆的全局路径规划，特别是在多车协同调度和动态交通网络优化中。例如，在自动驾驶出租车或运输车的路径规划系统中，Floyd算法能够高效计算所有可能起点和终点之间的最短路径，为车辆提供最优的行驶方案。本章将详细介绍Floyd算法的核心思想、实现步骤、优化方法（如空间优化和并行化优化），及其在智能网联汽车中的具体应用案例，帮助读者理解如何高效利用该算法解决智能交通中的复杂路径规划问题。

学习目标

◎ 理解Floyd算法的基本原理和历史背景：掌握Floyd算法的起源、发展历程，及其与Floyd-Warshall算法之间的关系与区别。

◎ 熟悉Floyd算法的实现步骤和计算过程：学习Floyd算法的核心思想，理解其具体实现步骤以及在不同情况下的计算流程。

◎ 探索Floyd算法的应用领域：通过分析典型应用场景，了解Floyd算法在实际问题中的有效性，特别是在校内机器人配送系统中的应用。

◎ 识别Floyd算法的改进策略：学习如何通过空间优化和并行化来减少内存消耗和提高算法性能，了解这些改进对实际应用的影响。

◎ 通过实际项目加深理解：参与校内机器人配送系统的具体实现，通过实践项目巩固Floyd算法的理论知识，并提升解决复杂问题的能力。

5.1 Floyd算法简介

Floyd算法是一种用于解决图中所有节点对之间的最短路径问题的经典算法。它通过动态规划的思想，逐步更新节点对之间的最短路径长度。

5.1.1 背景与历史

Floyd算法是由美国计算机科学家Robert W. Floyd在1962年提出的，这个算法是用来解决图中所有节点对之间的最短路径问题的。在Floyd提出这个算法之前，人们已经开始研究解决图中的最短路径问题。其中一种著名的算法是Dijkstra算法，由荷兰计算机科学家Edsger W. Dijkstra在1959年提出。Dijkstra算法解决了单源最短路径问题，但并没有直接解决所有节点对之间的最短路径问题。

Floyd算法的提出填补了这一空白，这是一种更为通用的算法，能够计算图中所有节点对之间的最短路径长度。Floyd算法利用了动态规划的思想，通过逐步更新节点对之间的路径长度来求解问题。

Floyd算法的提出标志着最短路径问题研究的一个重要里程碑，它不仅在理论研究中起到了重要作用，而且在实际应用中也有着广泛的应用。例如，在网络路由、交通规划、电路布线等领域，最短路径问题都是一个重要的问题，而Floyd算法为解决这些问题提供了一种有效的方法。

总的来说，Floyd算法的提出丰富了图论和算法领域的研究，为解决最短路径问题提供了一种简单而有效的解决方案。

5.1.2 Floyd算法和Floyd-Warshall算法的关系

Floyd算法和Floyd-Warshall算法有着密切的关系，可以说Floyd-Warshall算法是Floyd算法的一个特例。具体而言，两者的关系主要体现在以下几个方面：

（1）共同目标：Floyd算法和Floyd-Warshall算法都是用于解决图中所有节点对之间的最短路径问题。

（2）动态规划思想：两者都基于动态规划的思想，通过逐步更新节点对之间的路径长度来求解最短路径问题。

（3）时间复杂度：Floyd算法和Floyd-Warshall算法的时间复杂度都是$O(V^3)$，其中V是图中节点的数量。它们都需要计算每对节点之间的最短路径长度，并且在计算过程中都需要考虑所有可能的中间节点。

总的来说，Floyd算法和Floyd-Warshall算法在解决最短路径问题时有着共同的思想和目标，但Floyd-Warshall算法相对于Floyd算法更加通用，能够处理更多类型的图，因此在实际应用中更为常见。

5.1.3 Floyd算法和Floyd-Warshall算法的区别

Floyd算法和Floyd-Warshall算法都是用于解决图中所有节点对之间的最短路径问题的算法，但它们的适用场景、实现方式和特点略有不同，具体说明如下：

1. 适用场景

（1）Floyd算法适用于处理稠密图，即边的数量相对较多的情况。

（2）Floyd-Warshall算法适用于处理带有负权边的图，并且能够检测到负权回路。它更通用，适用于不考虑图的密度的情况。

2. 时间复杂度

（1）Floyd算法的时间复杂度为$O(V^3)$，其中V是节点的数量。它需要计算每对节点之间的最短路径，因此在节点数量较大时效率会受到影响。

（2）Floyd-Warshall算法的时间复杂度也是$O(V^3)$，与Floyd算法相同。它也需要计算每对节点之间的最短路径，但相较于Floyd算法，它还包含了额外的负权边的处理和负权回路的检测。

3. 处理能力

（1）Floyd算法仅能处理不带负权边的图，当图中存在负权边时，可能得到错误的结果。

（2）Floyd-Warshall算法能够处理带有负权边的图，并且能够检测到负权回路，因此更通用，能够应对更多的情况。

4. 实现方式

（1）Floyd算法通过动态规划的方式，逐步更新每对节点之间的最短路径。

（2）Floyd-Warshall算法也是一种动态规划算法，但在更新节点对之间的最短路径时，它同时考虑了所有经过中间节点的可能性，以处理负权边和负权回路。

总的来说，Floyd算法和Floyd-Warshall算法都是解决最短路径问题的经典算法，但它们在处理负权边和负权回路上有所不同，因此在选择算法时需要根据具体情况进行考虑。

5.1.4 应用领域与典型场景

Floyd算法在解决最短路径问题方面有着广泛的应用，特别是在下面的领域和典型场景中：

（1）网络路由：Floyd算法被广泛应用于计算机网络中的路由选择。在网络中，节点之间的通信需要选择最短路径，以确保数据包能够以最快的速度到达目的地。Floyd算法可以用来计算网络中所有节点之间的最短路径，并用于路由选择。

（2）交通规划：在城市交通规划中，需要确定最佳的路线以减少交通拥堵和行车时间。Floyd算法可以用来计算城市道路网络中所有交叉口之间的最短路径，从而为交通规划提供支持。

（3）电路布线：在电子电路设计中，需要设计电路板上的连接路线，以满足信号传输的要求。Floyd算法可以用来计算电路板上所有元件之间的最短路径，从而优化电路布线方案。

（4）地图导航：在地图导航应用中，需要确定最佳的行车路线以到达目的地。Floyd算法可以用来计算地图上所有位置之间的最短路径，并提供给用户最优的行车路线。

（5）资源调度：在生产调度和资源分配中，需要确定最佳的生产流程和资源利用方案。Floyd算法可以用来计算生产线上各个工作站之间的最短路径，以优化资源调度和生产计划。

总的来说，Floyd算法的应用领域非常广泛，涵盖了许多不同的领域和典型场景。Floyd在解决最短路径问题时表现出色，为各种实际问题的求解提供了有效的方法。

5.2 Floyd算法的核心思想

Floyd算法是一种用于解决图中所有节点对之间的最短路径问题的经典算法，它通过动态规划的思想，逐步更新节点对之间的最短路径长度。

5.2.1 Floyd算法的原理和实现步骤

Floyd算法的核心思想是利用动态规划，逐步更新节点对之间的最短路径长度。具体而言，Floyd算法通过考虑所有节点作为中间节点的可能性，尝试通过中间节点来改进节点对之间的最短路径。

Floyd算法的实现步骤如下：

（1）初始化：将每对节点之间的距离初始化为它们之间的直接距离，如果直接连接不存在，则设置为无穷大。同时，初始化一个大小为n的二维数组dist，其中dist[i][j]表示从节点i到节点j的最短路径长度。

（2）逐步更新：对于每一对节点i和j，尝试通过中间节点k来更新i到j的最短路径长度。具体地，遍历所有节点k，如果从节点i到节点k再到节点j的路径长度小于直接连接i到j的路径长度，则更新dist[i][j]为更短的路径长度。

（3）重复更新：重复进行上述步骤，直到所有节点对之间的最短路径长度不再改变为止。

（4）输出结果：得到更新后的节点对之间的最短路径长度，以及路径上的中间节点。

例如，下面是一个简单的C++例子，演示了Floyd算法的实现过程。

```
void floydWarshall(int graph[][V]){
    int dist[V][V];

    //Initialize the distance matrix
    for(int i=0;i<V;i++)
        for(int j=0;j<V;j++)
            dist[i][j]=graph[i][j];

    //Update distance matrix using all vertices as intermediate nodes
    for(int k=0;k<V;k++){
        for(int i=0;i<V;i++){
            for(int j=0;j<V;j++){
                 if(dist[i][k]!=INF && dist[k][j]!=INF && dist[i]
[k]+dist[k][j]<dist[i][j])
                dist[i][j]=dist[i][k]+dist[k][j];
            }
        }
    }

    //Print the shortest distances
    //...
}
```

在上述代码中，graph表示图的邻接矩阵，V表示节点的数量，INF表示正无穷大。floydWarshall函数用于计算所有节点对之间的最短路径长度，最终更新到dist矩阵中。

5.2.2 Floyd算法的计算过程

问题的提出：已知一个各边权值均大于0的带权有向图，对每一对顶点$V_i \neq V_j$，要求求出V_i与V_j之间的最短路径和最短路径长度。

Floyd算法求最短路径步骤如下：

（1）初始时设置一个n阶方阵，令其对角线元素为0，若存在弧$<V_i,V_j>$，则对应元素为权值；否则为∞。

（2）逐步试着在原直接路径中增加中间顶点，若加入中间点后路径变短，则修改之；否则，维持原值。

（3）所有顶点试探完毕，算法结束。

从图的带权邻接矩阵G.arcs出发，假设求顶点V_i到V_j的最短路径。如果从V_i到V_j有弧，则从V_i到V_j存在一条长度为G.arcs[i][j]的路径，但该路径是否一定是最短路径，还需要进行n次试探，具体说明如下：

（1）判别（V_i,V_0）和（V_0，V_j），即判别（V_i,V_0,V_j）是否存在，若存在，则比较（V_i,V_j）和（V_i,V_0,V_j）的长度，取长度较短的为从V_i到V_j的中间顶点序号不大于0的最短路径。

（2）再加一个顶点V_1，如果（$V_i,\cdots,V_1$）和（$V_1,\cdots,V_j$）分别是当前找到的中间顶点序号不大于0的最短路径，那么（$V_i,\cdots,V_1,\cdots,V_j$）就有可能是从$V_i$到$V_j$的中间顶点序号不大于1的最短路径。将它和已经得到的从V_i到V_j之间顶点序号不大于0的最短路径相比较，取较短者为从V_i到V_j的中间顶点序号不大于1的最短路径。

（3）再加一个顶点V_2，继续进行试探。

请看图5.1，$D^{(-1)}$为有向网的邻接矩阵。

第1步：以$D^{(-1)}$为基础，以V_0为中间顶点，求从V_i到V_j的最短路径。该路径或者为从V_i到V_j的边，或者为$(V_i,V_0)+(V_0,V_j)$。

$$D^{(0)}[i][j]=\min\{D^{(-1)}[i][j],D^{(-1)}[i][0]+D^{(-1)}[0][j]\}$$

$$\min\{D^{(-1)}[i][j],D^{(-1)}[i][0]+D^{(-1)}[0][j]\}$$

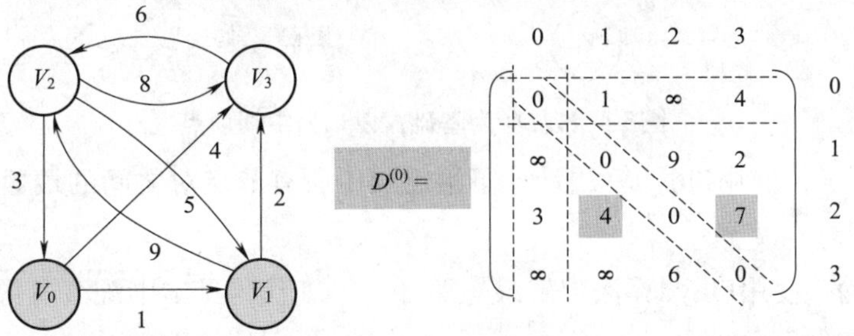

图5.1　有向网的邻接矩阵$D^{(-1)}$

第2步：接下来以$D^{(0)}$为基础，以V_1为中间顶点，求从V_i到V_j的最短路径，如图5.2所示。该路径或者为从V_i到V_j的边，或者为从V_i开始通过V_0或V_1到达V_j的最短路径。

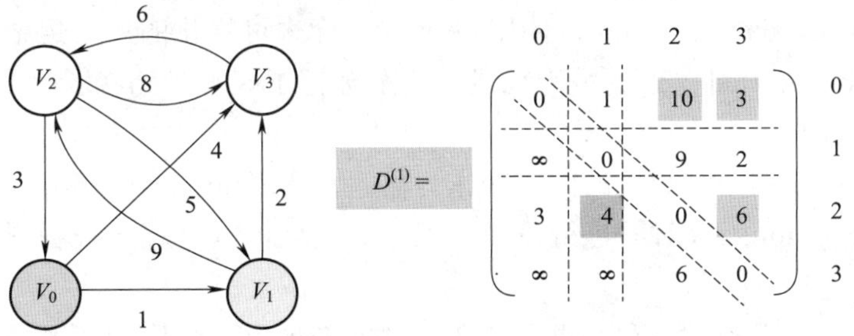

图5.2　以$D^{(0)}$为基础，以V_1为中间顶点

$$D^{(1)}[i][j]=\min\{D^{(0)}[i][j],D^{(0)}[i][1]+D^{(0)}[1][j]\}$$

第3步：接下来以$D^{(1)}$为基础，以V_2为中间顶点，求从V_i,到V_j的最短路径，如图5.3所示。或者为从V_i到V_j的边，或者为从V_i开始通过V_0,V_1,V_2到达V_j的最短路径。

$$D^{(2)}[i][j]=\min\{D^{(1)}[i][j],D^{(1)}[i][2]+D^{(1)}[2][j]\}$$

第4步：以$D^{(2)}$为基础，以V_3为中间顶点，求从V_i到V_j的最短路径，如图5.4所示。或者为从V_i到V_j的边，或者为从V_i开始通过V_0,V_1,V_2,V_3到达V_j的最短路径。

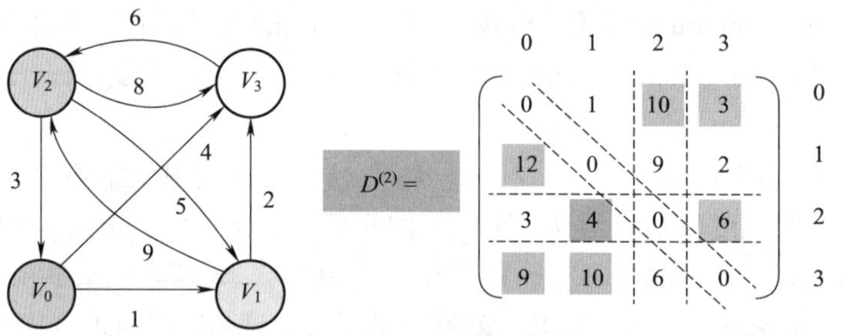

图5.3　以$D^{(1)}$为基础，以V_2为中间顶点

$$D^{(3)}[i][j]=\min\{D^{(2)}[i][j],D^{(2)}[i][3]+D^{(2)}[3][j]\}$$

$D^{(3)}[i][j]$ 即为从V_i到V_j的最短路径长度。

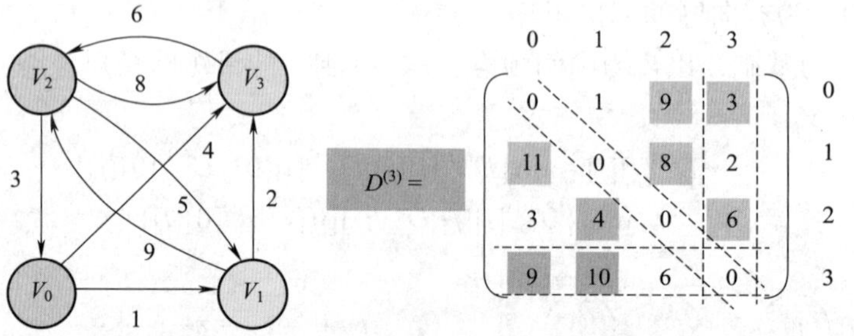

图5.4　以$D^{(2)}$为基础，以V_3为中间顶点

请看下面的例子，使用Floyd算法计算了给定图中所有节点对之间的最短路径，并将计算结果可视化展示出来。

【实例5.1】 使用Floyd算法求解最短路径（详细代码见本书配套资源codes/5/duan.py）。

上述代码的实现流程如下：

（1）定义了函数floyd_algorithm，功能是使用Floyd算法解决图中节点之间的最短路径问题。首先初始化一个表示节点之间距离的矩阵，然后通过不断更新这个矩阵来计算出每对节点之间的最短距离。

（2）定义了函数visualize_graph，使用NetworkX库来可视化图形。这个函数将图形表示为一个网络，节点表示为圆圈，边表示为线段，边上标记了权重（路径长度）。同时，也在图中的节点上标注了路径长度。

（3）在主程序中使用一个简单的图示例作为输入，调用floyd_algorithm函数计算最短路径，然后调用visualize_graph函数对图进行可视化展示。这样可以直观地查看图中节点之间的最短路径。

（4）打印输出了计算得到的最短路径矩阵，并在图形界面中展示了图的可视化结果，包括节点、边以及每条边上的权重（路径长度）。

执行后输出的最短路径矩阵：

```
Shortest paths:
[[0. 3. 5. 6.]
 [5. 0. 2. 3.]
 [3. 6. 0. 1.]
 [2. 5. 7. 0.]]
```

表示图中任意两个节点之间的最短距离。其中，矩阵的第i行第j列的元素表示从节点i到节点j的最短路径长度。

在上面的这个具体的输出中看到了一个4 × 4的矩阵，每一行和每一列对应着图中的一个节点。矩阵的对角线上的值都是0，因为节点到自身的距离为0。其他位置上的值表示从一个节点到另一个节点的最短路径长度。例如，第一行表示从节点0出发到其他节点的最短路径长度，分别为0、3、5、6。这意味着从节点0到节点0的距离为0，到节点1的距离为3，到节点2的距离为5，到节点3的距离为6。其他行依此类推。

执行后还会绘制一个无向图，如图5.5所示。其中用圆圈表示节点，用线段表示边。图中的节点和边的位置是根据节点之间的关系和权重计算得出的。同时，图中每条边上都标注了对应的权重值，即节点之间的最短路径长度。通过这样的可视化图，可以直观地展示出图中节点之间的连接关系和最短路径信息。

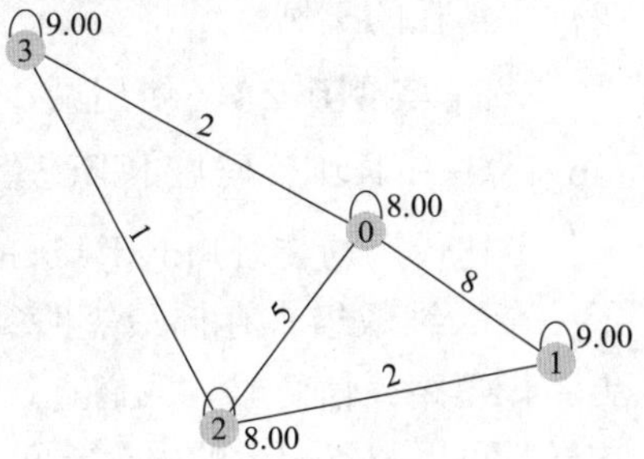

图5.5　可视化图

5.3　Floyd算法的改进

Floyd算法是一种用于解决图中任意两点间最短路径问题的经典算法。为了提高其效率和性能，可以采用多种优化改进方式。其中包括空间优化、提前终止、并行化计算、路径记忆、稀疏图优化等。这些优化改进方式可以单独或组合使用，以适应不同的应用场景和计算环境，从而加速算法的执行速度，降低内存消耗，并提高算法的可扩展性和适用性。

5.3.1　通过空间优化来减少内存消耗

在现实应用中，Floyd算法的一个常用改进方法是通过空间优化来减少内存消耗。在通常情况下，Floyd算法需要一个二维矩阵来存储每对节点之间的最短路径长度。但实际上，我们可以只使用两个二维矩阵来交替存储中间结果，从而减少内存使用。下面是Floyd算法通过空间优化来减少内存消耗的方式进行改进的伪代码：

```
输入：图 G，表示为邻接矩阵 graph
输出：最短路径矩阵 dist

function ImprovedFloydAlgorithm(graph):
    n=图 G 中的节点数
    初始化两个二维矩阵 dist1 和 dist2，都与图 G 的大小相同

    for i from 0 to n-1:
        for j from 0 to n-1:
            dist1[i][j]=graph[i][j]    //初始化第一个矩阵为图的邻接矩阵
            dist2[i][j]=graph[i][j]    //初始化第二个矩阵为图的邻接矩阵

    for k from 0 to n-1:
        for i from 0 to n-1:
            for j from 0 to n-1:
```

```
            //通过中间节点 k 更新最短路径矩阵
            dist1[i][j]=min(dist1[i][j],dist1[i][k]+dist1[k][j])
            dist2[i][j]=min(dist2[i][j],dist2[i][k]+dist2[k][j])

    返回 dist1 或 dist2（根据具体需求决定返回哪一个）
```

例如下面是一个使用Floyd算法并通过空间优化来减少内存消耗的实例。

【实例5.2】 使用减少空间优化的方式来优化Floyd算法（详细代码见本书配套资源codes/5/gai.py）。

上述代码与传统Floyd算法的实现代码相比，只使用了一个二维数组来存储最短路径信息，而不是两个。在更新最短路径信息时，我们直接使用dist1作为中间结果。这样就可以节省一半的内存空间，从而减少内存消耗。执行后会打印输出下面的结果，并绘制如图5.6所示的可视化图。

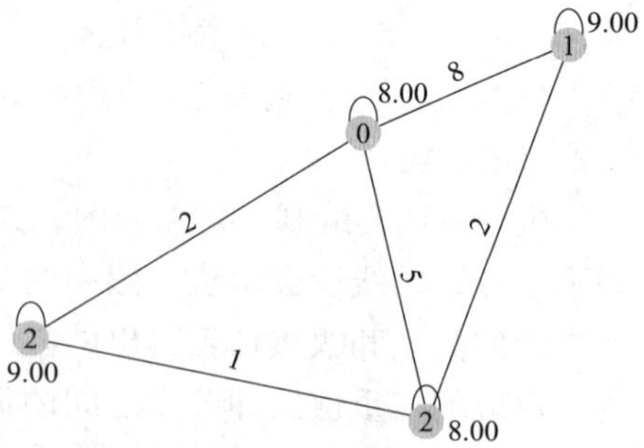

图5.6 可视化图

```
Shortest paths:
[[0. 3. 5. 6.]
 [5. 0. 2. 3.]
 [3. 6. 0. 1.]
 [2. 5. 7. 0.]]
```

5.3.2 并行化优化

并行化优化是指利用多个处理单元同时执行计算任务，以提高算法执行速度和效率的一种优化方法。在并行化优化中，计算任务被分解成多个子任务，并且这些子任务可以同时在不同的处理单元上并行执行。这种并行执行可以是在多核CPU上、多个GPU上、分布式系统中的多台计算节点上，甚至是在多个线程中执行。通过并行化优化，可以充分利用计算资源，加速算法的执行，提高系统的整体性能。

在实际应用中，Floyd算法可以通过以下方式实现并行化优化。

（1）任务并行化：将三重循环中的每个迭代作为一个任务并行化执行。可以使用多线程或者多进程技术，将不同的迭代分配给不同的处理单元来执行。这样可以充分利用多核处理器的并行计算能力。

（2）数据并行化：将距离矩阵分成多个子矩阵，在不同的处理单元上并行计算。每个处理单元负责计算子矩阵的部分，并将结果合并起来得到最终的距离矩阵。这种方式可以降低通信开销，并提高并行计算效率。

（3）GPU加速：利用图形处理器（GPU）的并行计算能力加速Floyd算法。可以使用CUDA或者OpenCL等GPU编程框架，将算法中的计算任务映射到GPU上进行并行计算。GPU具有大量的并行处理单元和高带宽的内存访问能力，适合处理大规模的并行计算任务。

（4）分布式计算：将Floyd算法的计算任务分布到多台计算节点上进行并行计算。可以使用分布式计算框架（如MPI、Apache Spark等），将距离矩阵分割成多个子矩阵，在不同的计算节点上并行计算，然后将结果汇总得到最终的距离矩阵。

在使用上述并行化优化方法时，可以根据具体的应用场景和计算资源的特点进行选择和组合。通过并行化优化，可以加速Floyd算法的执行速度，提高算法的效率和性能。

例如，下面是一个使用数据并行化和任务并行化方法来优化Floyd算法的例子，在这个例子中将使用Python的多线程来并行化处理Floyd算法的计算任务。首先将图分成多个块，然后将每个块分配给不同的线程并行计算。每个线程负责处理一个块的计算任务，并将计算结果存储在result列表中。然后，主线程等待所有线程完成计算，并将各个线程的计算结果合并起来得到最终的结果。通过这种方式，我们可以并行化地处理Floyd算法的计算任务，提高算法的执行效率。

【实例5.3】 使用多线程并行化处理Floyd算法（详细代码见本书配套资源codes/5/bing.py）。

上述代码的实现流程如下：

（1）定义函数floyd_algorithm_parallel，用于并行计算Floyd算法中的最短路径。这个函数接受一个图形表示的邻接矩阵作为输入，并使用多线程来并行化执行算法。每个线程负责处理邻接矩阵的一部分，通过分配给不同的线程并行执行，提高了算法的计算效率。

（2）定义函数improved_floyd_algorithm_parallel，功能是调用函数floyd_algorithm_parallel合并各个线程的计算结果并返回最终的最短路径矩阵。在这个过程中，使用了Python的并发库concurrent.futures来管理线程池和任务的执行。

（3）定义函数visualize_graph，用于可视化计算得到的最短路径结果。这个函数利用了NetworkX和Matplotlib库来绘制图形，并在图中显示节点、边以及每条边上的权重（路径长度）。

（4）在主函数中使用一个示例图形邻接矩阵作为输入，调用函数improved_floyd_algorithm_parallel来计算最短路径，并将计算结果传递给visualize_graph函数进行可视化展示。

执行后会打印输出下面的矩阵，并绘制可视化图，如图5.7所示。这样可以直观地查看图中节点之间的最短路径信息，并验证并行化优化对算法性能的提升效果。

```
Shortest paths:
[[ 0.   3. inf  7.]
 [ 8.   0.   2. inf]
 [ 5. inf  0.   1.]
 [ 2. inf inf  0.]]
```

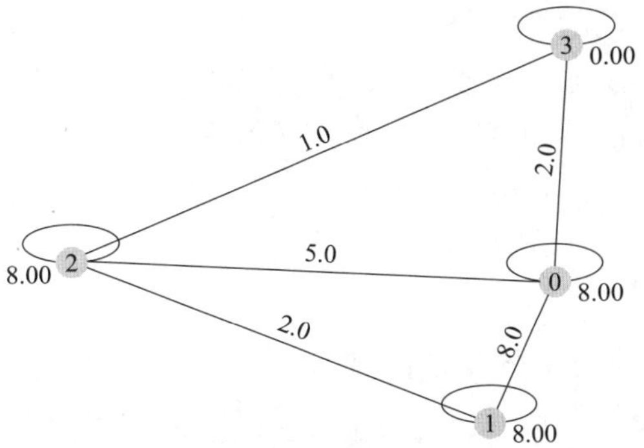

图5.7　绘制的可视化图

5.4 综合实战——校内机器人配送系统

校内机器人配送系统是一项智能化服务，旨在为校园内的学生、教职员工提供便捷的物品配送服务。通过该系统，用户可以通过手机应用或者指定终端设备下单，指定起始点和目的地，机器人将会根据用户需求自主规划最优路径，快速、准确地将物品送达目的地。这项系统的主要功能包括下单、路径规划、自主导航和快速配送，极大地提升了校园内物品传递的效率和便利性。

5.4.1 项目介绍

本校内机器人配送系统旨在利用校园内的机器人网络来帮助学生、教职员工和访客快速、便捷地到达目的地。在这个系统中，可以通过输入起点和终点编号来查询最短路径和距离，也可以查询各个地点的信息。

1. 学校简介

本项目旨在为位于A市的××大学带来一项创新的校园机器人配送服务。××大学是一所著名的高等教育机构，坐落在市中心，拥有美丽的校园环境和先进的教学设施。本配送系统将学校被划分为16个主要地点，每个地点都有其特定的用途和功能。

2. 校园地点

- 大门：学校的正门入口。
- 图书馆：提供丰富的图书资源和学习空间。
- 操场：学生进行体育锻炼和课外活动的场所。
- 6号宿舍：男生宿舍区，提供学生住宿服务。
- 小礼堂：举办各类晚会和文艺活动的场地。
- 下沉广场：校园内的一个环形广场，经常用于举办大型活动。
- 学苑餐厅：为师生提供餐饮服务的地方。
- 专家公寓：为外来专家提供住宿的地方。
- 教工3村：教职工的宿舍区。
- 荷花池：校园内的一处小景点，以荷花为特色。
- 9号教学楼：文法学院的教学楼。
- 12号教学楼：音乐学院的教学楼。
- 15号教学楼：软件学院的教学楼。
- 学生广场：学生进行活动和聚会的地方。
- 网球场：提供学生进行体育活动的场地。
- 东南餐厅：新校区的餐饮服务点。

3. 路径长度信息

在下面列出了校内各个点之间的路径长度。

- 大门到图书馆：60 m。
- 大门到操场：90 m。
- 大门到6号宿舍：100 m。

- 图书馆到操场：20 m。
- 图书馆到6号宿舍：20 m。
- 图书馆到小礼堂：40 m。
- 操场到小礼堂：65 m。
- 操场到专家公寓：250 m。
- 6号宿舍到下沉广场：80 m。
- 小礼堂到下沉广场：55 m。
- 小礼堂到学苑餐厅：50 m。
- 小礼堂到专家公寓：100 m。
- 下沉广场到学苑餐厅：130 m。
- 学苑餐厅到专家公寓：150 m。
- 学苑餐厅到教工3村：100 m。
- 专家公寓到教工3村：40 m。
- 教工3村到荷花池：60 m。
- 教工3村到9号教学楼：30 m。
- 教工3村到12号教学楼：75 m。
- 教工3村到学生广场：50 m。
- 荷花池到15号教学楼：160 m。
- 9号教学楼到15号教学楼：100 m。
- 12号教学楼到东南餐厅：120 m。

4. 项目要求

设计并实现一个校园机器人配送系统，具体要求如下：

（1）用户可以通过手机应用或指定终端设备下单，并指定起点和终点。

（2）系统应能根据用户需求自主规划最优路径，并在最短时间内将物品送达目的地。

（3）系统应具备自主导航功能，能够避开障碍物并安全行驶。

（4）实现一个用户友好的界面，提供下单、路径规划、查询物品状态等功能。

（5）系统应能够高效、准确地处理用户的订单，并保证配送的及时性和安全性。

5.4.2 具体实现

本项目实现了一个校园导航系统，用户可以通过命令行界面查询校园内任意两点之间的最短路径和距离，并获取每个地点的名称和简介信息。通过使用简单的命令行界面，用户可以进行如下的操作：

（1）查找最短路径：用户可以输入起点和终点编号，系统将计算并显示两点之间的最短路径和距离。

（2）查询信息：用户可以输入地点编号，系统将显示该地点的名称和简介。

（3）退出程序：用户可以选择退出程序，结束系统的运行。

本系统的功能全面，包括地点信息的初始化、路径长度的计算、最短路径的查找等功能，提供了校园导航所需的基本功能（codes/5/Auto/Auto.cpp）。

实例文件Auto.cpp的具体实现流程如下：

（1）导入库文件，证明需要的变量和常量。

```
#include <iostream>
#include <string>
#include <vector>
#include <limits>
using namespace std;

#define Num 16

#define Maxedge numeric_limits<unsigned long long>::max()
vector<vector<unsigned long long>>shortest(Num,vector<unsigned long long>(Num,Maxedge));
vector<vector<int>>path(Num,vector<int>(Num,-1));

struct Vertex {
    string name;
    string introduce;
};

vector<Vertex>vertices(Num);
vector<vector<int>>edge(Num,vector<int>(Num,Maxedge));


void init();
void map();
void menu();
void shortestpath();
void informatation();
void floyd();
void way(int i,int j);

int main(){
    init();
    map();
    menu();
    return 0;
}
```

上述代码的实现流程如下：

①定义了一个名为shortest的二维向量，用于存储校园内各个地点之间的最短路径长度信息，初始化为无穷大。另外，还定义了一个名为path的二维向量，用于记录路径中经过的节点。

②结构体Vertex定义了地点的名称和简介。通过vertices向量存储了校园内各个地点的信息，包括名称和简介。而edge向量则存储了各个地点之间的路径长度信息，初始化为最大值表示不可达。

③在init()函数中，将校园内各个地点的名称、简介以及地点之间的路径长度信息进行初始化设置。

④main()函数调用init()进行初始化，并调用map()函数打印校园的平面图。随后，进入menu()函数，提供了用户交互菜单，允许用户选择查询最短路径或查询地点信息。

（2）实现初始化函数init()，用于设置校园内各个地点的名称和简介，以及地点之间的路径长度信息。

```
void init(){
    vertices[0]={"大门","正门" };
    vertices[1]={"图书馆","图书馆" };
    vertices[2]={"操场","老校区操场" };
    vertices[3]={"6号宿舍","老校区男生宿舍区" };
    vertices[4]={"小礼堂","晚会活动的举办场地" };
    vertices[5]={"下沉广场","老校区下沉环形广场" };
    vertices[6]={"学苑餐厅","老校区餐厅" };
    vertices[7]={"专家公寓","外教公寓" };
    vertices[8]={"教工3村","教职工住址" };
    vertices[9]={"荷花池","小景点" };
    vertices[10]={"9号教学楼","文法学院教学楼" };
    vertices[11]={"12号教学楼","音乐学院教学楼" };
    vertices[12]={"15号教学楼","软件学院教学楼" };
    vertices[13]={"学生广场","活动广场" };
    vertices[14]={"网球场","新校区操场" };
    vertices[15]={"东南餐厅","新校区餐厅" };

    edge[0][1]=edge[1][0]=60;
    edge[0][2]=edge[2][0]=90;
    edge[0][3]=edge[3][0]=100;
    edge[1][2]=edge[2][1]=20;
    edge[1][3]=edge[3][1]=20;
    edge[1][4]=edge[4][1]=40;
    edge[2][4]=edge[4][2]=65;
    edge[2][8]=edge[8][2]=250;
    edge[3][5]=edge[5][3]=80;
    edge[4][5]=edge[5][4]=55;
    edge[4][6]=edge[6][4]=50;
    edge[4][7]=edge[7][4]=100;
    edge[5][6]=edge[6][5]=130;
    edge[6][7]=edge[7][6]=150;
    edge[7][8]=edge[8][7]=100;
    edge[8][9]=edge[9][8]=40;
    edge[9][10]=edge[10][9]=60;
    edge[9][11]=edge[11][9]=30;
    edge[9][13]=edge[13][9]=75;
    edge[10][12]=edge[12][10]=50;
    edge[10][13]=edge[13][10]=15;
    edge[11][12]=edge[12][11]=45;
    edge[12][14]=edge[14][12]=160;
    edge[13][14]=edge[14][13]=100;
    edge[14][15]=edge[15][14]=120;
}
```

（3）实现函数map()，功能是显示校园平面图的函数，将校园内各个地点以及它们之间的关系以图形方式展示出来。函数map()首先输出了一个标题，然后按照校园地图的布局依次打印了各个地点的名称和编号，以及地点之间的连接关系。

```
void map(){
    cout<<"\t\t平面图"<<endl<<endl;
    cout<<"东南餐厅（16）"<<endl;
    cout<<"---网球场（15）-----学生广场（14）"<<endl;
     cout<<"------15号教学楼（13）-----12号教学楼（12）----9号教学楼（11）"<<endl;
    cout<<"-----------------------------------荷花池（10）"<<endl;
     cout<<"------------------------------------教工3村（9）-------------专家公寓（8）"<<endl;
    cout<<"-------------------------------------------------------------------------下沉广场（6）----------学苑餐厅（7）"<<endl;
    cout<<"----------------------------------------------------------------------------------小礼堂（5）"<<endl;
     cout<<"--------------------------------------操场（3）--------------图书馆（2）-------------------6号宿舍（4）"<<endl;
    cout<<"------------------------------------------------------------大门（1）"<<endl;
}
```

（4）实现用户界面函数menu()，功能是提供了一个交互式菜单，让用户选择查询最短路径或查询地点信息，或退出程序。

```
void menu(){
    char choice;
    while(true){
        cout<<"\t\t\t欢迎使用导航系统\n\n";
        cout<<"输入'c' 查询最短路径\n";
        cout<<"输入'x' 查询信息\n";
        cout<<"输入'e' 退出程序\n";
        cout<<"请输入对应的英文小写字母：";
        cin>>choice;

        switch(choice){
        case'c':
            shortestpath();
            break;
        case'x':
            informatation();
            break;
        case'e':
            cout<<"\n\n\n\t\t\t谢谢使用！\n";
            return;
        default:
            cout<<"输入错误\n";
            break;
        }
    }
}
```

（5）实现查询地点信息的函数informatation()，功能是当用户输入地点编号后，显示该地点的名称和简介信息。

```
void informatation(){
    int idx;
    cout<<"请输入查询地点的编号: ";
    cin>>idx;
  --idx;                                //将地点编号转换为数组索引
    if(idx>=0 && idx<Num){
        cout<<"\n名称: "<<vertices[idx].name<<endl;
        cout<<"简介: "<<vertices[idx].introduce<<endl;
    }
    else {
        cout<<"输入有误! 请重新输入! "<<endl;
    }
}
```

（6）实现函数floyd()，功能是使用Floyd算法实现的最短路径计算函数，用于计算任意两个地点之间的最短路径和距离。

```
void floyd(){
    for(int i=0;i<Num;++i){
        for(int j=0;j<Num;++j){
            shortest[i][j]=edge[i][j];
            if(shortest[i][j]<Maxedge)
                path[i][j]=i;
            else
                path[i][j]=-1;
        }
    }

    for(int k=0;k<Num;++k){
        for(int i=0;i<Num;++i){
            for(int j=0;j<Num;++j){
                if(shortest[i][j]>shortest[i][k]+shortest[k][j]){
                    shortest[i][j]=shortest[i][k]+shortest[k][j];
                    path[i][j]=path[k][j];
                }
            }
        }
    }
}
```

上述代码的实现流程如下：

①函数floyd()遍历校园内所有可能的路径，以计算任意两个地点之间的最短路径长度。

②函数floyd()使用三重循环来检查是否存在更短的路径。在每次迭代中，它尝试通过某个中间节点来更新当前两个地点之间的最短路径长度。

③如果发现通过某个中间节点可以获得更短的路径，则更新最短路径长度，并记录路径上的前驱节点，以便后续还原最短路径。

④当所有可能的路径都被考虑完毕并且最短路径长度已经计算出来时，函数floyd()完成计算，并存储了所有地点之间的最短路径长度和路由信息。

（7）实现显示最短路径和距离的函数way()，功能是根据Floyd算法计算得到的结果，将最短路径和距离以文字形式展示给用户。

```
void way(int i,int j){
    int a=i,b=j;
    if(shortest[i][j]!=Maxedge){
        cout<<"\n从 "<<vertices[i].name<<" 到 "<<vertices[j].name<<" 的最短
路径为: "<<endl;
        cout<<vertices[i].name;
        while(path[i][j]!=-1 && path[i][j]!=i){
            cout<<"-到-"<<vertices[path[i][j]].name;
            i=path[i][j];
        }
        cout<<"-到-"<<vertices[b].name<<endl;
        cout<<"\n最短距离为: "<<shortest[a][b]<<" 米。"<<endl;
    }
    else {
        cout<<"从 "<<vertices[i].name<<" 到 "<<vertices[j].name<<" 不能到达
"<<endl;
    }
}
```

（8）实现查询最短路径的函数shortestpath()，功能是当用户输入两个地点编号后，利用Floyd算法计算并显示出这两个地点之间的最短路径和距离。

```
void shortestpath(){
    int start,end;
    cout<<"请输入要查询的两点的编号: ";
    cin>>start>>end;
   --start;                                //将地点编号转换为数组索引
   --end;                                  //将地点编号转换为数组索引
    if(start>=0 && start<Num && end>=0 && end<Num){
        floyd();
        way(start,end);
    }
    else {
        cout<<"输入有误! 请重新输入! "<<endl;
    }
}
```

上述代码的实现流程如下：

①函数shortestpath()要求用户输入要查询的两个地点的编号。

②它调用函数floyd()来计算所有地点之间的最短路径长度，并存储路径信息。

③根据用户输入的地点编号，利用存储的最短路径信息和路径长度，找到从起点到终点的最短路径，并输出路径上的地点以及最短距离。

④函数shortestpath()提供了错误检查，确保用户输入的地点编号有效，如果不是则提示重新输入。

执行后首先打印出了校园平面图，展示了各个地点之间的位置关系。接着，提示用户输入对应的操作选项，用户可以选择查询最短路径、查询地点信息或退出程序。例如，在下面的执行演示中，用户选择了查询最短路径操作，并输入了要查询的起点和终点地点编号。程序计算出从起点到终点的最短路径，并输出了路径上的地点以及最短距离。最后，再次展示了用户操作选项，等待用户下一步操作。

```
东南餐厅（16）
---网球场（15）-----学生广场（14）
------15号教学楼（13）-----12号教学楼（12）----9号教学楼（11）
-------------------------------------荷花池（10）
---------------------------------------教工3村（9）--------------专家公寓（8）
----------------------------------------------------------------------------
-----下沉广场（6）----------学苑餐厅（7）
----------------------------------------------------------------------------
---------------小礼堂（5）
-----------------------------------------操场（3）---------------图书馆（2）
--------------------6号宿舍（4）
----------------------------------------------------------------大门（1）
                                  欢迎使用导航系统

输入'c'查询最短路径
输入'x'查询信息
输入'e'退出程序
请输入对应的英文小写字母：c
请输入要查询的两点的编号：1 7

从 大门 到 学苑餐厅 的最短路径为：
大门-到-学苑餐厅

最短距离为：113 米。
                                  欢迎使用导航系统

输入'c'查询最短路径
输入'x'查询信息
输入'e'退出程序
请输入对应的英文小写字母：
```

小　　结

本章全面介绍了Floyd算法，首先阐述了其背景、历史及与Floyd-Warshall算法的关系与区别，强调了其在最短路径问题中的重要性。通过深入分析Floyd算法的核心思想、原理和计算过程，读者能够理解其实现步骤。结合校内机器人配送系统的应用案例，展示了Floyd算法在实际场景中的有效性。此外，讨论了算法的改进策略，如空间优化和并行化，以提高性能和降低内存消耗。最后，通过项目实践，加深了对Floyd算法的理解，使理论与应用相结合，增强了解决实际问题的能力。

习　　题

一、填空题

1. Floyd算法主要用于解决____________最短路径问题，适用于任意两点之间的路径计算。

2. Floyd算法与Floyd-Warshall算法的主要区别在于，Floyd算法通常在____________的情况下运行更高效。

3. 为了减少内存消耗，Floyd算法可以通过____________来进行空间优化，提高计算效率。

二、思考题

1. Floyd算法如何在处理大规模图时保持高效？请讨论可能的优化策略。

2. 在校内机器人配送系统中，Floyd算法如何优化路径规划？请说明其具体应用。

第6章 D*算法

D*算法是一种先进的动态路径规划算法，专门用于处理移动体（如智能网联汽车）在复杂且动态变化的环境中实时调整最优路径的问题。与传统的静态路径规划算法不同，D*算法能够在车辆行驶过程中根据实时交通信息、道路状况变化以及突发障碍物等动态因素，快速重新规划路径，确保路径的安全性和高效性。在智能网联汽车领域，D*算法可用于自动驾驶车辆的实时路径规划，特别是在复杂的城市交通环境中，能够有效应对交通拥堵、道路施工、事故等突发情况。本章将详细介绍D*算法的背景、原理、实现步骤以及与A*算法的对比，并通过实战案例展示其在智能网联汽车中的应用，包括动态障碍物处理和路径规划可视化系统的开发，以帮助读者深入理解如何利用D*算法实现高效的动态路径规划。

学习目标

◎ 理解动态路径规划算法的基本概念：掌握静态路径规划和动态路径规划之间的区别，了解动态路径规划的背景及其在各种应用场景中的重要性。

◎ 深入学习D*算法的原理与流程：了解D*算法的背景和发展历程，学习其核心原理、实现步骤及总体流程，比较D算法与A*算法的异同。

◎ 掌握D*算法的常用概念和函数：熟悉D*算法中涉及的关键概念和函数，能够理解它们在算法执行过程中的作用。

◎ 探索D*算法在实际应用中的效果：通过迷宫探索和动态障碍物处理的案例，实践D*算法的应用，理解其在动态环境中的适应性和灵活性。

◎ 实现基于D*算法的动态路径规划可视化系统：通过项目实践，掌握D*算法功能的实现与声明，熟悉主程序的设计，以便更好地理解动态路径规划的可视化与实际应用。

6.1 动态路径规划算法简介

动态路径规划算法是用于在移动体（如机器人、车辆、飞行器等）在不确定环境中实时规划路径的一类算法。与静态路径规划算法不同，动态路径规划算法能够在运动过程中根据环境的变化实时调整路径，以适应新的情况和条件。

6.1.1 静态路径规划算法和动态路径规划算法

静态路径规划算法和动态路径规划算法是用于解决不同类型环境下路径规划问题的两类算法。在本书前面学习的Dijkstra、A*、Bellman-Ford、Floyd-Warshall、Floyd算法都属于静态路径规划算法，它们主要用于在静态环境中找到最短路径或最优路径，通常假定环境的特性在路径规划的过程中不会改变。

1. 静态路径规划算法

（1）特点：这类算法假定环境在路径规划的过程中是静态不变的，即环境的特性不会随时间变化。

（2）应用场景：适用于环境变化缓慢或者基本不变的情况，例如，固定的地图导航、静态环境下的机器人路径规划等。

（3）常见算法：包括Dijkstra算法、A*算法、Bellman-Ford算法、Floyd-Warshall算法等。

2. 动态路径规划算法

（1）特点：这类算法能够在路径规划的过程中动态地调整路径，以适应环境的变化。

（2）应用场景：适用于环境变化较快、不确定性较高的情况，例如，自动驾驶车辆、无人机在复杂动态环境下的路径规划、移动机器人在人群中的导航等。

（3）常见算法：包括A*算法的变种（如D*算法）、RRT（rapidly-exploring random tree）算法等。

在实际应用中，根据具体的场景和需求选择合适的路径规划算法是非常重要的。对于静态环境，静态路径规划算法通常能够提供较好的性能和效果；而对于动态环境，动态路径规划算法则更适合应对环境的变化和不确定性。

6.1.2 动态路径规划算法的背景

动态路径规划算法的背景可以追溯到对移动机器人、自动驾驶汽车、无人机等移动体的路径规划需求。这些移动体需要在不确定的环境中实时规划路径，以达到目标地点并避免碰撞或其他危险。

（1）自动驾驶和无人驾驶技术的发展：随着自动驾驶技术的发展，对于车辆在复杂城市环境中实时规划路径的需求日益增加。传统的静态路径规划算法难以应对动态的交通状况和障碍物。

（2）无人机和移动机器人的普及：无人机和移动机器人的应用越来越广泛，例如，在搜索救援、巡逻、物流配送等领域。这些移动体需要能够在动态环境中规划路径，以应对障碍物的移动和环境的变化。

（3）环境感知和传感技术的进步：随着传感技术的发展，移动体可以更准确地感知周围环境的变化，包括障碍物的位置、速度、形状等信息。这为动态路径规划算法提供了更可靠的输入数据。

（4）计算能力的提升：随着计算能力的提升，现代计算设备能够更快地执行复杂的路径规划算法，并实时调整路径以适应环境的变化。

综上所述，动态路径规划算法的背景主要包括对于在动态环境中移动体路径规划需求的增加，以及相关技术的发展和进步，这些因素共同推动了动态路径规划算法的研究和应用。

6.1.3 应用领域与场景

动态路径规划算法在许多领域和场景中都有广泛的应用，特别是在涉及移动体需要在动态环境中规划路径的情况下。其中主要的应用领域和场景如下：

（1）自动驾驶和智能交通系统：在自动驾驶汽车和智能交通系统中，车辆需要实时地规划路径以适应交通流量、路况变化和其他车辆的行为。动态路径规划算法可以帮助车辆避开交通拥堵、规避事故、遵守交通规则，并且考虑到实时的路况信息。

（2）无人机导航：在无人机领域，动态路径规划算法可以帮助无人机规避空中障碍物、避免与其他飞行器相撞，并且在飞行过程中适应变化的风速和风向等环境因素。

（3）移动机器人导航：动态路径规划算法对于移动机器人在复杂环境中的导航至关重要。机器人需要能够避开障碍物、规避动态障碍物（如人群）、考虑到地形和环境的变化，以安全、高效地到达目标地点。

（4）紧急救援和灾难响应：在紧急救援和灾难响应中，例如地震、洪水等自然灾害，动态路径规划算法可以帮助救援人员找到最快捷的路径到达灾区，并且在复杂的场景中规避危险和障碍。

（5）游戏开发：在电子游戏中，动态路径规划算法被广泛用于NPC（非玩家角色）的导航，以使其在游戏地图中能够智能地穿越环境，并且避开障碍物和其他角色。

上面列出的这些应用领域和场景仅仅是动态路径规划算法应用的一部分，随着技术的发展和应用场景的不断拓展，动态路径规划算法的应用范围还将继续扩大。

6.1.4 常用的动态路径规划算法

在现实应用中，常用的动态路径规划算法如下：

（1）D*算法：D*算法是一种基于图搜索的动态路径规划算法，特别适用于环境中障碍物的移动或者目标位置的变化。它能够在运动过程中实时地更新路径，并且具有较高的效率和可靠性。

（2）D* Lite算法：D*Lite算法是D*算法的改进版本，具有更低的计算复杂度和更高的效率，适用于大规模环境下的动态路径规划问题。

（3）A*算法的变种：A*算法是一种启发式搜索算法，其变种在动态环境中也可以用于路径规划。例如，Incremental A*算法、Dynamic A*算法等，这些变种通过实时更新启发式估计函数或路径信息来实现路径的动态调整。

（4）RRT算法：RRT算法是一种基于随机采样的树形路径规划算法，适用于高维状态空间和动态环境中的路径规划。它能够快速生成可行路径，并且可以在运动过程中动态地调整路径以适应环境的变化。

（5）优先级遍历算法（priority-based search）：优先级遍历算法是一种基于优先级队列的路径规划算法，它通过动态调整搜索节点的优先级来实现路径的动态更新，适用于动态环境中的实时路径规划。

在实际应用中，需要根据具体的场景和需求选择上述算法并进行调整，以实现高效、安全的动态路径规划。

6.2 D*算法介绍

D*算法（D-star algorithm）是一种路径规划算法，用于在有向图中寻找从起点到目标点的最短路径。D*是基于A*算法的改进，适用于动态环境下的路径规划问题，其中环境可能会随时间变化而改变。D*算法最初由Anthony Stentz于1994年提出，用于机器人路径规划。

6.2.1 背景与历史

D*算法的背景和发展历程可以追溯到路径规划领域的早期研究和算法发展，以下是对D*算法的主要背景和发展历程的具体说明。

（1）路径规划领域的早期研究：路径规划是人工智能和机器人领域的重要问题之一，早期研究主要集中在静态环境下的路径规划。一些经典算法如Dijkstra算法被提出来解决这一问题。

（2）A*算法的提出：A*算法是一种启发式搜索算法，由Peter Hart、Nils Nilsson和Bertram Raphael于1968年提出。它通过估计每个节点到目标节点的代价来导航搜索，以在有向图中找到最短路径。

（3）D*算法的诞生：D*算法是在A*算法的基础上发展而来的，旨在解决动态环境下的路径规划问题。Anthony Stentz在1994年提出了D*算法，作为机器人路径规划的一种新方法。D*算法的主要目标是适应环境的动态变化，能够在环境变化时快速更新路径。

（4）实际应用和改进：D*算法的提出引发了许多实际应用和改进研究。人们开始将D*算法应用于机器人导航、自动驾驶、无人机路径规划等领域。此外，还出现了许多改进版本和变体，如D*Lite算法等，以进一步提高算法的效率和性能。

（5）应用领域的拓展：随着技术的进步和对路径规划需求的不断增加，D*算法开始在更多领域得到应用，如游戏开发、智能交通系统、网络路由优化等。

总的来说，D*算法作为一种适应动态环境的路径规划算法，经过多年的发展和实践应用，在人工智能、机器人技术等领域发挥着重要作用，并不断得到改进和拓展。

6.2.2 D*算法的原理和实现步骤

D*算法是一种用于动态环境下路径规划的算法，它可以在环境变化时快速更新路径。

1. D*算法的原理

（1）局部搜索：D*算法从目标节点开始向起始节点进行局部搜索，以找到当前最优路径。

（2）路径更新：算法通过将节点的代价向起始节点进行传播，逐步更新路径的代价。

（3）环境变化处理：如果环境发生变化，如障碍物移动或代价改变，D*算法能够快速根据变化重新规划路径。

2. D*算法的实现步骤

（1）初始化：设定起点和终点，并将终点的代价设为0，其他节点的代价设为无穷大。同时，将所有节点标记为未访问状态。

（2）更新代价：从终点开始，按照一定的启发式规则（如欧几里得距离）向起点搜索路径，并根据当前节点邻居节点的代价更新路径代价。具体来说，算法会更新节点的g值，表示从起点到当前节点的实际代价。

（3）路径追溯：沿着更新后的路径，从终点向起点追溯，更新路径上每个节点的邻居节点的代价。这一步骤保证了路径的连续性。

（4）环境变化检测：在每次迭代中，算法会检测环境是否发生变化，如节点代价的改变或者障碍物的移动。

（5）处理环境变化：如果环境发生变化，算法将重新计算受影响的节点的代价，并更新路径。

（6）重复迭代：重复前面的步骤（2）至步骤（5），直到找到从起点到终点的最短路径或者达到预设的迭代次数。

（7）路径提取：最终，根据更新后的路径信息提取出从起点到终点的最短路径。

需要注意的是，D*算法是一种增量式的算法，它允许在动态环境中实时更新路径而无须重新计算整个路径。这使得D*算法在实际应用中具有很高的效率和实用性。

6.2.3　D*算法总体流程及与A*算法的对比

同A*算法类似，D*算法通过维护一个优先队列（openlist）来对场景中的路径节点进行搜索，所不同的是，D*不是由起始点开始搜索，而是以目标点为起始，通过将目标点置于优先队列中来开始搜索，直到机器人当前位置节点由队列中出队为止（当然如果中间某节点状态有动态改变，需要重新寻路，所以才是一个动态寻路算法）。

启发式搜索是利用启发函数来对搜索进行指导，从而实现高效的搜索。增量搜索是对以前的搜索结果信息进行再利用来实现高效搜索，大大减少搜索范围和时间。D*算法采用反向搜索的目的在于后期需要重新规划路径的时候，能够用到先前搜索到的最短路径信息，减少搜索量。因为以目标向起始点进行搜索得到的最短路径图，是以目标点为中心辐射出的最短路径图，图上目标点到各点之间都是最短路径，为此其在既定路径上遇到问题需要重新路径规划的时候，可以很好地利用原先得到的信息。而以起始点向目标点搜索得到的最短路径图，其是以起始点为中心辐射出的最短路径图，当沿着既定路径前行遇到障碍物之后，需要重新进行路径规划之时，没有办法很好地利用原先搜索得到的信息。

相比A*算法，D*算法的主要特点就是由目标位置开始向起始位置进行路径搜索，当物体由起始位置向目标位置运行过程中，发现路径中存在新的障碍时，新的障碍不会影响目标位置到新障碍之间的范围内的路径节点，新障碍只会影响机器人所在位置（当前位置）到障碍之间范围的节点的路径。在这时通过将新的障碍周围的节点加入优先队列中进行处理然后向物体所在位置进行传播，能最小限度地减少计算开销。路径搜索的过程中跟Dijkstra算法比较像，并没有体现A-star所具有的方向感，在拓展时没有将当前拓展点与起始点之间的代价估计值作为选取拓展点的考量之一，即没有朝着向起点搜索的引导，这种搜索更多的是一种由目标位置向四周发散搜索，直到把起始位置纳入搜索范围为止。

6.2.4　D*算法的常用概念及函数

在下面的内容中，列出了D*算法的常用概念及函数的信息。

- G：表示进行路径搜索的目标点。
- $c(x,y)$：从节点x移动到节点y的代价。
- $t(x)$：节点的状态。每个节点（作者论文中称为state）都有一个状态，其中总共有三种可能NEW、OPEN、CLOSED。NEW表示从未加入优先队列中的，也就是从未被遍历查找过的。OPEN表示节点在被查找中，节点在优先队列中。CLOSED表示从优先队列中被移出。OPEN和CLOSED状态会相互转化，当节点从优先队列中移出的时候，状态从OPEN变为CLOSED，当节点再次加入优先队列，进行降低节点自身h值或者传播当前节点的h值变更信息给邻居节点，让邻居节点进行h值修改变更操作时，状态从CLOSED变为OPEN。

- $h(x)$：表示地图上的点x到达目标点G的代价。由于D*算法是从目标点开始进行路径规划的，为此，初始化的时候，令$h(G)=0$。此后，其代价的变动可能会在两个地方出现，一个是路径搜索的过程中，当节点x的邻居节点被执行搜索过程的时候，如果其能够让$h(x)$的代价更小，则更新$h(x)=h(y)+\text{cost}(y,x)$。一个是在路径搜索完成后执行路径搜索结果的过程中遇到障碍物之时，通过insert(x,y,val)函数改变障碍物节点y的代价$h(y)$。
- $k(x)$：节点最小的$h(x)$值。随着节点遍历和搜索过程的进行，节点的$h(x)$值会不断变动。
- $b(x)=y$：用于记录当前节点x的父节点，这里$b(x)=y$表示x节点的父节点为y节点。在搜索完成之后，能够根据$b(x)$的值，回溯追踪到目标节点。
- openList：存放节点状态为OPEN的节点，且其按照节点的k值从小到大进行排序。
- process_state()：该函数用于降低优先队列表中的某个节点x(state)的$h(x)$值或者传播节点x的$h(x)$值变更信息给邻居节点，让邻居节点进行相应变更的同时进行路径搜索查找的。
- insert(x,val)：该函数用于修改节点x的状态以及$h(x)$值和$k(x)$值。
- modify_cost(x,y,val)：该函数用于修改节点x和y之间的移动代价cost(x,y)，而且根据节点y的状态$t(y)$的情况，可能对节点y的$h(y)$值和状态$t(y)$进行修改。

6.3 D*算法的应用案例

在本章前面的内容中已经讲解了D*算法是核心知识，在本节内容中，将通过具体实例来展示实现D*算法的过程，展示D*算法在机器人、自动驾驶车辆等智能体面临未知环境或者环境动态变化时，重新规划路径以避开障碍物或者优化路径的方法。

6.3.1 帮助探险家寻找最短路径

假设你是一位勇敢的探险家，正在探索一片神秘的古老遗迹。你发现了一张古老的地图，但上面的路线已经模糊不清了，而且地图上标记了一些障碍物。现在，请你编写的神奇探索算法，即D*算法，来帮助你找到通往古老遗迹的最短路径吧。

- 起点：(3,2)。
- 终点：(23,16)。
- 障碍物：{(12,4),(12,5),(12,6),(12,7),(12,8),(12,9),(12,10),(12,11),(11,7),(13,3),(10,6),(14,5),(6,2)}。

【实例6.1】 帮助探险家寻找最短路径（codes/6/Dstar/）。

编写实例文件Dstar.h，用于实现D*算法的核心功能，用于在给定地图上找到从起点到目标点的最短路径，并考虑了障碍物的影响。通过类DStar封装了算法的实现，包括路径搜索的各个步骤。具体实现流程如下：

（1）实现结构体State，这是一个枚举类型，用于表示节点的状态，包括三种可能的状态：New、Open和Closed。在路径搜索的过程中，节点会根据其状态进行不同的处理。具体说明如下：

①New状态表示节点是新发现的，尚未加入开放列表中。

②Open状态表示节点已经加入开放列表中，但尚未被处理。

③Closed状态表示节点已经被处理过，不再需要考虑。

上述状态在算法的执行过程中起到了重要的作用，帮助算法进行节点的管理和处理。

```
#pragma once
#include <vector>
#include <queue>
#include <memory>
#include <algorithm>
#include <iostream>
namespace DStar {
    enum State
    {
        New,
        Open,
        Closed
    };
```

（2）定义结构体DNode，用于表示地图中的节点，包括节点的坐标、状态（New、Open、Closed）、距离目标的估计距离（H值），以及路径中的下一个节点等信息。

```
struct DNode {
    explicit DNode(int X,int Y,DNode*Next=nullptr):x(X),y(Y),next(Next){}
    DNode()=default;
    void setObstacle()
    {
        is_obstacle=true;
    }
    int x=0;
    int y=0;
    int H=0;                                  //distance to target
    int K=0;                                  //所有时刻最小的H!
    State state=New;
    DNode*next=nullptr;
    bool is_obstacle=false;
};
```

（3）实现结构体MyCompare，用于定义自定义的比较函数，它在优先队列中用于比较两个节点的优先级。在这个算法中，优先队列用于存储开放列表中的节点，并根据其优先级（*K*值）进行排序。结构体MyCompare 重载了圆括号运算符，使得它可以像函数一样被调用，用于比较两个节点的优先级。在这里，比较的标准是比较两个节点的*K*值，*K*值越小，表示节点的优先级越高。因此，MyCompare结构体中的operator()函数实现了按照*K*值从小到大的顺序对节点进行比较。

```
struct MyCompare
{
    bool operator()(DNode*lhs,DNode*rhs)const {
        return lhs->K>rhs->K;
    }
};
```

（4）实现类DStar，这是在本项目中实现D*算法的核心部分。其中构造函数接受一个表示地图的二维向量map，并初始化算法所需的数据结构。在类DStar中包含如下的私有成员变量：

- _cost_low、_cost_high、_cost_max：代表不同操作的代价。
- openlist：优先队列，用于存储开放列表中的节点，并根据节点的K值（最小路径估计）进行排序。
- Map：表示地图的二维向量。
- shortestPaths：存储每个节点到终点的最短路径信息。

通过这些功能，类DStar实现了D*算法的关键步骤，包括路径搜索、路径更新和处理障碍物等。

```
class DStar {
public:
    DStar(const std::vector<std::vector<int>>map):Map(map),shortestPaths(m
ap.size(),std::vector<DNode*>(map.front().size(),nullptr)){}
     void find_first_path(const std::pair<int,int>& start,const
std::pair<int,int>& target,const std::vector<std::pair<int,int>>& obstacles);
    ~DStar()
    {
        for(int i=0;i<shortestPaths.size();++i)
        {
            for(int j=0;j<shortestPaths.front().size();++j)
            {
                if(shortestPaths[i][j])
                    delete shortestPaths[i][j];
            }
        }
    }
private:
    int cost(DNode*lhs,DNode*rhs)const;
    void insert(DNode*node,int Cost);
    //核心函数
    int process_state();
    int modify(DNode*node);
    void setObstacles(const std::vector<std::pair<int,int>>& obstacles);

private:
    const static int _cost_low=10;
    const static int _cost_high=14;
    const static int _cost_max=65536;
    std::priority_queue<DNode*,std::vector<DNode*>,MyCompare>openlist;
    std::vector<std::vector<int>>Map;
    std::vector<std::vector<DNode*>>shortestPaths;  //保存每个节点到终点的最短
                                                     路径信息
};
```

（5）DStar::cost(DNode*lhs,DNode*rhs)是一个私有方法，用于计算两个节点之间的代价。这个方法接受两个节点作为参数，并返回它们之间的代价值。在D*算法中，节点之间的代价通常表示为移动到相邻节点所需的成本。这个成本可能因为障碍物的存在而不同。在这个方法中，如果其中一个节点是障碍物，或者两个节点不在同一行或同一列，那么返回的代价将设置为一个很大的值_cost_max，表示移动是不可行的。具体来说，如果节点lhs或节点rhs中有一个是障碍物（is_obstacle为true），则返回_cost_max。如果两个节点不在同一行或同一列，则返回_cost_high，表示斜向移动的成本较高；否则返回_cost_low，表示直线移动的成本较低。

```
int DStar::cost(DNode*lhs,DNode*rhs)const
{
    if(lhs->is_obstacle || rhs->is_obstacle)
        return _cost_max;
    if(lhs->x!=rhs->x && lhs->y!=rhs->y)
        return _cost_high;
    else
        return _cost_low;
}
```

（6）DStar::insert(DNode*node,int new_H)是一个私有方法，用于将节点插入算法中的开放列表openlist中，并更新节点的代价信息。该方法接受两个参数：要插入的节点node和新的代价值new_H。节点node表示要插入的节点，而new_H表示新的代价值。方法DStar::insert(DNode* node,int new_H)的实现流程如下：

①首先检查节点的状态。如果节点是新节点（New状态），则将其初始化为开放状态（Open），并设置其代价信息为new_H。如果节点已经是开放状态，则更新节点的代价信息为new_H，并确保openlist中的节点按照代价值的大小进行排序。

②如果节点的状态不是新节点或开放节点，则将其状态设置为开放，并将其插入openlist中。如果节点的状态由关闭状态转变为开放状态，需要更新shortestPaths中节点的信息。

③最终，确保openlist中的节点按照代价值的大小进行排序，并确保节点的状态和代价信息被正确更新。

```
void DStar::insert(DNode*node,int new_H)
{
    new_H=(new_H>=_cost_max)? _cost_max:new_H;
    if(node->state==New)
    {
        node->H=new_H;
        node->K=new_H;
        node->state=Open;
        shortestPaths[node->x][node->y]=node;
        openlist.push(node);
    }
    else if(node->state==Open)          //节点已经在openlist中 那么只需要改变对应
                                          openlist位置的节点的H和K即可
    {
        node->H=new_H;
        node->K=std::min(node->K,new_H);
    }
    else
    {
        node->K=std::min(node->H,new_H);
```

```
            node->H=new_H;
            node->state=Open;
            openlist.push(node);
        }
    }
```

（7）DStar::process_state()是D*算法中的一个核心方法，用于处理算法中的状态。其主要功能是选择并处理开放列表中的节点，更新其状态和代价信息，根据需要生成新的节点并将其添加到开放列表中。方法DStar::process_state()的实现流程如下：

①从开放列表openlist中选择具有最小 *K* 值的节点cur_min。

②将选定的节点cur_min从开放列表中移除，并将其状态设置为关闭状态。

③获取节点cur_min的旧的*K*值K_old。

④如果节点的旧*K*值小于其当前的*H*值，则遍历节点周围的相邻节点，并更新其 *H* 值和下一个节点指针。

⑤如果节点的旧*K*值等于其当前的*H*值，则根据情况生成新的节点并添加到开放列表中。

⑥如果节点的旧*K*值大于其当前的*H*值，则传递“raise”状态，并在需要时生成新的节点并添加到开放列表中。

⑦返回开放列表中具有最小*K*值的节点的新的*K*值。

方法DStar::process_state()的目的是根据当前状态更新开放列表中节点的信息，以便在后续迭代中找到最优路径。

```
    int DStar::process_state()
    {
        DNode*cur_min=openlist.top();
        if(!cur_min)
            return-1;
        openlist.pop();
        cur_min->state=Closed;
        int K_old=cur_min->K;
        if(K_old<cur_min->H)
        {
            for(int i=cur_min->x-1;i<=cur_min->x+1;++i)
            {
                for(int j=cur_min->y-1;j<=cur_min->y+1;++j)
                {
                    if(i>=0 && j>=0 && i<Map.size()&& j<Map.front().size()&&
shortestPaths[i][j])
                    {
                        if(i==cur_min->x && j==cur_min->y)
                            continue;
                            if(shortestPaths[i][j]->H<=K_old && cur_min->
H>shortestPaths[i][j]->H+cost(cur_min,shortestPaths[i][j]))
                        {
                            cur_min->H=shortestPaths[i][j]->H+cost(cur_min,
shortestPaths[i][j]);
                            cur_min->next=shortestPaths[i][j];
                        }
                    }
```

```
                }
            }
        }
        if(K_old==cur_min->H)
        {
            for(int i=cur_min->x-1;i<=cur_min->x+1;++i)
            {
                for(int j=cur_min->y-1;j<=cur_min->y+1;++j)
                {
                    if(i>=0 && j>=0 && i<Map.size()&& j<Map.front().size())
                    {
                        if(i==cur_min->x && j==cur_min->y)
                            continue;
                        if(!shortestPaths[i][j] &&!Map[i][j])//表示当前节点为New
                        {
                            DNode*neighbor=new DNode(i,j,cur_min);
                            insert(neighbor,cur_min->H+cost(neighbor,cur_min));
                        }
                        else if(shortestPaths[i][j] &&!shortestPaths[i][j]-
>is_obstacle)
                        {
                            if((shortestPaths[i][j]->next==cur_min && shortestPaths
[i][j]->H!=cur_min->H+cost(shortestPaths[i][j],cur_min))
                                    ||(shortestPaths[i][j]->next!=cur_min &&
shortestPaths[i][j]->H>cur_min->H+cost(shortestPaths[i][j],cur_min)))
                            {
                                insert(shortestPaths[i][j],cur_min->H+cost
(shortestPaths[i][j],cur_min));
                                shortestPaths[i][j]->next=cur_min;
                            }
                        }
                    }
                }
            }
        }
        else
        {
            //传递raise状态
            for(int i=cur_min->x-1;i<=cur_min->x+1;++i)
            {
                for(int j=cur_min->y-1;j<=cur_min->y+1;++j)
                {
                    if(i==cur_min->x && j==cur_min->y)
                        continue;
                    if(i>=0 && j>=0 && i<Map.size()&& j<Map.front().size())
                    {
                        if(!shortestPaths[i][j] &&!Map[i][j])//表示当前节点为New
                        {
                            DNode*neighbor=new DNode(i,j,cur_min);
                            insert(neighbor,cur_min->H+cost(neighbor,cur_min));
                        }
```

```
                    else if(shortestPaths[i][j] &&!shortestPaths[i][j]->
is_obstacle)
                    {
                        if(shortestPaths[i][j]->next==cur_min && shortestPaths
[i][j]->H!=cur_min->H+cost(cur_min,shortestPaths[i][j]))
                        {
                                    insert(shortestPaths[i][j],cur_min->H+
cost(cur_min,shortestPaths[i][j]));
                        }
                        else
                        {
                            if(shortestPaths[i][j]->next!=cur_min)
                            {
                                int temp=(shortestPaths[i][j]->H+cost
(shortestPaths[i][j],cur_min)>=_cost_max)? _cost_max:shortestPaths[i][j]->H+
cost(shortestPaths[i][j],cur_min);
                                if(cur_min->H<temp)
                                    insert(cur_min,cur_min->H);
                                else if(shortestPaths[i][j]->next!=cur_min
&& cur_min->H>shortestPaths[i][j]->H+cost(shortestPaths[i][j],cur_min)
                                    && shortestPaths[i][j]->state==Closed
&& shortestPaths[i][j]->K>K_old)
                                {
                                    insert(shortestPaths[i][j],shortestPaths
[i][j]->H);
                                }
                            }
                        }
                    }
                }
            }
        }
    }
    return openlist.top()->K;
}
```

（8）方法DStar::setObstacles(const std::vector<std::pair<int,int>>& obstacles)用于设置障碍物的位置，并更新相应的节点状态。方法DStar::setObstacles()的具体实现流程如下：

①接收表示障碍物位置的obstacles向量作为参数。

②对于每个障碍物的位置(x,y)，将对应的节点状态设置为障碍物状态，即is_obstacle 属性设置为true。

③如果节点已经存在于最短路径图中，则将该节点的H值设置为最大值_cost_max，表示障碍物不可通过。

④在地图中将障碍物位置标记为'#'，以便可视化显示。

⑤完成障碍物的设置。

```
void DStar::setObstacles(const std::vector<std::pair<int,int>>& obstacles)
{
    if(obstacles.empty())
```

```
        return;
    for(const auto& rhs:obstacles)
    {
        if(shortestPaths[rhs.first][rhs.second])
        {
            shortestPaths[rhs.first][rhs.second]->is_obstacle=true;
            shortestPaths[rhs.first][rhs.second]->H=_cost_max;
        }
        Map[rhs.first][rhs.second]='#';
    }
}
```

（9）方法DStar::modify(DNode*node)用于修改节点状态，并重新规划路径以适应新的环境。方法DStar::modify(DNode*node)的具体实现流程如下：

①接收一个节点node作为参数，该节点需要进行修改以适应环境的变化。

②获取节点node的下一个节点next。

③将下一个节点next添加到优先级队列openlist中，以重新规划路径。

④在循环中执行状态处理process_state()，直到不存在更好的路径或达到最大迭代次数。

⑤返回修改后节点的*K*值，用于后续判断是否需要继续修改其他节点。

```
int DStar::modify(DNode*node)
{
    DNode*next=node->next;
    openlist.push(next);
    int k_old;
    do {
        k_old=process_state();
        if(k_old==-1)
            break;
    } while(node->H==_cost_max || k_old<node->H);
    return k_old;
}
```

（10）方法DStar::find_first_path()用于寻找起点到目标点的第一条路径，并考虑了障碍物的影响。方法DStar::find_first_path()的具体实现流程如下：

①接收起点start、目标点target和障碍物列表obstacles作为参数。

②创建终点end并将其加入优先级队列openlist中。

③在循环中执行状态处理process_state()，直到起点节点被标记为Closed。

④根据障碍物列表设置地图的障碍物。

⑤根据路径信息修改地图，并在路径上标记星号。

⑥如果路径无法更新，则输出"No New Path To Target"；否则，打印更新后的地图。

```
    void DStar::find_first_path(const std::pair<int,int>& start,const std::::
pair<int,int>& target,
        const std::vector<std::pair<int,int>>& obstacles)
    {
        DNode*end=new DNode(target.first,target.second);
        shortestPaths[target.first][target.second]=end;
```

```
            openlist.push(end);
            while(true)
            {
                process_state();
                 if(shortestPaths[start.first][start.second] && shortestPaths[start.
first][start.second]->state==Closed)
                    break;
            }
            setObstacles(obstacles);
            DNode*begin=shortestPaths[start.first][start.second];
            int i;
            while(begin)
            {
                Map[begin->x][begin->y]='*';
                if(begin->next && begin->next->is_obstacle)
                {
                    i=modify(begin);
                    if(i==-1)
                    {
                        break;
                    }
                }
                begin=begin->next;
            }
            if(i==-1)
            {
                std::cout<<"No New Path To Target"<<std::endl;
                return;
            }
            else
            {
                for(const auto& i:Map)
                {
                    for(const auto& j:i)
                    {
                        if(j>1)
                            std::cout<<char(j)<<" ";
                        else
                            std::cout<<j<<" ";
                    }
                    std::cout<<std::endl;
                }
            }
        }
    }
```

（11）编写实例文件Dstar.cpp，创建了一个25*25的地图，其中包含部分障碍物区域。使用DStar算法找到起点到终点的第一条路径，并考虑了障碍物的影响。最后，打印输出程序的运行时间（以毫秒为单位）。

```
    #include <iostream>
```

```
#include <time.h>
#include "Dstar.h"                              //包含DStar类的头文件

int main()
{
    //创建一个25×25的地图
    std::vector<std::vector<int>>map2(25,std::vector<int>(25));

    //设置部分区域为障碍物
    for(int j=3;j<8;++j)
        map2[6][j]=1;
    for(int j=4;j<7;++j)
        map2[7][j]=1;

    //记录程序开始时间
    clock_t start=clock();

    //创建DStar对象并调用find_first_path函数寻找路径
    DStar::DStar d(map2);
    d.find_first_path({3,2 },{23,16 },{{12,4},{12,5},{12,6},{12,7},{12,8},{1
2,9},{12,10},{12,11},{11,7},{13,3},{10,6},{14,5},{6,2} });

    //记录程序结束时间
    clock_t ends=clock();

    //输出程序运行时间
      std::cout<<"Running Time:"<<(double)(ends-start)/ CLOCKS_PER_
SEC*1000<<"ms"<<std::endl;

    return 0;
}
```

执行后会输出：

```
0 0 0 0 0 0 0 0 0 0 0 0 0 0 0 0 0 0 0 0 0 0 0 0 0
0 0 0 0 0 0 0 0 0 0 0 0 0 0 0 0 0 0 0 0 0 0 0 0 0
0 0 0 0 0 0 0 0 0 0 0 0 0 0 0 0 0 0 0 0 0 0 0 0 0
0 0 * 0 0 0 0 0 0 0 0 0 0 0 0 0 0 0 0 0 0 0 0 0 0
0 0 * 0 0 0 0 0 0 0 0 0 0 0 0 0 0 0 0 0 0 0 0 0 0
0 0 * 0 0 0 0 0 0 0 0 0 0 0 0 0 0 0 0 0 0 0 0 0 0
0 * # 1 1 1 1 1 0 0 0 0 0 0 0 0 0 0 0 0 0 0 0 0 0
0 0 * 0 1 1 1 0 0 0 0 0 0 0 0 0 0 0 0 0 0 0 0 0 0
0 0 0 * 0 0 0 0 0 0 0 0 0 0 0 0 0 0 0 0 0 0 0 0 0
0 0 0 0 * 0 0 0 0 0 0 0 0 0 0 0 0 0 0 0 0 0 0 0 0
0 0 0 0 0 * # 0 0 0 0 0 0 0 0 0 0 0 0 0 0 0 0 0 0
0 0 0 0 * * * # 0 0 0 0 0 0 0 0 0 0 0 0 0 0 0 0 0
0 0 0 * # # # # # # # # 0 0 0 0 0 0 0 0 0 0 0 0 0
0 0 0 # * * 0 0 0 0 0 0 0 0 0 0 0 0 0 0 0 0 0 0 0
0 0 0 0 0 # * 0 0 0 0 0 0 0 0 0 0 0 0 0 0 0 0 0 0
0 0 0 0 0 0 0 * 0 0 0 0 0 0 0 0 0 0 0 0 0 0 0 0 0
0 0 0 0 0 0 0 0 * 0 0 0 0 0 0 0 0 0 0 0 0 0 0 0 0
0 0 0 0 0 0 0 0 0 * 0 0 0 0 0 0 0 0 0 0 0 0 0 0 0
```

```
0 0 0 0 0 0 0 0 0 0 * 0 0 0 0 0 0 0 0 0 0 0 0 0 0
0 0 0 0 0 0 0 0 0 0 0 * 0 0 0 0 0 0 0 0 0 0 0 0 0
0 0 0 0 0 0 0 0 0 0 0 0 * 0 0 0 0 0 0 0 0 0 0 0 0
0 0 0 0 0 0 0 0 0 0 0 0 0 * 0 0 0 0 0 0 0 0 0 0 0
0 0 0 0 0 0 0 0 0 0 0 0 0 0 * 0 0 0 0 0 0 0 0 0 0
0 0 0 0 0 0 0 0 0 0 0 0 0 0 0 * * 0 0 0 0 0 0 0 0
0 0 0 0 0 0 0 0 0 0 0 0 0 0 0 0 0 0 0 0 0 0 0 0 0
Running Time:24ms
```

上面打印输出了一个地图，地图中包含了起点、终点、障碍物以及路径。其中"*"表示路径，"#"表示障碍物，"1"表示未被路径覆盖的可行走区域。

6.3.2 迷宫中的D*算法探索与动态障碍物处理

迷宫问题：在一个迷宫中，有一个机器人需要从起点出发，找到通往终点的最短路径。机器人在探索路径时，会遇到障碍物，并且障碍物的位置会发生变化。当障碍物发生变化时，机器人需要重新规划路径。本题要求你完成以下任务：

（1）实现D*算法，帮助机器人找到起点到终点的最短路径。

（2）使用Matplotlib库在迷宫地图上可视化机器人的路径探索过程。

（3）模拟障碍物的动态变化，当障碍物发生变化时，重新规划机器人的路径，并使用Matplotlib库显示更新后的路径。

【实例6.2】 迷宫中的D*算法探索与动态障碍物处理（codes/6/easy.py）。

实例文件easy.py具体实现流程如下：

（1）下面的代码实现了一个迷宫中状态的表示类（state），以及一个用于路径规划的D*算法。该算法可以在迷宫地图中找到起点到终点的最短路径，并且能够处理动态障碍物的变化。迷宫地图中的状态包括起点、终点、障碍物以及空白状态，算法通过不断更新节点的代价值来实现路径的探索和更新。

```
import math
import matplotlib.pyplot as plt
from sys import maxsize                         #导入最大数，2^63-1


class State(object):

    def __init__(self,x,y):
        self.x=x
        self.y=y
        self.parent=None
        self.state="."
        self.t="new"
        self.h=0
        self.k=0                                #k即为f
```

（2）定义类state中的方法cost，用于计算当前状态与目标状态之间的代价。如果当前状态或目标状态为障碍物（#），则返回最大数值，表示距离无穷大；否则，返回当前状态与目标状态之间的欧氏距离。

```
def cost(self,state):
    if self.state=="#"or state.state=="#":
        return maxsize                  #存在障碍物时，距离无穷大
    return math.sqrt(math.pow((self.x-state.x),2)+
                     math.pow((self.y-state.y),2))
```

（3）定义类state中的方法set_state，用于设置当前状态的状态值。如果传入的状态值不是预定义的状态值（包括起点S、空白.、障碍物#、终点E、更新的路径*和标记+），则不做任何操作；否则，将当前状态的状态值设置为传入的状态值。

```
def set_state(self,state):
    if state not in["S",".","#","E","*","+"]:
        return
    self.state=state
```

（4）下面这段代码定义了类Map，用于创建地图对象。在初始化方法__init__中，传入地图的行数和列数，并调用init_map方法初始化地图。

```
class Map(object):
    '''
    创建地图
    '''

    def __init__(self,row,col):
        self.row=row
        self.col=col
        self.map=self.init_map()
```

（5）下面这段代码定义了方法init_map，用于初始化地图。方法init_map通过嵌套的循环遍历每个网格的行和列，然后创建一个State对象，将其添加到临时列表中，并将该临时列表添加到地图列表中。最后，返回完整的地图列表。

```
def init_map(self):
    #初始化map
    map_list=[]
    for i in range(self.row):
        tmp=[]
        for j in range(self.col):
            tmp.append(State(i,j))
        map_list.append(tmp)
    return map_list
```

（6）下面这段代码定义了print_map方法，用于打印地图。方法print_map通过遍历地图的行和列，获取每个网格的状态，并将其打印出来，以空格分隔。这样就可以在控制台中打印出地图的可视化表示。

```
def print_map(self):
    for i in range(self.row):
        tmp=""
        for j in range(self.col):
            tmp+=self.map[i][j].state+" "
```

```
        print(tmp)
```

（7）下面这段代码定义了方法plot_map，用于绘制地图的可视化表示。方法plot_map使用matplotlib 库创建一个图形窗口，然后根据每个网格的状态绘制不同的标记：

- "#" 表示障碍物，用黑色方块表示。
- "S" 表示起点，用蓝色圆形表示。
- "E" 表示终点，用红色圆形表示。
- "+" 表示路径，用绿色三角形表示。
- "*" 表示更新的路径，用黄色三角形表示。
- "." 表示空白，用白色圆形表示。

绘制地图完成后，调用方法plt.show()显示绘制的可视化图形。

```
def plot_map(self):
    plt.figure(figsize=(8,8))
    for i in range(self.row):
        for j in range(self.col):
            if self.map[i][j].state=="#":
                plt.plot(j,i,'sk',markersize=20)  #障碍物
            elif self.map[i][j].state=="S":
                plt.plot(j,i,'bo',markersize=10)  #起点
            elif self.map[i][j].state=="E":
                plt.plot(j,i,'ro',markersize=10)  #终点
            elif self.map[i][j].state=="+":
                plt.plot(j,i,'g^',markersize=10)  #路径
            elif self.map[i][j].state=="*":
                plt.plot(j,i,'y^',markersize=10)  #更新的路径
            else:
                plt.plot(j,i,'wo',markersize=5)   #空白
    plt.grid(True)
    plt.title('Map')
    plt.show()
```

（8）定义方法get_neighbers，用于获取给定状态的八个相邻状态（八邻域）。具体实现步骤如下：

①初始化一个空列表state_list用于存储相邻状态。

②使用双重循环遍历八个可能的偏移量：[-1,0,1]。

③在循环中，跳过偏移量为(0,0)的情况，因为它表示当前状态本身。

④对于每个偏移量(i,j)，检查是否超出了地图边界，如果超出则跳过。

⑤如果偏移量在合理范围内，将相邻状态添加到state_list中。

⑥最后返回包含所有相邻状态的state_list。

方法get_neighbers的目的是在地图中获取给定状态的所有八个相邻状态，以便在路径搜索或者规划算法中使用。

```
def get_neighbers(self,state):
    #获取8邻域
    state_list=[]
    for i in[-1,0,1]:
```

```
            for j in[-1,0,1]:
                if i==0 and j==0:
                    continue
                if state.x+i<0 or state.x+i>=self.row:
                    continue
                if state.y+j<0 or state.y+j>=self.col:
                    continue
                state_list.append(self.map[state.x+i][state.y+j])
        return state_list
```

（9）定义方法set_obstacle，用于在地图上设置障碍物的位置。接受一个由(x,y)坐标对组成的列表point_list，表示要设置障碍物的位置。对于point_list中的每个(x,y)坐标对，执行以下操作：

①如果x小于0或者大于等于地图的行数self.row，或者y小于0或者大于等于地图的列数self.col，则说明该坐标超出了地图范围，跳过该坐标。

②否则，将地图中(x,y)坐标对应的状态设置为"#"，表示障碍物。

方法set_obstacle的目的是根据输入的坐标列表，在地图上将指定位置标记为障碍物，以便在路径规划算法中避开这些障碍物。

```
def set_obstacle(self,point_list):
    #设置障碍物的位置
    for x,y in point_list:
        if x<0 or x>=self.row or y<0 or y>=self.col:
            continue
        self.map[x][y].set_state("#")
```

（10）下面这段代码定义了类Dstar，用于执行D*算法。__init__方法初始化了D*算法的实例对象。参数maps传入了地图对象，表示该D*算法实例针对的地图。open_list是一个集合，用于存储待处理的状态节点。

```
class Dstar(object):

    def __init__(self,maps):
        self.map=maps
        self.open_list=set()            #创建空集合
```

（11）方法process_state()实现了D*算法核心功能，包括如下三个关键步骤：

①选择当前状态节点x：从openlist列表中选择具有最小k值（即f值）的节点作为当前处理节点x。

②更新节点状态：根据当前状态x和其邻居节点的关系，更新节点的父节点、代价h值等信息。

③调整openlist：根据节点的代价h值和状态信息，调整节点在openlist中的位置，确保openlist中节点的顺序符合算法要求。

通过以上步骤，方法process_state()实现了D*算法的核心逻辑，用于在地图上寻找最优路径，并在需要时对路径进行动态调整以应对障碍物的变化。

```
def process_state(self):
```

```
    '''
    D*算法的主要过程
    :return:
    '''
    x=self.min_state()                          #获取openlist列表中最小k的节点
    if x is None:
        return-1
    k_old=self.get_kmin()                       #获取openlist列表中最小k节点的k值
    self.remove(x)                              #从openlist中移除
    #判断openlist中
    if k_old<x.h:
        for y in self.map.get_neighbers(x):
            if y.h<=k_old and x.h>y.h+x.cost(y):
                x.parent=y
                x.h=y.h+x.cost(y)
    elif k_old==x.h:
        for y in self.map.get_neighbers(x):
            if y.t=="new" or(y.parent==x and y.h!=x.h+x.cost(y))\
                    or(y.parent!=x and y.h>x.h+x.cost(y)):
                y.parent=x
                self.insert(y,x.h+x.cost(y))
    else:
        for y in self.map.get_neighbers(x):
            if y.t=="new" or y.parent==x and y.h!=x.h+x.cost(y):
                y.parent=x
                self.insert(y,x.h+x.cost(y))
            else:
                if y.parent!=x and y.h>x.h+x.cost(y):
                    self.insert(x,x.h)
                else:
                    if y.parent!=x and x.h>y.h+x.cost(y)\
                            and y.t=="close" and y.h>k_old:
                        self.insert(y,y.h)
    return self.get_kmin()
```

（12）下面代码定义了D*算法中用于获取openlist中代价k（即f值）最小的状态节点的方法min_state()，该方法通过min()函数和lambda表达式，在openlist中选择具有最小k值的节点，并返回该节点作为当前处理节点。如果openlist为空，则返回None。

```
def min_state(self):
    if not self.open_list:
        return None
    min_state=min(self.open_list,key=lambda x:x.k)          #获取openlist中k值
                                                             最小对应的节点
    return min_state
```

（13）定义方法get_kmin()，用于获取openlist中状态节点的最小k值（即f值）。首先，检查openlist是否为空，如果为空，则返回-1表示未找到最小的k值。如果openlist不为空，它使用列表解析[x.k for x in self.open_list]获取openlist中所有节点的k值，并通过min()函数找到其中的最小值，然后将其返回。

```
def get_kmin(self):
    #获取openlist表中k(f)值最小的k
    if not self.open_list:
        return-1
    k_min=min([x.k for x in self.open_list])
    return k_min
```

（14）定义方法insert，用于向openlist中插入状态节点，并根据节点的状态进行相应的操作。方法的具体功能如下：

①如果状态为"new"，则将节点的*k*值设置为新的*h*值。

②如果状态为"open"，则将节点的*k*值更新为当前*k*值和新的*h*值中的较小值。

③如果状态为"close"，则将节点的*k*值更新为当前*h*值和新的*h*值中的较小值。

④将节点的*h*值更新为新的*h*值。

⑤将节点的状态设置为"open"。

⑥将节点添加到openlist中。

```
def insert(self,state,h_new):
    if state.t=="new":
        state.k=h_new
    elif state.t=="open":
        state.k=min(state.k,h_new)
    elif state.t=="close":
        state.k=min(state.h,h_new)
    state.h=h_new
    state.t="open"
    self.open_list.add(state)
```

（15）定义方法remove，用于从openlist中移除状态节点。如果状态为"open"，则将节点的状态更新为"close"，然后从openlist中移除该节点。

```
def remove(self,state):
    if state.t=="open":
        state.t="close"
    self.open_list.remove(state)
```

（16）定义方法modify_cost，用于修改节点的代价。如果节点的状态为"close"，则通过其父节点递推整条路径上的代价，并将新的代价值插入openlist中。

```
def modify_cost(self,x):
    if x.t=="close":              #是以一个openlist，通过parent递推整条路径上的cost
        self.insert(x,x.parent.h+x.cost(x.parent))
```

（17）下面这段代码定义了方法run，用于执行D*算法的主要流程，并可视化地图搜索结果。方法run的具体实现流程如下：

①将终点end插入openlist中，并将其代价设置为0。

②循环执行process_state方法，直到起点start的状态变为"close"。

③将起点的状态设置为"S"，并从终点开始向父节点回溯，将沿途节点的状态设置为 "+"，直到回溯到起点。

④将终点的状态设置为 "E"。

⑤打印出障碍物未发生变化时的搜索路径，并通过调用plot_map方法可视化地图。

⑥设置障碍物位置，并通过调用set_obstacle方法更新地图中的障碍物。

⑦从起点开始，沿着更新后的路径行进，遇到障碍物时重新修改代价，并继续寻找路径，直到到达终点。

⑧打印输出障碍物发生变化时的搜索路径，并再次通过plot_map方法绘制可视化地图。

```
def run(self,start,end):
    self.insert(end,0)
    while True:
        self.process_state()
        if start.t=="close":
            break
    start.set_state("S")
    s=start
    while s!=end:
        s=s.parent
        s.set_state("+")
    s.set_state("E")
    print('障碍物未发生变化时，搜索的路径如下：')
    self.map.print_map()
    self.map.plot_map()
    tmp=start                                                 #起始点不变
    self.map.set_obstacle(
        [(9,3),(9,4),(9,5),(9,6),(9,7),(9,8)])             #障碍物发生变化
    '''
    从起始点开始，往目标点行进，当遇到障碍物时，重新修改代价，再寻找路径
    '''
    while tmp!=end:
        tmp.set_state("*")
        if tmp.parent.state=="#":
            self.modify(tmp)
            continue
        tmp=tmp.parent
    tmp.set_state("E")
    print('障碍物发生变化时，搜索的路径如下(*为更新的路径)：')
    self.map.print_map()
    self.map.plot_map()
```

（18）定义方法modify，用于在障碍物发生变化时更新路径的代价。首先，调用modify_cost方法来更新受影响节点及其后继节点的路径代价。然后，循环执行process_state方法，直到当前最小代价大于等于参数state的路径代价state.h。

```
def modify(self,state):
    '''
    当障碍物发生变化时，从目标点往起始点回推，更新由于障碍物发生变化而引起的路径代价的变化
   :param state:
   :return:
    '''
    self.modify_cost(state)
```

```
        while True:
            k_min=self.process_state()
            if k_min>=state.h:
                break
```

（19）下面代码首先创建了一个大小为20×20的地图，并在初始位置设置了障碍物。然后指定了起点和终点的位置，并使用D*算法寻找起点到终点的最优路径。最后，通过可视化展示了搜索过程中障碍物未发生变化和障碍物发生变化时的路径情况。

```
if __name__=='__main__':
m=Map(20,20)
m.set_obstacle([(4,3),(4,4),(4,5),(4,6),(5,3),
               (6,3),(7,3)])                    #障碍物初始位置
start=m.map[1][2]                               #起点位置
end=m.map[17][11]                               #终点位置
dstar=Dstar(m)
dstar.run(start,end)
```

执行后会打印输出：

```
障碍物未发生变化时，搜索的路径如下：
. . . . . . . . . . . . . . . . . . . .
. . S . . . . . . . . . . . . . . . . .
. . + . . . . . . . . . . . . . . . . .
. . + . . . . . . . . . . . . . . . . .
. . + # # # # . . . . . . . . . . . . .
. . + # . . . . . . . . . . . . . . . .
. . + # . . . . . . . . . . . . . . . .
. . + # . . . . . . . . . . . . . . . .
. . . + . . . . . . . . . . . . . . . .
. . . . + . . . . . . . . . . . . . . .
. . . . . + . . . . . . . . . . . . . .
. . . . . . + . . . . . . . . . . . . .
. . . . . . . + . . . . . . . . . . . .
. . . . . . . . + . . . . . . . . . . .
. . . . . . . . . + . . . . . . . . . .
. . . . . . . . . . + . . . . . . . . .
. . . . . . . . . . . + . . . . . . . .
. . . . . . . . . . . E . . . . . . . .
. . . . . . . . . . . . . . . . . . . .
. . . . . . . . . . . . . . . . . . . .
障碍物发生变化时，搜索的路径如下(*为更新的路径)：
. . . . . . . . . . . . . . . . . . . .
. . * . . . . . . . . . . . . . . . . .
. . * . . . . . . . . . . . . . . . . .
. . * . . . . . . . . . . . . . . . . .
. . * # # # # . . . . . . . . . . . . .
. . * # . . . . . . . . . . . . . . . .
. . * # . . . . . . . . . . . . . . . .
. . * # . . . . . . . . . . . . . . . .
. . . * * * * * * . . . . . . . . . . .
. . . # # # # # # * . . . . . . . . . .
```

```
. . . . . + . . . . * . . . . . . . . .
. . . . . . + . . . . * . . . . . . . .
. . . . . . . + . . . * . . . . . . . .
. . . . . . . . + . . * . . . . . . . .
. . . . . . . . . + . * . . . . . . . .
. . . . . . . . . . + * . . . . . . . .
. . . . . . . . . . . * . . . . . . . .
. . . . . . . . . . . E . . . . . . . .
. . . . . . . . . . . . . . . . . . . .
. . . . . . . . . . . . . . . . . . . .
```

以上输出结果显示了一个二维地图，在地图上标记了起点（S）、终点（E）、障碍物（#）、路径（+）以及更新的路径（ ）。在障碍物未发生变化时，程序根据D*算法找到了起点到终点的路径，并在地图上标记出来。障碍物发生变化后，程序重新计算了路径，并在地图上更新了路径标记。

并且执行后还会使用库Matplotlib实现地图的可视化，如图6.1所示。其中障碍物用黑色方块表示，起点用蓝色圆圈表示，终点用红色圆圈表示，搜索的路径用绿色三角形表示，更新的路径用黄色三角形表示。

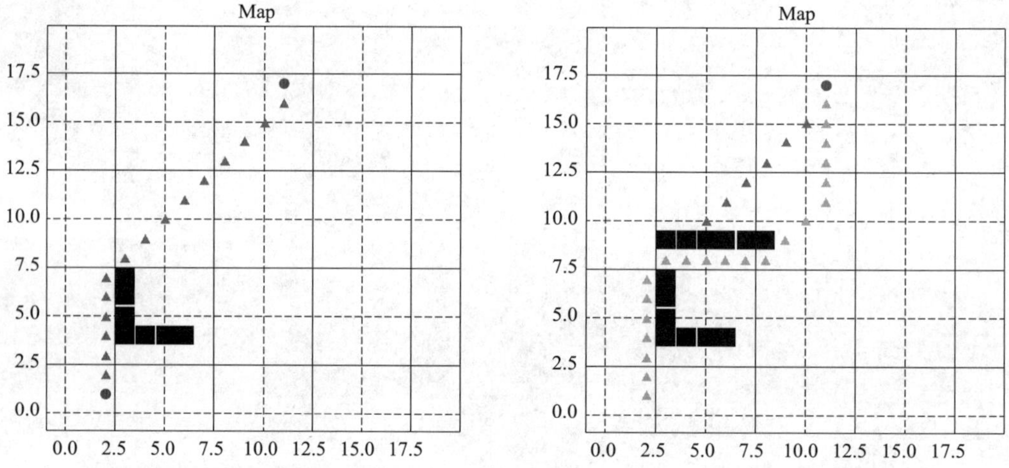

（a）障碍物未发生变化时的路径　　（b）障碍物发生变化时的路径

图6.1　路径可视化

6.3.3　探索机器人的新家

1. 问题描述

在一个虚拟的机器人世界中，有一个机器人要找到它的新家。这个世界由一个8 × 8的网格地图组成，机器人可以在地图上移动，但某些区域可能被标记为障碍物，机器人不能穿过这些障碍物。机器人的起点是地图上的一个特定位置，它的新家是另一个特定位置。机器人必须找到一条能够避开障碍物的最短路径到达新家。

2. 要求

（1）给出一个8 × 8的网格地图，其中包含了机器人的起点、新家的位置以及一些障碍物的位置。请在地图上使用合适的符号标记出这些位置，例如：起点用"S"表示，新家用"E"表示，障碍物用"#"表示。

（2）使用D*算法，找到机器人从起点到达新家的最短路径，并在地图上用特定符号标记出这条路径。

（3）给出了另一个情景，其中某些障碍物的位置发生了变化。重新计算机器人从起点到达新家的最短路径，并标记出新路径。

（4）最后，使用可视化函数显示地图及其路径，让学生直观地了解机器人如何规划路径并避开障碍物。

【实例6.3】 动态路径规划系统（codes/6/lu.py）。

本实例实现了基于D*算法的动态路径规划系统，具备动态环境适应性、高效路径规划、用户友好界面和开放可扩展性等功能。实例文件lu.py的具体实现流程如下：

（1）下面的代码创建了一个8*8的网格地图，并在地图上放置了起点和终点，以及一些障碍物。随后，使用numpy数组表示地图，方便进行操作。随后，代码将障碍物放置在地图的指定位置，将起点标记为5，将终点标记为6。

```
map_grid=[[1 for j in range(0,8)] for i in range(0,8)]   #定义列表
map_grid=np.array(map_grid) #将列表转化为数组，因为只有数组才有维度的概念，方便切片
map_grid[3:6,1]=0                                        #障碍物
map_grid[3:6,5]=0
map_grid[0,3]=5                                          #起点
map_grid[7,3]=6                                          #终点
```

（2）定义函数draw_effect，用于绘制地图和路径。函数接受两个参数：map_grid表示地图的二维数组，second_path表示路径的坐标点列表。函数draw_effect首先使用plt.imshow绘制地图的热力图，并设置了颜色映射为热图样式，边界插值方式为最近邻插值，并设置了颜色映射的取值范围。接着添加了颜色条，限定了图像的x轴和y轴范围，并设置了刻度标签。然后，将路径坐标点列表转换为NumPy数组，并使用plt.plot绘制路径。最后，通过plt.show()展示绘制的图像。

```
    def draw_effect(map_grid,second_path):
         plt.imshow(map_grid,cmap=plt.cm.hot,interpolation='nearest',vmin=0,vm
ax=10)                                                  #绘制热力图
        plt.colorbar()
        plt.xlim(-1,8)                                  #x轴的范围
        plt.ylim(-1,8)
        my_x_ticks=np.arange(0,8,1)                     #x轴标号的范围
        my_y_ticks=np.arange(0,8,1)
        plt.xticks(my_x_ticks)
        plt.yticks(my_y_ticks)
        second_path=np.array(second_path)
        plt.plot(second_path[:,1:2],second_path[:,0:1],'-')
        #plt.grid(True)                                 #开启栅格  可以不开启
        plt.show()                                      #可视化
```

（3）初始化两个列表open_list和close_list，用于实现路径搜索算法中的开放列表和关闭列表。

①open_list是一个包含单个元素的列表，该元素是一个列表，包含终点的坐标(7,3)、h值为

0、父节点的坐标为None。

②close_list是一个空列表，用于存储已经处理过的节点的信息。

上述列表在路径搜索算法中起到了关键作用，用于记录搜索过程中的节点状态。

```
open_list=[[7,3,0,0,None,None]]        #将终点置于open列表中分别有x0,y0坐标,h值,
                                        父节点X、Y坐标
close_list=[]
```

（4）定义函数open_list_append，用于将邻域放入开放列表open_list中。函数接受参数包括当前节点(x_0,y_0)、邻域节点(x_1,y_1)、两节点之间的代价h_0和h_1、地图网格map_grid以及当前的开放列表open_list。函数open_list_append的具体实现流程如下：

①首先检查邻域节点是否越界且不在关闭列表中，并且不是障碍物。

②如果邻域节点在开放列表中，则更新其代价h和k，以及父节点的坐标。若新的代价小于当前节点的代价，则更新邻域节点的相关信息。

③如果邻域节点不在开放列表中，则将其添加到开放列表，并将其标记为新节点。

④最后返回更新后的开放列表。

函数open_list_append是路径搜索算法中的关键步骤，用于逐步扩展搜索范围并更新节点的状态信息。

```
#将邻域放入open_list中
def open_list_append(x0,y0,x1,y1,h0,h1,map_grid,open_list):
    if 0<=x1<=7 and 0<=y1<=7 and map_grid[x1,y1]!=4 and map_grid[x1,y1]!=0:
                                        #左边没有越界并且没有在closelist里面
        if map_grid[x1,y1]==3:          #如果是在open_list中,h要更新
            open_list=np.array(open_list)
            if(h1+h0)<open_list[np.where((open_list[:,0]==x1)&(open_
list[:,1]==y1)),2]:
                h=h1+h0
                k=h1+h0
                open_list[np.where((open_list[:,0]==x1)&(open_list[:,1]==y1)),
2]=h
                open_list[np.where((open_list[:,0]==x1)&(open_list[:,1]==y1)),
3]=k
                open_list[np.where((open_list[:,0]==x1)&(open_list[:,1]==y1)),
4]=x0
                open_list[np.where((open_list[:,0]==x1)&(open_list[:,1]==y1)),
4]=y0
            open_list=list(open_list.tolist())

        else:                           #是new节点
            h=h1+h0
            k=h1+h0
            #open_list=list(open_list)
            open_list.append([x1,y1,h,k,x0,y0])
            map_grid[x1,y1]=3

    return open_list
```

（5）函数first_search实现了首次搜索的过程，主要包括如下步骤：

①初始化起点和终点，并将终点放入开放列表open_list中，起点坐标(7,3)。

②在while循环中，当起点未被访问且开放列表不为空时，执行首次搜索。

③在first_search函数中，根据D*算法的思想，选择开放列表中代价最小的节点进行扩展。首先从开放列表中选取代价最小的节点，将其放入关闭列表close_list中，然后对其周围的邻域进行搜索。

④针对当前节点(x_0,y_0)，根据其邻域节点的代价和位置信息，更新邻域节点的状态并将其添加到开放列表中。

⑤循环直至起点被访问或开放列表为空。

⑥在首次搜索完成后，根据关闭列表中节点的父节点信息，构建路径first_path。

此外，函数first_search的代码中还进行了一些额外的处理，例如，标记起点和终点、处理障碍物等。

```
    #首次搜索
    def first_search(open_list,close_list,map_grid):   #给出终点坐标，完成首次遍历
        #采用D*算法遍历
          #选openlist中h最小的，将openlist按照h排序，取第一个，并删除第一个，将它放到
close_list里面
        open_list=list(open_list)
        open_list.sort(key=lambda x:x[2])
        #open_list.pop(0)
        insert_list=open_list[0]             #引入中间列表，用来存储每一次被选中的遍历的点
        x0=int(insert_list[0])
        y0=int(insert_list[1])
        open_list.pop(0)
        close_list.append(list(insert_list))
        map_grid[x0,y0]=4                    #被加入close_list里面

        #找insert_list的邻域----->寻找顺序：从左边开始逆时针
        h0=int(insert_list[2])

        x1=x0
        y1=y0-1
        h1=10
        open_list=open_list_append(x0,y0,x1,y1,h0,h1,map_grid,open_list)

        x1=x0-1
        y1=y0-1
        h1=14
        open_list=open_list_append(x0,y0,x1,y1,h0,h1,map_grid,open_list)

        x1=x0-1
        y1=y0
        h1=10
        open_list=open_list_append(x0,y0,x1,y1,h0,h1,map_grid,open_list)

        x1=x0-1
        y1=y0+1
        h1=14
```

```
        open_list=open_list_append(x0,y0,x1,y1,h0,h1,map_grid,open_list)

        x1=x0
        y1=y0+1
        h1=10
        open_list=open_list_append(x0,y0,x1,y1,h0,h1,map_grid,open_list)

        x1=x0+1
        y1=y0+1
        h1=14
        open_list=open_list_append(x0,y0,x1,y1,h0,h1,map_grid,open_list)

        x1=x0+1
        y1=y0
        h1=10
        open_list=open_list_append(x0,y0,x1,y1,h0,h1,map_grid,open_list)

        x1=x0+1
        y1=y0-1
        h1=14
        open_list=open_list_append(x0,y0,x1,y1,h0,h1,map_grid,open_list)

        return[open_list,close_list,map_grid]


    while map_grid[0,3]!=4 and open_list!=[]:
        [open_list,close_list,map_grid]=first_search(open_list,close_list,map_grid)

    #首次搜索完成
    first_path=[]
    close_list=np.array(close_list)
    xn=0
    yn=3
    while xn!=7 or yn!=3:
        list1=list(close_list[np.where((close_list[:,0]==xn)&(close_list[:,1]=
=yn))][0])
        xn=int(list1[4])
        yn=int(list1[5])
        first_path.append(list1)

    first_path.append([7,3,0,0,None,None])


    map_grid[3,3]=0

    close_list[np.where((close_list[:,4]==3)&(close_list[:,5]==3)),2]=math.inf
    close_list[np.where((close_list[:,0]==3)&(close_list[:,1]==3)),2]=math.inf
    insertRow=list(close_list[np.where((close_list[:,4]==3)&(close_
list[:,5]==3))][0])
    x=int(insertRow[0])
    y=int(insertRow[1])
```

```
    open_list.append(insertRow)              #->>>>>>open_list是列表格式
    map_grid[x,y]=3
    close_list=list(close_list.tolist())     #----->>>>>close_list是列表格式
    close_list.remove(insertRow)
    open_list.sort(key=lambda x:x[3])        #先排序，选择k最小的节点
    k_min=open_list[0][3]#
    hx=open_list[0][2]
```

（6）实现了D*算法的关键部分，包括地图的初始化、首次搜索、邻居节点的更新等。首先，通过定义地图并设置起点、终点和障碍物，初始化了open列表和close列表。然后，在首次搜索中，采用D*算法遍历地图，选取open列表中h值最小的节点进行扩展，更新其邻居节点的代价信息，并将其加入close列表。接着，根据D*算法的特性，对地图进行更新和路径优化，直至找到最优路径。

```
    def find_neighbor(x0,y0,x1,y1,k_old,hx,h1,close_list):
        close_list=np.array(close_list)
        hy=close_list[np.where((close_list[:,0]==x1)&(close_list[:,1]==y1)),2][0]
        if(hy<=k_old)and(hx>hy+h1):
            close_list[np.where((close_list[:,0]==x0)&(close_list[:,1]==y0)),
4]=x1
            close_list[np.where((close_list[:,0]==x0)&(close_list[:,1]==y0)),
5]=y1
            close_list[np.where((close_list[:,0]==x0)&(close_list[:,1]==y0)),
2]=hy+h1
            hx=hy+h1
        return[hx,list(close_list.tolist())]
```

（7）函数find_neighbor2用于在给定的地图上查找指定点的邻居节点，并根据特定条件更新这些节点的信息。具体而言，该函数根据传入的参数和条件更新close_list中节点的信息，并将满足条件的节点添加到open_list中，同时更新地图上相应位置的状态。

```
    def find_neighbor2(x0,y0,x1,y1,k_old,hx,h1,close_list,open_list,map_grid):
        close_list=np.array(close_list)
        hy=close_list[np.where((close_list[:,0]==x1)&(close_list[:,1]==y1)),2][0]
        if(close_list[np.where((close_list[:,0]==x1)&(close_list[:,1]==y1)), 4]==
x0 and close_list[
              np.where((close_list[:,0]==x1)&(close_list[:,1]==y1)),5]==y0 and
(hy!=hx+h1))or(
               (hy>hx+h1)and(
               (close_list[np.where((close_list[:,0]==x1)&(close_list[:,1]==y1)),
4]!=x0)or(
                close_list[np.where((close_list[:,0]==x1)&(close_list[:,1]==y1)),
5]!=y0))):
            close_list[np.where((close_list[:,0]==x1)&(close_list[:,1]==y1)),
4]=x0
            close_list[np.where((close_list[:,0]==x1)&(close_list[:,1]==y1)),
5]=y0
            close_list[np.where((close_list[:,0]==x1)&(close_list[:,1]==y1)),
2]=hx+h1
            Y=list(close_list[np.where((close_list[:,0]==x1)&(close_list[:,1]==
y1))][0])
```

```
            #把Y放入open_list中
            close_list=list(close_list.tolist())
            close_list.remove(Y)
            open_list.append(Y)
            map_grid[x1,y1]=3
        return[open_list,close_list,map_grid]
```

（8）函数find_neighbor3根据传入的参数和条件更新close_list中节点的信息，并将满足条件的节点添加到open_list中，同时更新地图上相应位置的状态。具体而言，函数find_neighbor3考虑了多种情况下的节点更新和操作，包括节点已被访问但需要更新、节点未被访问但需要加入open_list，以及节点已被访问但不需要更新等情况。

```
    def find_neighbor3(x0,y0,x1,y1,k_old,hx,h1,close_list,open_list,map_grid):
        close_list=np.array(close_list)
        hy=close_list[np.where((close_list[:,0]==x1)&(close_list[:,1]==y1)),2][0]
        if(close_list[np.where((close_list[:,0]==x1)&(close_list[:,1]==y1)),
4]==x0 and close_list[
            np.where((close_list[:,0]==x1)&(close_list[:,1]==y1)),5]==y0 and(hy!=
hx+h1)):
            close_list[np.where((close_list[:,0]==x1)&(close_list[:,1]==y1)),
4]=x0
            close_list[np.where((close_list[:,0]==x1)&(close_list[:,1]==y1)),
5]=y0
            close_list[np.where((close_list[:,0]==x1)&(close_list[:,1]==y1)),
2]=hx+h1
            Y=list(close_list[np.where((close_list[:,0]==x1)&(close_list[:,1]==
y1))][0])
            #把Y放入open_list中
            close_list=list(close_list.tolist())
            close_list.remove(Y)
            open_list.append(Y)
            map_grid[x1,y1]=3
        else:
            if((close_list[np.where((close_list[:,0]==x1)&(close_list[:,1]==y1)),
4]!=x0 or close_list[
                np.where((close_list[:,0]==x1)&(close_list[:,1]==y1)),5]!=y0)and
(hy>hx+h1)):
                #print(list(close_list[np.where((close_list[:,0]==x0)&(close_list
[:,1]==y0))][0]))
                if map_grid[x0,y0]!=3:
                    X=list(close_list[np.where((close_list[:,0]==x0)&(close_
list[:,1]==y0))][0])
                    close_list=list(close_list.tolist())
                    close_list.remove(X)
                    open_list.append(X)
                else:
                    open_list=np.array(open_list)
                    X=list(open_list[np.where((open_list[:,0]==x0)&(open_list[:,
1]==y0))][0])
                    open_list=list(open_list.tolist())
            #    #把Y放入open_list中
```

```
            map_grid[x0,y0]=3
        else:
            if((close_list[np.where((close_list[:,0]==x1)&(close_list[:,1]==
y1)),4]!=x0 or close_list[
                np.where((close_list[:,0]==x1)&(close_list[:,1]==y1)),5]!=y0)
and(hx>hy+h1))and \
                    map_grid[x1,y1]==4 and hy>k_old:
                if map_grid[x1,y1]!=3:
                    Y=list(close_list[np.where((close_list[:,0]==x1)&(close_
list[:,1]==y1))][0])
                    close_list=list(close_list.tolist())
                    close_list.remove(Y)
                    open_list.append(Y)
                else:
                    open_list=np.array(open_list)
                    Y=list(open_list[np.where((open_list[:,0]==x1)&(open_
list[:,1]==y1))][0])
                    open_list=list(open_list.tolist())
                #把Y放入open_list中
                map_grid[x1,y1]=3

    return[open_list,close_list,map_grid]
```

（9）函数process_state用于迭代地更新open_list、close_list和地图状态，直到满足终止条件为止。在每一次迭代中，程序会从open_list中弹出具有最小*k*值的节点，并将其加入close_list中。然后，根据节点的*k*值和*h*值，以及与之相邻的节点的状态，进行分类处理。如果节点处于上升状态，则更新其邻居节点的信息；如果节点处于下降状态，则根据其邻居节点的状态进行相应的操作。最后，当open_list中最小的*k*值大于等于当前节点的*h*值时，停止迭代。然后，根据close_list中记录的路径信息，生成避障路径，并将结果可视化输出。

```
def process_state(open_list,close_list,map_grid):
    #修改这个点的h值
    open_list.sort(key=lambda x:x[3]) #先排序，选择k最小的节点
    X=open_list[0]                    #X表示k最小的节点
    x0=int(X[0])
    y0=int(X[1])
    close_list.append(X)              #将它放入closelist
    map_grid[x0,y0]=4
    open_list.remove(X)
    #从openlist中删除这个节点
    #分类处理：(该节点处于lower状态，该节点处于lower状态)
    k_old=X[3]
    hx=X[2]
    #print(close_list)

    if k_old<hx:                      #k_old是上升状态
        x1=x0
        y1=y0-1
        h1=10
        [hx,close_list]=find_neighbor(x0,y0,x1,y1,k_old,hx,h1,close_list)
```

```
            x1=x0-1
            y1=y0-1
            h1=14
            [hx,close_list]=find_neighbor(x0,y0,x1,y1,k_old,hx,h1,close_list)

            x1=x0-1
            y1=y0
            h1=10
            [hx,close_list]=find_neighbor(x0,y0,x1,y1,k_old,hx,h1,close_list)

            x1=x0-1
            y1=y0+1
            h1=14
            [hx,close_list]=find_neighbor(x0,y0,x1,y1,k_old,hx,h1,close_list)

            x1=x0
            y1=y0+1
            h1=10
            [hx,close_list]=find_neighbor(x0,y0,x1,y1,k_old,hx,h1,close_list)

            x1=x0+1
            y1=y0+1
            h1=14
            [hx,close_list]=find_neighbor(x0,y0,x1,y1,k_old,hx,h1,close_list)

            x1=x0+1
            y1=y0
            h1=10
            [hx,close_list]=find_neighbor(x0,y0,x1,y1,k_old,hx,h1,close_list)

            x1=x0+1
            y1=y0-1
            h1=14
            [hx,close_list]=find_neighbor(x0,y0,x1,y1,k_old,hx,h1,close_list)

        open_list.sort(key=lambda x:x[3]) #先排序，选择k最小的节点
        k_min=open_list[0][3]#

        return[open_list,list(close_list),map_grid,k_min,hx]

    while k_min<hx:
        [open_list,close_list,map_grid,k_min,hx]=process_state(open_list,
close_list,map_grid)


    #避障
    second_path=[]
    close_list=np.array(close_list)
    xn=0
    yn=3
```

```
    while xn!=7 or yn!=3:
        list1=list(close_list[np.where((close_list[:,0]==xn)&(close_
list[:,1]==yn))][0])
        xn=int(list1[4])
        yn=int(list1[5])
        second_path.append(list1)

    second_path.append([7,3,0,0,None,None])
    draw_effect(map_grid,second_path)
    print("Find it")
```

执行后会绘制避障可视化图，如图6.2所示。

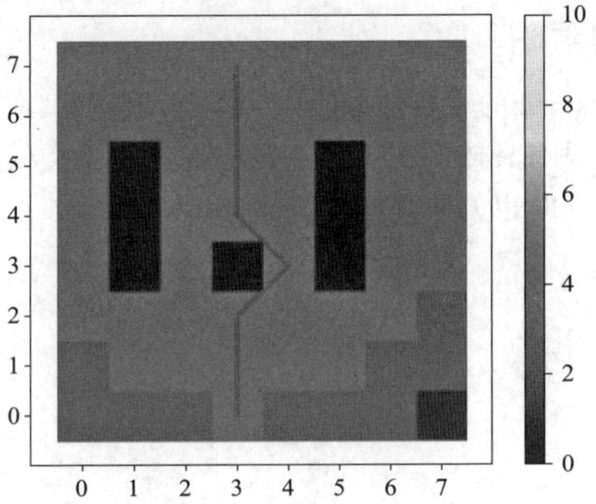

图6.2　避障可视化图

6.4　综合实战——基于D*算法的动态路径规划可视化系统

本项目实现了基于D*算法的动态路径规划系统，具备动态环境适应性、高效路径规划、用户友好界面和开放可扩展性等功能（codes/6/Dynamic-A-D-algorithm/）。

6.4.1　项目介绍

本“动态路径规划可视化系统”是一款基于D*算法的路径规划系统，旨在为用户提供灵活、高效的路径规划解决方案。该系统以实时动态环境变化为特色，能够即时响应环境的变化，实现路径的动态规划和实时修正。无论是机器人导航、自动驾驶、无人机飞行还是其他需要路径规划的场景，该系统都能提供可靠的路径规划支持。

1. 主要特点

（1）动态环境适应性：系统能够动态响应环境变化，及时更新路径规划结果，保证路径的有效性和安全性。

（2）高效路径规划：基于D*算法的路径规划算法，具有较高的路径规划效率和优化能力，能够在复杂环境中快速生成最优路径。

（3）开放性与可扩展性：系统提供灵活的接口和扩展能力，可以方便地与其他系统集成，满足不同领域的路径规划需求。

2. 应用领域

（1）机器人导航：用于机器人在复杂环境中的路径规划，实现自主导航和避障功能。

（2）自动驾驶：用于自动驾驶汽车、无人车等车辆的路径规划和导航，保证行驶安全和效率。

（3）无人机飞行：用于无人机在空中的路径规划和航行，实现任务执行和地理勘测等功能。

（4）物流配送：用于物流配送系统中的路径规划和货物运输，提高配送效率和服务质量。

本“动态路径规划系统”将为用户提供可靠、高效的路径规划解决方案，助力各种应用场景下的智能化和自动化发展。

6.4.2 D*算法功能的声明

在本项目中，文件myDstar.h的主要功能是声明类D_star及其成员函数和成员变量，定义了类D_star的接口和结构，但没有具体的实现。这样的设计使得类的声明与实现分离，可以提高代码的模块化和可维护性，同时也方便其他文件包含并使用该类。

```
#include <iostream>
#include <fstream>
#include <tuple>
#include <map>
#include <math.h>
#include <string>
#include <vector>
using namespace std;

class D_star
{
public:
    explicit D_star();
    map<tuple<int,int,int>,double>Alldirec;      //27个方向，获得子节点
    map<tuple<int,int,int>,tuple<int,int,int>>b; //记录反向指针，即从一个节点指
                                                   向父节点，D*是反着指的
    map<tuple<int,int,int>,double>OPEN;          //开节点集
    map<tuple<int,int,int>,double>h;             //路径耗散记录表
    map<tuple<int,int,int>,string>tag;           //标志：Open Closed New
    vector<tuple<int,int,int>>path;              //记录规划路径的容器
    int count;                                   //记录迭代次数

    tuple<int,int,int>start;                     //起始点位置
    tuple<int,int,int>goal;                      //终止点位置

    double cost(tuple<int,int,int>&,tuple<int,int,int>&);
                                                 //欧式距离计算函数（碰撞返回一
                                                   个大数）
    void check_state(tuple<int,int,int>&);       //添加信息
    double get_kmin();                           //获取开节点集最小值
    tuple<tuple<int,int,int>,double>min_state(); //获取开节点集最小值并弹出元素
    void insert(tuple<int,int,int>&,double&);    //插入开节点集并更新h表
    double process_state();                      //D*核心算法详见原论文
```

```
    vector<tuple<int,int,int>>children(tuple<int,int,int>&);   //获取子节点
    void modify_cost(tuple<int,int,int>&);    //更新动态环境下节点信息
    void modify(tuple<int,int,int>&);         //同上，配合使用
    void get_path();                          //获取规划路径
    void run();                               //主函数
    void save_path(string);                   //保存路径到csv

    /*运动障碍球信息*/
    double obs_r;
    tuple<int,int,int>obs_pos;
};
```

在上述代码中声明了如下成员变量：

- Alldirec：用于存储所有方向的信息，用于获取子节点。
- b：记录反向指针，即从一个节点指向父节点。
- OPEN：开节点集，存储待扩展的节点。
- h：路径耗散记录表。
- tag：标志节点的状态，包括 Open、Closed、New。
- path：记录规划路径的容器。
- count：记录迭代次数。
- start：起始点位置。
- goal：终止点位置。
- obs_r：运动障碍球的半径。
- obs_pos：运动障碍球的位置。

在上述代码中声明的成员函数如下：

- cost：计算两个节点之间的欧式距离。
- check_state：添加节点信息。
- get_kmin：获取开节点集中的最小值。
- min_state：获取开节点集中的最小值并弹出元素。
- insert：向开节点集中插入节点并更新路径耗散记录表。
- process_state：D*核心算法的实现。
- children：获取指定节点的子节点。
- modify_cost：更新动态环境下节点信息。
- modify：同上，配合使用。
- get_path：获取规划路径。
- run：主函数，用于执行 D*算法。
- save_path：将规划路径保存到 CSV 文件中。

6.4.3　D*算法功能的实现

在本项目中，文件myDstar.cpp实现了文件myDstar.h中类D_star的各个成员函数的具体功能，包括节点处理、路径计算、路径修正和保存等功能，执行D*算法的核心逻辑。文件myDstar.cpp的具体实现流程如下：

（1）D_star::D_star()是类D_star的构造函数，它在对象被创建时自动调用，用于初始化对象

的成员变量或执行其他必要的初始化操作。

```
#include "myDstar.h"
using namespace std;
D_star::D_star()
{
    //初始化
    for(int i=-1;i<2;i++)
    {
        for(int j=-1;j<2;j++)
        {
            for(int k=-1;k<2;k++)
            {
                tuple<int,int,int>t(i,j,k);
                double d=sqrt(i*i+j*j+k*k);
                this->Alldirec.insert(make_pair(t,d));
            }
        }
    }
    this->b.clear();
    this->OPEN.clear();
    this->h.clear();
    this->tag.clear();
    this->path.clear();

    start=make_tuple(4,4,3);     //这里是起始点（填整数，整数也能外推到小数的情况）
    goal=make_tuple(16,16,3);    //这里是终止点

    obs_r=2;                     //初始障碍球半径
    obs_pos=make_tuple(10,10,3); //初始障碍球位置

    count=0;
}
```

（2）D_star::check_state(tuple<int,int,int>&t)是类D_star中的一个成员函数，用于检查给定节点的状态，并根据需要添加节点信息。具体来说，这个函数接受一个三元组参数*t*，表示待检查状态的节点坐标，然后检查该节点是否已经存在于路径耗散记录表和标志表中，如果不存在，则添加该节点并初始化其状态。

```
void D_star::check_state(tuple<int,int,int>&t)
{
    if(this->h.find(t)==this->h.end())
    {
        this->h.insert(make_pair(t,0));
    }
    if(this->tag.find(t)==this->tag.end())
    {
        this->tag.insert(make_pair(t,"New"));
    }
}
```

（3）D_star::get_kmin()是类D_star中的一个成员函数，用于获取开节点集（OPEN）中的最小值。具体来说，该函数遍历开节点集，找到其中最小的节点值，并将其返回。

```
double D_star::get_kmin()
{
    /*拿到OPEN中最小值*/
    if(!this->OPEN.empty())
    {
        double min_value=1000;
        for(auto it=OPEN.begin();it!=OPEN.end();++it)
        {
            if(it->second<min_value)
            {
                min_value=it->second;
            }
        }
        return min_value;
    }
    return-1;
}
```

（4）D_star::min_state()是类D_star中的一个成员函数，用于获取开节点集（OPEN）中的最小值以及对应的节点。该函数返回一个包含最小节点和其值的元组。

```
tuple<tuple<int,int,int>,double> D_star::min_state()
{
    /*弹出OPEN最小值*/
    if(!this->OPEN.empty())
    {
        double min_value=this->get_kmin();
        for(auto it=OPEN.begin();it!=OPEN.end();++it)
        {
            if(it->second==min_value)
            {
                tuple<tuple<int,int,int>,double>t=make_tuple(it->first,min_value);
                OPEN.erase(it);
                return t;
            }
        }
    }
    tuple<tuple<int,int,int>,int>t=make_tuple(tuple<int,int,int>(-1,-1,-1),
-1);
    return t;
}
```

（5）D_star::insert(tuple<int,int,int>&x,double& h_new)是类D_star中的一个成员函数，用于向开节点集（OPEN）中插入新的节点，并更新路径耗散记录表（h表）。具体来说，该函数接受一个节点坐标x和一个新的路径耗散值h_new，根据节点的当前状态（New、Open、Closed）选择合适的节点代价，并将节点插入开节点集中，同时更新节点的路径耗散值。

```
void D_star::insert(tuple<int,int,int>&x,double& h_new)
```

```
{
    /*插入OPEN表并更新h*/
    double kx;
    if(tag[x]=="New")
    {
        kx=h_new;
    }
    if(tag[x]=="Open")
    {
        kx=OPEN[x]<h_new ? OPEN[x]:h_new;
    }
    if(tag[x]=="Closed")
    {
        kx=h[x]<h_new ? h[x]:h_new;
    }
    if(x==tuple<int,int,int>(7,7,3))
    {
        int aaa=0;
    }
    OPEN[x]=kx;
    h[x]=h_new;
    tag[x]="Open";
}
```

（6）D_star::cost(tuple<int,int,int>&a,tuple<int,int,int>&b)是类D_star中的一个成员函数，用于计算两个节点之间的代价（cost），通常表示这两个节点之间的距离或者路径上的消耗。具体来说，这个函数接受两个节点的坐标作为参数，并计算它们之间的代价，通常是欧式距离或其他距离度量方法。在这个函数中，还可能考虑到动态环境下的特殊情况，如碰撞检测等。

```
double D_star::cost(tuple<int,int,int>&a,tuple<int,int,int>&b)
{
    /*欧式距离函数，当碰撞时返回一个非常大的值*/
    int x1=get<0>(a);
    int y1=get<1>(a);
    int z1=get<2>(a);

    int x2=get<0>(b);
    int y2=get<1>(b);
    int z2=get<2>(b);

    int obs_x=get<0>(obs_pos);
    int obs_y=get<1>(obs_pos);
    int obs_z=get<2>(obs_pos);

    if((sqrt((x1-obs_x)*(x1-obs_x)+(y1-obs_y)*(y1-obs_y)+(z1-obs_z)*(z1-
obs_z))<obs_r)||
        (sqrt((x2-obs_x)*(x2-obs_x)+(y2-obs_y)*(y2-obs_y)+(z2-obs_z)*(z2-
obs_z))<obs_r))
    {
        return 1000;
    }
```

```
        else
        {
            return sqrt((x1-x2)*(x1-x2)+(y1-y2)*(y1-y2)+(z1-z2)*(z1-z2));
        }
    }
```

（7）D_star::children(tuple<int,int,int>& x)是类D_star中的一个成员函数，用于获取指定节点x的子节点。具体来说，该函数根据当前节点的位置，通过遍历所有可能的方向，计算子节点的坐标，并返回一个包含所有子节点的向量。在计算子节点时，会考虑到边界条件或者避开障碍物的情况。

```
    vector<tuple<int,int,int>>D_star::children(tuple<int,int,int>& x)
    {
        /*获取子节点坐标*/
        vector<tuple<int,int,int>>allchild;
        for(auto it=Alldirec.begin();it!=Alldirec.end();++it)
        {
            auto direc=it->first;
            int xx=get<0>(x)+get<0>(direc);
            int yy=get<1>(x)+get<1>(direc);
            int zz=get<2>(x)+get<2>(direc);
            tuple<int,int,int>child=make_tuple(xx,yy,zz);
            int obs_x=get<0>(obs_pos);
            int obs_y=get<1>(obs_pos);
            int obs_z=get<2>(obs_pos);
            if(sqrt((xx-obs_x)*(xx-obs_x)+(yy-obs_y)*(yy-obs_y)+(zz-obs_z)*(zz-
obs_z))<=obs_r)continue;
            if(xx<0 || xx>20 ||
                yy<0 || yy>20 ||
                zz<0 || zz>10)continue;
            allchild.push_back(child);
        }
        return allchild;
    }
```

（8）D_star::process_state()是类D_star中的一个成员函数，是D*算法的核心函数之一。该函数执行 D*算法的一个迭代步骤，主要完成以下工作：

①从开节点集（OPEN）中选择并移除具有最小代价的节点，这个节点通常是当前路径规划中最有希望的节点。

②将这个节点标记为已关闭状态（Closed）。

③根据这个节点的邻居节点，更新其路径耗散值（h值）和父节点指针，以及将这些邻居节点插入开节点集中。

在更新节点时，会根据节点的状态（New、Open、Closed）选择合适的节点代价，并进行相应的更新。函数D_star::process_state()的返回值通常是开节点集中最小值的路径耗散值，用于迭代过程的控制。

```
    double D_star::process_state()
    {
```

```
/*核心函数*/
tuple<tuple<int,int,int>,double>temp=this->min_state();
tuple<int,int,int>x=get<0>(temp);
double kold=get<1>(temp);
this->tag[x]="Closed";
if(x==tuple<int,int,int>(-1,-1,-1))return-1;
this->check_state(x);

if(kold<h[x])
{
    auto allchild=children(x);
    for(auto it=allchild.begin();it!=allchild.end();++it)
    {
        tuple<int,int,int>y=*it;
        check_state(y);
        double a=h[y]+cost(y,x);
        if(h[y]<=kold && h[x]>a)
        {
            b[x]=y;
            h[x]=a;
        }
    }
}
if(kold==h[x])
{
    auto allchild=children(x);
    for(auto it=allchild.begin();it!=allchild.end();++it)
    {
        tuple<int,int,int>y=*it;
        check_state(y);
        double bb=h[x]+cost(x,y);
        if(tag[y]=="New" ||(b[y]==x && h[y]!=bb)||(b[y]!=x && h[y]>bb))
        {
            b[y]=x;
            insert(y,bb);
        }
    }
}
else
{
    auto allchild=children(x);
    for(auto it=allchild.begin();it!=allchild.end();++it)
    {
        tuple<int,int,int>y=*it;
        check_state(y);
        double bb=h[x]+cost(x,y);
        if(tag[y]=="New" ||(b[y]==x && h[y]!=bb))
        {
            b[y]=x;
            insert(y,bb);
        }
```

```
            else
            {
                if(b[y]!=x && h[y]>bb)
                {
                    insert(x,h[x]);
                }
                else
                {
                    if(b[y]!=x && h[y]>bb && tag[y]=="Closed" && h[y]==kold)
                    {
                        insert(y,h[y]);
                    }
                }
            }
        }
    }
    return get_kmin();
}
```

（9）D_star::modify_cost(tuple<int,int,int>& x)是类D_star中的一个成员函数，用于在节点的代价发生变化时更新该节点的路径耗散值（*h*值）。具体来说，该函数接受一个节点坐标*x*，并根据该节点的父节点和新的路径代价，更新该节点的路径耗散值。在通常情况下，这个函数被用于处理环境发生变化时的路径更新工作。

```
void D_star::modify_cost(tuple<int,int,int>& x)
{
    auto xparent=b[x];
    if(tag[x]=="Closed")
    {
        double temp=h[xparent]+cost(x,xparent);
        insert(x,temp);
    }
}
```

（10）D_star::modify(tuple<int,int,int>& x)是类D_star中的一个成员函数，用于在节点的代价发生变化时对路径进行修正。具体来说，该函数接受一个节点坐标*x*，并调用函数modify_cost()更新该节点的路径耗散值，然后循环调用函数process_state()，直到开节点集中的最小值大于等于当前节点的路径耗散值。通常在环境发生变化后调用函数D_star::modify(tuple<int,int,int>& x)，用于修正路径，保证路径的最优性。

```
void D_star::modify(tuple<int,int,int>& x)
{
    modify_cost(x);
    while(true)
    {
        double kmin=process_state();
        if(kmin>=h[x])break;
    }
}
```

（11）D_star::get_path()是类D_star中的一个成员函数，用于获取规划好的路径。具体来说，函数D_star::get_path()从终点开始，沿着父节点指针链依次向起点方向遍历，直到到达起点位置。在这个过程中，将经过的每个节点加入路径容器中。最终得到的路径容器即为规划好的路径。

```
void D_star::get_path()
{
    /*获取路径*/
    path.clear();
    tuple<int,int,int>s=goal;
    tuple<int,int,int>x=start;
    path.push_back(x);
    do
    {
        x=b[x];
        path.push_back(x);
    } while(x!=s);
}
```

（12）D_star::run()是类D_star中的一个成员函数，是该类的主要函数，用于执行 D*算法的路径规划过程。具体来说，函数D_star::run()实现了如下功能：

①在静态环境下执行D*算法的路径规划，直到起点被标记为关闭状态。

②获取规划好的路径。

③保存路径到CSV文件中。

④面对环境变化时进行小范围的replan：

⑤修改障碍物的位置。

⑥对路径进行修正，保证路径的有效性。

⑦获取修正后的路径。

⑧将修正后的路径保存到CSV文件中。

函数D_star::run()通过对D*算法的多次迭代，实现了路径规划的目标，并在环境发生变化时对路径进行了实时的修正和更新。

```
void D_star::run()
{
    //D*算法首先需要计算静态环境下的h
    OPEN[goal]=0;
    tag[start]="New";
    while(true)
    {
        cout<<"程序正向执行了"<<++count<<"个迭代回合。"<<endl;
        process_state();
        if(tag[start]=="Closed")break;
    }
    get_path();
    save_path("path1.csv");
    cout<<"记录已经保存"<<endl;

    //D*面对变化后的环境进行小范围replan
    for(int i=1;i<3;++i)
```

```
    {
        obs_pos=make_tuple(9-i,9-i,3);//新的障碍位置（这里可以设置为动态变化的位置）
        auto s=start;
        while(s!=goal)
        {
            auto sparent=b[s];
            if(cost(s,sparent)>500)
            {
                modify(s);
                continue;
            }
            s=sparent;
        }
        get_path();
        char load_dir[10];
        sprintf_s(load_dir,"%s%d%s","path",i+1,".csv");
        save_path(load_dir);
        cout<<"记录已经保存"<<endl;
    }
}
```

（13）D_star::save_path(string load_dir)是类D_star中的一个成员函数，用于将规划好的路径保存到指定的CSV文件中。具体来说，该函数接受一个字符串参数load_dir，表示保存路径的文件路径，然后将规划好的路径逐行写入该文件中，以便后续的路径可视化或其他处理。

```
void D_star::save_path(string load_dir)
{
    /*保存数据*/
    ofstream ofs;
    ofs.open(load_dir,ios::out);
    for(auto it=path.begin();it!=path.end();++it)
    {
        tuple<int,int,int>xyz=*it;
        int x=get<0>(xyz);
        int y=get<1>(xyz);
        int z=get<2>(xyz);
        if(it!=path.end()-1)
        {
            ofs<<x<<","<<y<<"," <<z<<endl;
        }
        else
        {
            ofs<<x<<","<<y<<","<<z;
        }
    }
    ofs.close();
}
```

6.4.4 主程序

在本项目中，文件Dstar.cpp作为项目的入口点，主要包含了main函数。在main函数中，它完成了以下功能：

（1）创建了一个D_star类的对象D。

（2）调用D对象的run函数来执行D*算法的路径规划过程。

（3）返回0，表示程序正常结束。

文件Dstar.cpp的具体实现代码如下：

```
#include <iostream>
#include "myDstar.h"
#include <tuple>
using namespace std;

int main()
{
    D_star D;
    D.run();

    return 0;
}
```

通过文件Dstar.cpp，可以测试和运行实现在myDstar.h和myDstar.cpp中的D_star类，查看D*算法在特定环境下的路径规划效果。执行后会输出：

```
程序正向执行了1个迭代回合。
程序正向执行了2个迭代回合。
程序正向执行了3个迭代回合。
程序正向执行了4个迭代回合。
程序正向执行了5个迭代回合。
程序正向执行了6个迭代回合。
程序正向执行了7个迭代回合。
程序正向执行了8个迭代回合。
程序正向执行了9个迭代回合。
程序正向执行了10个迭代回合。
程序正向执行了11个迭代回合。
程序正向执行了12个迭代回合。
程序正向执行了13个迭代回合。
程序正向执行了14个迭代回合。
程序正向执行了15个迭代回合。
程序正向执行了16个迭代回合。
程序正向执行了17个迭代回合。
程序正向执行了18个迭代回合。
程序正向执行了19个迭代回合。
//省略大部分输出结果
程序正向执行了4167个迭代回合。
程序正向执行了4168个迭代回合。
程序正向执行了4169个迭代回合。
程序正向执行了4170个迭代回合。
程序正向执行了4171个迭代回合。
程序正向执行了4172个迭代回合。
程序正向执行了4173个迭代回合。
程序正向执行了4174个迭代回合。
```

```
程序正向执行了4175个迭代回合。
程序正向执行了4176个迭代回合。
程序正向执行了4177个迭代回合。
记录已经保存
记录已经保存
记录已经保存
```

上面的输出结果表明程序正在执行迭代回合，并且在每个迭代回合中执行了正向操作。最后，打印输出了记录已经保存的消息。并将路径规划结果保存到了三个CSV文件中，分别为"path1.csv"、"path2.csv"和"path3.csv"。例如，文件path1.csv的内容如下：

```
4,4,3
5,5,3
6,6,3
7,7,3
7,8,3
7,9,3
7,10,3
8,11,3
9,12,3
10,13,3
11,14,3
12,15,3
13,16,3
14,16,3
15,16,3
16,16,3
```

由此可见，文件path1.csv记录了一条从起始点到目标点的路径坐标信息。每一行表示路径上的一个节点，节点的坐标由逗号分隔的三个数字表示，分别代表节点的x、y、z坐标。路径的起始点是(4,4,3)，终止点是(16,16,3)，路径经过了一系列节点坐标，最终到达终点(16,16,3)。

可以使用MATLAB打开文件draw.mlx，用来绘制路径规划的可视化结果，或者包含了与路径规划相关的其他图形展示和说明。绘制的可视化结果保存为“动画.gif”，如图6.3所示。

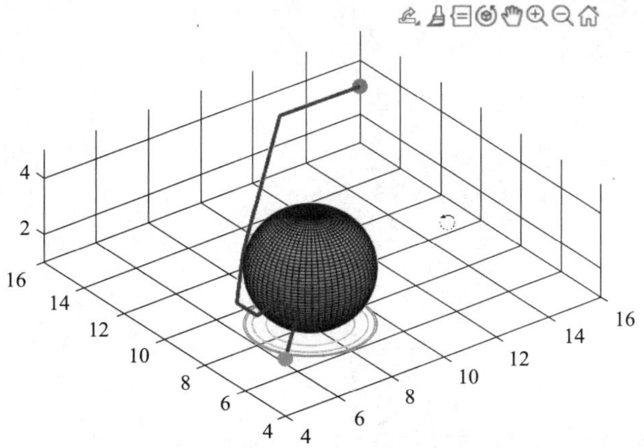

图6.3　路径规划的可视化结果

小　结

本章深入探讨了D*算法，首先阐明了动态路径规划算法的基本概念，并与静态路径规划进行对比，强调了动态路径规划在复杂环境中的重要性。接着，详细介绍了D*算法的背景、发展历程及其核心原理，分析了其实现步骤和与A*算法的比较，帮助读者理解D*算法的独特之处。通过迷宫探索和动态障碍物处理的实际案例，展示了D*算法在动态环境中的应用效果与灵活性。最后，介绍了基于D*算法的动态路径规划可视化系统的实现，结合项目实践，加深了对D*算法的理解，使理论与实际相结合，提升了路径规划的应用能力。

习　题

一、填空题

1. D*算法是一种____________路径规划算法，适用于动态环境中的路径计算。

2. 与静态路径规划算法不同，动态路径规划算法能够及时应对____________的变化，如障碍物的出现。

3. D*算法的主要特点是能够在遇到____________时，快速更新最短路径而无须重新计算整个路径。

二、思考题

1. D*算法相较于A*算法在处理动态环境时的优势是什么？请具体讨论。

2. 在实际应用中，如何评估D*算法的性能？请讨论几个关键指标。

第7章 D*Lite算法

D*Lite算法是一种高效的动态路径规划算法，基于D*算法改进而成，特别适用于智能网联汽车在复杂动态环境中的路径规划。在智能网联汽车领域，D*Lite算法可用于自动驾驶车辆的实时路径规划，特别是在城市交通中应对突发情况（如交通事故、道路施工）时，能够高效地重新规划路径，确保车辆安全、高效地到达目的地。本章将详细介绍D*Lite算法的原理、实现步骤，以及如何将其应用于智能网联汽车的动态路径规划系统中，并通过可视化系统展示其在复杂环境中的应用效果。

学习目标

◎ 理解D*Lite算法的背景与应用：掌握D*Lite算法的发展历程，了解其在动态路径规划中的重要性及应用领域，特别是在机器人导航和智能系统中的应用。

◎ 深入学习D*Lite算法的核心思想：掌握D*Lite算法的基本思想、实现步骤及其与传统D*算法的区别，理解其在路径规划中的优势。

◎ 掌握D*Lite算法的实现方法：通过项目实践，学习如何在可视化系统中实现D*Lite算法，包括运算符重载、优先队列的使用以及绘制地图的步骤。

◎ 探索智能路径导航系统的构建：学习如何建模和初始化环境，应用D*Lite算法进行路径规划，设计并实现可视化界面，理解其在智能导航中的实际应用。

◎ 实践调试与运行：通过调试运行项目，巩固对D*Lite算法的理解，提升解决实际问题的能力，确保算法在真实场景中的有效性和可靠性。

7.1 D*Lite算法简介

动态路径规划算法是用于在移动体（如机器人、车辆、飞行器等）在不确定环境中实时规划路径的一类算法。与静态路径规划算法不同，动态路径规划算法能够在运动过程中根据环境的变化实时调整路径，以适应新的情况和条件。

7.1.1 背景与历史

D*Lite算法是D*算法的改进版本，旨在解决在动态环境中进行路径规划的问题。以下是

D*Lite算法的背景和发展历程信息。

（1）D*算法：D*算法是一种增量式路径规划算法，最初由Anthony Stentz于1994年提出。它是针对动态环境中路径规划的问题而设计的，通过动态地更新路径来适应环境的变化。

（2）D*Lite的提出：D*Lite算法是在D*算法基础上的改进，由Sven Koenig和Maxim Likhachev于2002年提出。D*Lite算法通过引入一些新的优化和改进，如使用双向搜索、启发式信息等，提高了在动态环境中路径规划的效率和实用性。

（3）应用和发展：D*Lite算法被广泛应用于机器人导航、无人车自动驾驶、无人机路径规划等领域。随着对动态环境路径规划需求的增加，研究人员对D*Lite算法进行了进一步改进和扩展，以满足不同应用场景的需求。例如，一些变种算法如D*Extra Lite算法、Field D*算法等也相继被提出。

（4）性能评估和应用实践：D*Lite算法在各种仿真环境和实际应用中都得到了广泛测试和验证。研究人员对其性能进行了评估，并提出了一些针对特定场景的改进策略。实际应用中，D*Lite算法在动态环境下的路径规划问题中发挥了重要作用，为机器人和自动化系统提供了高效的路径规划解决方案。

总的来说，D*Lite算法作为D*算法的改进版本，为解决动态环境下的路径规划问题提供了有效的解决方案，并在相关领域的应用中得到了广泛的认可和应用。

7.1.2 应用领域与场景

D*Lite算法在许多领域和场景中都有广泛的应用，特别是在需要在动态环境下进行实时路径规划的应用中。在下面的内容中，列出了一些D*Lite算法常见的应用领域和场景。

（1）机器人导航：在机器人导航领域，特别是移动机器人或无人机的路径规划中，D*Lite算法可以帮助机器人快速且有效地规划路径，以避开障碍物并到达目标位置。在动态环境中，机器人需要及时调整路径以适应环境的变化，D*Lite算法能够实现这一目标。

（2）无人车自动驾驶：对于无人车的自动驾驶系统，D*Lite算法可以用于规划车辆的路径，避开交通障碍物、行人和其他车辆，从而实现安全、高效的行驶。在城市环境中，道路状况和交通情况可能会不断变化，D*Lite算法可以根据实时情况快速更新路径。

（3）物流和仓储：在物流和仓储领域，D*Lite算法可以用于规划机器人或自动导航车辆的路径，以在仓库中快速搬运货物。当仓库中货物摆放位置发生变化或有新的障碍物出现时，D*Lite算法能够及时调整路径，以适应新的环境。

（4）搜索和救援：在搜索和救援任务中，D*Lite算法可以帮助搜索团队规划救援机器人或无人机的路径，以搜索受困者或灾区。由于救援现场的环境可能会不断变化，D*Lite算法的实时路径规划能力对提高搜索和救援效率至关重要。

（5）游戏开发：在电子游戏开发中，D*Lite算法可以用于虚拟角色的路径规划，使其能够在游戏世界中自主移动并避开障碍物。在动态的游戏环境中，D*Lite算法可以为游戏角色提供智能的路径规划能力，增强游戏的真实感和挑战性。

总的来说，D*Lite算法在需要实时路径规划的动态环境下具有广泛的应用前景，可以为各种应用场景提供高效、灵活的路径规划解决方案。

7.2　D*Lite算法的核心思想

D*Lite算法通过在环境变化时仅对受影响的部分路径进行局部更新，以及利用A*算法的启发式搜索特性，实现了在动态环境中高效进行路径规划的能力。

7.2.1　基本思想

D*Lite算法的基本思想是在动态环境中进行增量式的路径规划。它的设计灵感主要来自D*算法，旨在解决在动态环境中进行路径规划时遇到的问题。D*Lite算法的基本思想如下：

（1）增量式路径更新：D*Lite算法不是重新规划整条路径，而是在环境发生变化时仅更新受影响的部分路径。这种增量式的路径更新可以减少计算量，并使算法能够更快地适应环境的变化。

（2）局部搜索：当环境发生变化时，D*Lite算法通过对受影响的路径段进行局部搜索，以找到最优的路径更新。这种局部搜索的效率比重新规划整条路径要高得多，因为它只需要考虑受影响的部分路径。

（3）双向搜索：D*Lite算法采用双向搜索策略，在正向和反向两个方向上同时搜索路径。这种双向搜索可以加快路径搜索的速度，并且能够更快地找到最优路径。

（4）启发式信息：D*Lite算法利用启发式信息来指导路径搜索过程，以尽快找到最短路径。启发式信息可以帮助算法更有效地探索搜索空间，从而提高路径搜索的效率。

（5）动态调整代价值：D*Lite算法通过动态调整代价值来适应环境的变化。当环境发生变化时，算法会重新计算受影响路径段的代价值，并根据新的代价值更新路径。

综上所述，D*Lite算法的基本思想是通过增量式的路径更新和局部搜索，在动态环境中高效地进行路径规划。D*Lite算法利用双向搜索和启发式信息来加速路径搜索过程，并通过动态调整代价值来适应环境的变化。

7.2.2　D*Lite算法的实现步骤

D*Lite算法通过增量式的路径更新和局部搜索，在动态环境中实现高效的路径规划。其实现步骤主要包括路径更新、路径返回和循环迭代等。具体来说，D*Lite算法的实现步骤如下：

1. 初始化

（1）初始化起始状态和目标状态。

（2）设置初始路径为从起始状态到目标状态的最短路径（通常使用A*算法）。

（3）初始化代价图，记录每个网格的代价值。

2. 路径更新

（1）根据环境的变化，如障碍物的移动或出现，以及机器人的移动，需要更新路径。

（2）向目标搜索：从目标状态开始向起始状态搜索路径，并更新路径代价值。

（3）反向搜索：从起始状态开始向目标状态搜索路径，并更新路径代价值。

（4）比较路径：比较正向和反向搜索的路径，找到最短路径。

（5）更新代价值：根据新的路径更新代价图，以反映环境的变化。

3. 路径返回

根据更新的路径信息，机器人或者系统根据新的路径进行移动。

4. 循环迭代

（1）重复路径更新和路径返回步骤，随着环境的不断变化和机器人的移动，周期性地更新路径，并进行局部搜索。

（2）迭代直到达到终止条件（例如，机器人到达目标状态或者达到预设的最大迭代次数）。

5. 优化和终止条件

（1）根据具体应用情况添加一些优化策略，例如，设置最大迭代次数、设定收敛条件等。

（2）当达到终止条件时，算法停止执行，并输出最终的路径结果。

在实现D*Lite算法时，需要考虑如何有效地表示地图、设计路径搜索算法、更新代价值，以及如何根据环境变化动态地调整路径。D*Lite算法的核心是增量式的路径更新和局部搜索，以及适应环境变化的能力。

7.3 综合实战——可视化的D*Lite路径规划系统

本项目是一个基于D*Lite算法的路径规划器，通过库SFML实现了一个可视化的网格地图界面，能够进行交互式操作。DStarLite类实现了D*Lite算法的核心功能，用于在给定的网格地图中计算从起点到目标点的最短路径。CellGrid类用于管理和绘制地图的图形表示。整个项目提供了一个交互式的界面，让用户可以直观地看到路径规划的过程和结果（codes/7/DStarLite/）。

7.3.1 项目介绍

本项目是一个基于D*Lite算法的路径规划器，通过SFML库实现了一个可视化的网格地图界面。用户可以在地图上设置起点、目标点以及障碍物，并观察算法计算出的最短路径。

1. 功能特点

（1）可视化地图界面：使用SFML库创建了一个可视化的网格地图界面，用户可以直观地看到地图布局和路径规划结果。

（2）交互式操作：用户可以使用鼠标左键单击设置障碍物，右击清除障碍物，并且可以通过键盘上的【R】键来重置地图。

（3）D*Lite算法实现：使用DStarLite类实现了D*Lite算法，用于在给定的网格地图中计算从起点到目标点的最短路径。

（4）地图管理：使用CellGrid类管理和绘制地图的图形表示，包括起点、目标点、障碍物和路径等。

2. 项目价值

该项目为用户提供了一个直观、实用的路径规划工具，可用于演示和测试D*Lite算法在不同地图场景下的表现。用户可以通过调整地图布局和参数来观察算法的效果，从而更好地理解和学习路径规划算法。

7.3.2　运算符重载

文件util.hpp定义了一些实用函数和运算符重载，主要用于处理std::pair类型和std::vector类型的操作。

1. 运算符重载

（1）operator+：重载了+运算符，用于对两个std::pair进行元素相加操作。

（2）operator-：重载了-运算符，分为两种情况：

①重载了两个std::pair相减的操作。

②重载了单个std::pair的取反操作。

这些重载操作使得std::pair类型可以直接进行算术运算。

2. 函数arg_min()

函数arg_min()用于返回一个std::vector中最小元素的索引。它接受一个std::vector类型的参数，并使用函数std::min_element()找到最小元素，然后返回该最小元素的索引。注意，这个函数会复制一份输入的向量，因此如果对输入向量没有修改的需求，可以传递一个常引用来避免不必要的复制。

总的来说，文件util.hpp提供了一些方便的实用函数和运算符重载，以简化对std::pair和std::vector的操作。文件util.hpp的具体实现代码如下：

```
#ifndef __DSTARLITE_UTIL_HPP__
#define __DSTARLITE_UTIL_HPP__

#include <vector>
#include <utility>
#include <algorithm>

/**
 *@brief 加法重载'std::pair<T1,T2>`
 *
 *@tparam T1 第一个类型
 *@tparam T2 第二个类型
 *@param p1 第一个 std::pair
 *@param p2 第二个 std::pair
 *@return std::pair<T1,T2>返回类型为 std::pair<T1,T2>
 */
template<typename T1,typename T2>
std::pair<T1,T2>operator+(const std::pair<T1,T2>&p1,const std::pair<T1,T2>&p2)
{
  return {p1.first+p2.first,p1.second+p2.second};
}

/**
 *@brief 减法重载'std::pair<T1,T2>`
 *
 *@tparam T1 第一个类型
 *@tparam T2 第二个类型
 *@param p1 第一个 std::pair
 *@param p2 第二个 std::pair
```

```
 *@return std::pair<T1,T2>返回类型为 std::pair<T1,T2>
 */
template<typename T1,typename T2>
std::pair<T1,T2>operator-(const std::pair<T1,T2>&p1,const std::pair<T1,T2>&p2)
{
  return {p1.first-p2.first,p1.second-p2.second};
}

/**
 *@brief 取反运算符进行重载'std::pair<T1,T2>`
 *
 *@tparam T1 第一个类型
 *@tparam T2 第二个类型
 *@param p std::pair
 *@return std::pair<T1,T2>返回类型为 std::pair<T1,T2>
 */
template<typename  T1,typename  T2>std::pair<T1,T2>operator-(const
std::pair<T1,T2>&p)
{
  return {-p.first,-p.second};
}

/**
 *@brief 返回向量中最小元素的索引
 *
 *@tparam T 类型
 *@param v 向量
 *@return size_t 返回类型为 size_t
 */
template<typename T>size_t arg_min(std::vector<T>v)
{
  return std::min_element(v.begin(),v.end())-v.begin();
}

#endif /*__DSTARLITE_UTIL_HPP__ */
```

在上述代码中，实现了对std::pair类型的运算符重载功能，使得在D*Lite算法中对节点的操作更加方便。D*Lite算法中节点的表示通常使用std::pair类型，其中第一个元素是节点的坐标，第二个元素是节点的代价值或者其他属性。文件util.hpp提供了函数arg_min()，用于找到向量中最小元素的索引。在D*Lite算法中，经常需要找到最小值对应的索引，比如找到最小代价路径的下一个节点。

7.3.3 优先队列

文件PriorityQueue.hpp 定义了一个优先队列类PriorityQueue，它是对标准库中的优先队列进行了扩展，增加了一些额外的功能，比如根据元素的值来移除元素。文件PriorityQueue.hpp实现了一个优先队列，这在D*Lite算法中是必需的。D*Lite算法中需要根据节点的代价值来动态调整搜索顺序，优先队列是一种高效的数据结构，用于按照节点的代价值进行排序和访问。

注意：优先队列的实现支持了一些额外的功能，比如根据节点的值来更新其优先级、根据节点的值来移除节点，等等。这些功能在D*Lite算法的实现中可能会派上用场，比如在路径规划过程中需要动态更新节点的代价值。

文件PriorityQueue.hpp的具体实现代码如下：

```
#ifndef __DSTARLITE_PRIORITYQUEUE_HPP__
#define __DSTARLITE_PRIORITYQUEUE_HPP__

#include <vector>
#include <utility>
#include <algorithm>

using std::make_heap;
using std::pair;
using std::pop_heap;
using std::push_heap;
using std::vector;

/**
 *@brief 优先队列容器类。在STL实现中添加了“按值删除元素”的功能
 *
 *@tparam Tp 优先级的类型
 *@tparam Te 队列中元素的类型
 */
template<class Tp,class Te>class PriorityQueue
{
 public:
  /**
   *@brief 查看顶部元素的值并返回键值对。
   *
   *@return pair<Tp,Te>{优先级,元素}
   */
  pair<Tp,Te>top()const
  {
    return data.front();                //返回 {优先级,元素} 键值对
  }

  /**
   *@brief 查看顶部元素的键。
   *
   *@return Tp 优先级
   */
  Tp topKey()const
  {
    return data.front().first;          //仅返回优先级;
  }

  /**
   *@brief 返回当前容器中的元素数量。
   *
   *@return int
   */
  int size()const
  {
```

```
    return data.size();
  }

  /**
   *@brief 如果容器为空则返回true。
   *
   *@return true
   *@return false
   */
  bool empty()const
  {
    return data.empty();
  }

  /**
   *@brief 弹出顶部元素并返回键值对。
   *
   *@return pair<Tp,Te>{优先级,元素}
   */
  pair<Tp,Te>pop()
  {
    std::pop_heap(data.begin(),data.end(),std::greater<pair<Tp,Te>>{});
    pair<Tp,Te>temp=data.back();
    data.pop_back();
    return temp;
  }

  /**
   *@brief 将元素推入容器中
   *
   *@param elem
   *@param priority
   */
  void push(const Te &elem,const Tp &priority)
  {
    data.push_back({priority,elem});
    std::push_heap(data.begin(),data.end(),std::greater<pair<Tp,Te>>{});
  }

  /**
   *@brief 如果存在，则更新给定元素的优先级；否则，插入它。
   *
   *@param elem
   *@param priority
   */
  void update(const Te &elem,const Tp &priority)
  {
    auto &&it=find(elem);
    if(it==data.end())
    {
      push(elem,priority);
```

```
        return;
      }

      auto &[p,item]=*it;

      if(priority==p)
        return;
      p=priority;
      std::make_heap(data.begin(),data.end(),std::greater<pair<Tp,Te>>{});
    }

    /**
     *@brief 从容器中按值删除一个元素。
     *
     *@param elem
     */
    void remove(const Te &elem)
    {
      auto &&it=find(elem);
      if(it==data.end())
        return;

      data.erase(it);
      std::make_heap(data.begin(),data.end(),std::greater<pair<Tp,Te>>{});
    }

  private:
    vector<pair<Tp,Te>>data;

    /**
     *@brief 返回指向底层向量中元素的迭代器。
     *
     *@param elem
     *@return vector<pair<Tp,Te>>::iterator
     */
    typename vector<pair<Tp,Te>>::iterator find(const Te &elem)
    {
      for(auto it=data.begin();it!=data.end();it++)
      {
        if(elem==it->second)
        {
          return it;
        }
      }
      return data.end();
    }
};

#endif /*__DSTARLITE_PRIORITYQUEUE_HPP__ */
```

对上述代码的具体说明如下：

- top()：返回队列中优先级最高的元素（即队首元素）。
- topKey()：返回队列中优先级最高的元素的优先级。
- size()：返回队列中元素的个数。
- empty()：判断队列是否为空。
- pop()：移除队列中优先级最高的元素，并返回该元素的键值对。
- push(const Te &elem,const Tp &priority)：将一个元素插入队列中，并指定其优先级。
- update(const Te &elem,const Tp &priority)：更新队列中指定元素的优先级，如果该元素不存在则插入。
- remove(const Te &elem)：根据元素的值从队列中移除指定的元素。
- find(const Te &elem)：在队列中查找指定元素的迭代器。
- 使用std::vector<pair<Tp,Te>>作为内部存储结构，其中Tp表示优先级类型，Te表示队列元素类型。
- 在update()和remove()函数中，通过函数find()来查找指定元素，并根据找到的位置来更新、移除元素。

总的来说，文件PriorityQueue.hpp提供了一个功能更加丰富的优先队列实现，使得我们可以根据元素的值来进行一些额外的操作，而不仅仅局限于常规的插入和弹出操作。

7.3.4 实现D*Lite路径规划算法

在本项目中，文件DStarLite.hpp和DStarLite.cpp共同实现了D*Lite算法。其中文件DStarLite.hpp包含了DStarLite类的声明和成员函数的原型，定义了算法的接口和数据结构。而文件DStarLite.cpp包含了DStarLite类成员函数的具体实现，实现了D*Lite算法的各个步骤，包括计算最短路径、更新状态、计算启发式值等功能。

1. 声明文件

文件DStarLite.hpp定义了一个名为DStarLite的类，它实现了D*Lite路径规划算法。该算法能够在运动规划问题中计算机器人从起点到目标的最短路径。注意，文件DStarLite.hpp只包含了类DStarLite的声明，即类的成员函数的原型和成员变量的声明，而没有包含具体的实现。

```
#ifndef __DSTARLITE_DSTARLITE_HPP__
#define __DSTARLITE_DSTARLITE_HPP__

#include <vector>
#include <utility>
#include <algorithm>
#include <cmath>

#include "PriorityQueue.hpp"
#include "util.hpp"

#define _INF_ 0x2fffffff                          //稍小于 INT32_MAX，以避免溢出

typedef std::pair<int,int>State;                  //状态
typedef std::pair<int,int>Key;                    //键
typedef std::vector<std::vector<int>>Grid;        //网格
```

```
class DStarLite
{
public:
    DStarLite(const std::pair<int,int>&dim,const State &start,const State
&goal);                                              //构造函数
    std::vector<State>getPath()const;               //获取路径
    State peekNext(const State &s)const;            //查看下一个状态
    State moveNext();                                //移动到下一个状态
    void toggleCell(const State &u);                //切换单元格状态
    void blockCell(const State &u);                 //阻塞单元格
    void clearCell(const State &u);                 //清除单元格状态
    void updateMap(const Grid &newMap);             //更新地图

private:
    Grid _map;                                       //地图
    State s_start {0,0};                             //起点
    State s_goal {0,0};                              //终点
    State s_current {0,0};                           //当前位置
    Grid _g;                                         //g值，是每个位置到目标的估计距离
    Grid _rhs;                                       //rhs值，是基于g值的一步向前的值
    PriorityQueue<Key,State>U;                       //优先队列
    int km {0};                                      //km值
    std::vector<State>actions {{-1,0},{0,1},{1,0},{0,-1}};      //可用动作

    //计算最短路径
    void computeShortestPath();
    //更新顶点
    void updateVertex(const State &u);
    //计算rhs值
    int computeRHS(const State &u)const;
    //计算键值
    Key calculateKey(const State &s)const;
    //启发式函数
    int heuristic(const State &s1,const State &s2)const;
    //计算代价
    int cost(const State &s1,const State &s2)const;
    //获取邻居状态
    std::vector<State>neighborStates(const State &s)const;

    //获取地图值
    int map(const State &s)const;
    int &map(const State &s);
    //获取g值
    int g(const State &s)const;
    int &g(const State &s);
    //获取rhs值
    int rhs(const State &s)const;
    int &rhs(const State &s);
};

#endif /*__DSTARLITE_DSTARLITE_HPP__ */
```

2. 实现文件

文件DStarLite.cpp实现了D*Lite路径规划算法，用于计算机器人从起点到目标的最短路径。它包含了初始化、计算最短路径、更新状态、计算启发式距离、处理障碍物、更新地图等功能，通过优先队列实现高效路径搜索和更新。文件DStarLite.cpp的具体实现流程如下：

（1）DStarLite(const pair<int,int>&dim,const State &start,const State &goal)是一个构造函数，用于初始化DStarLite类的对象，它接受如下三个参数：

- dim：一个整数对，表示网格的尺寸，包含行数和列数。
- start：一个State对象，表示起点状态的位置。
- goal：一个State对象，表示目标状态的位置。

```
#include "DStarLite.hpp"

DStarLite::DStarLite(const pair<int,int>&dim,const State &start,const
State &goal):
        _map {Grid(dim.first,vector<int>(dim.second,0))},s_start {start},s_goal
{goal},
        s_current {start},_g {Grid(dim.first,vector<int>(dim.second,_INF_))},
        _rhs {Grid(dim.first,vector<int>(dim.second,_INF_))}
    {
    rhs(s_goal)=0;
    U.push(s_goal,{heuristic(s_start,s_goal),0});

    computeShortestPath();
    }
```

（2）函数DStarLite::computeShortestPath()用于计算到达目标状态的最短路径。它是D*Lite算法的核心函数之一，通过在优先级队列中不断更新状态的估计成本和实际成本来找到最短路径。

```
void DStarLite::computeShortestPath()
{
    while(U.size())
    {
    auto[kOld,u]=U.top();
    if((kOld>=calculateKey(s_start))and(rhs(s_start)==g(s_start)))
        break;

        U.pop();
        auto kNew=calculateKey(u);

        if(kOld<kNew)
        {
            U.push(u,kNew);
            continue;
        }

        if(g(u)>rhs(u))
        {
            g(u)=rhs(u);
```

```
        }
        else
        {
            g(u)=_INF_;
            updateVertex(u);
        }
        for(const auto &neighbor:neighborStates(u))
        {
            updateVertex(neighbor);
        }
    }
}
```

（3）函数DStarLite::updateVertex(const State &s)用于更新指定状态s的RHS值，并将其插入优先级队列中（如果状态不一致）。该函数是D*Lite算法中用于更新状态的关键部分之一，以确保路径的一致性和最短性。

```
void DStarLite::updateVertex(const State &s)
{
    if(s!=s_goal)
    {
        rhs(s)=computeRHS(s);
    }

    if(g(s)!=rhs(s))
    {
        U.update(s,calculateKey(s));
    }
    else
    {
        U.remove(s);
    }
}
```

（4）函数DStarLite::computeRHS(const State &s)用于计算给定状态s的RHS值。在D*Lite算法中，RHS值是状态实际到目标的代价值。该函数通过检查与状态s相邻的状态的g值（到目标的已知最小代价）来计算RHS值，加上从状态s到相邻状态的代价。

```
int DStarLite::computeRHS(const State &s)const
{
    int RHS=_INF_;
    for(const auto &neighbor:neighborStates(s))
    {
        RHS=std::min(RHS,g(neighbor)+cost(s,neighbor));
    }
    return RHS;
}
```

（5）函数DStarLite::calculateKey(const State &s)用于计算状态s的键值。在D*Lite算法中，每个状态都有一个键，用于确定其在优先级队列中的位置。该函数计算状态的键值，需要考虑其到起点的预测代价值（heuristic）、当前到目标的最小代价值g和RHS值。

```
Key DStarLite::calculateKey(const State &s)const
{
    auto min=std::min(g(s),rhs(s));
    return {min+heuristic(s_start,s)+km,min};
}
```

（6）函数DStarLite::heuristic(const State &s1,const State &s2)用于计算两个状态之间的启发式值，即估计的距离。在该函数中，它返回两个状态之间的曼哈顿距离，即两个状态在水平和垂直方向上的绝对差之和。

```
int DStarLite::heuristic(const State &s1,const State &s2)const
{
    auto diff=s1-s2;
    return std::abs(diff.first)+std::abs(diff.second);
    //return std::sqrt(std::pow(diff.first,2)+std::pow(diff.second,2));
}
```

（7）函数DStarLite::cost(const State &s1,const State &s2)用于计算从状态s1移动到状态s2的代价。在该函数中，如果状态s1或s2是障碍物，则返回一个非常大的值_INF_，否则返回1，表示从一个非障碍物状态移动到另一个非障碍物状态的代价为1。

```
int DStarLite::cost(const State &s1,const State &s2)const
{
    return(map(s1)or map(s2))? _INF_:1;
}
```

（8）函数DStarLite::neighborStates(const State &s)用于获取状态s的邻居状态集合。该函数能够检查状态s上下左右四个方向的相邻状态，并将非障碍物状态添加到邻居状态集合中返回。

```
vector<State>DStarLite::neighborStates(const State &s)const
{
    vector<State>neighbors;
    for(const auto &a:actions)
    {
        auto nextState=s+a;

        if(nextState.first<0 or nextState.second<0
            or static_cast<size_t>(nextState.first)>=_map.size()
            or static_cast<size_t>(nextState.second)>=_map[0].size())
            continue;

        if(map(nextState))
            continue;

        neighbors.push_back(nextState);
    }
    return neighbors;
}
```

（9）函数DStarLite::getPath()用于获取从起点到终点的最优路径。它从当前位置开始，一直向最终目标前进，每次选择下一个状态，直到到达终点为止。

```
vector<State>DStarLite::getPath()const
{
    vector<State>path={s_current};
    State s          =s_current;

    while(s!=s_goal)
    {
        State s_next=peekNext(s);
        if(s_next==s)
            break;
        s=s_next;
        path.push_back(s);
    }

    return path;
}
```

（10）函数DStarLite::peekNext(const State &s)用于查看当前状态s在最优路径上的下一个状态，它通过检查当前状态的邻居状态来确定下一个状态，选择具有最小g值的那个邻居状态作为下一个状态，并返回该状态。

```
State DStarLite::peekNext(const State &s)const
{
    if(s==s_goal)
        return s;

    State s_min=s;
    for(const auto &neighbor:neighborStates(s))
    {
        if(g(neighbor)<g(s_min))
        {
            s_min=neighbor;
        }
    }
    return s_min;
}
```

（11）函数DStarLite::moveNext()用于在最优路径上移动到下一个状态，并更新内部的当前状态。它通过调用DStarLite::peekNext()函数查找最优路径上的下一个状态，并将其设置为当前状态，然后返回该状态。

```
State DStarLite::moveNext()
{
    s_current=peekNext(s_current);
    return s_current;
}
```

（12）函数DStarLite::toggleCell(const State &s)用于切换给定状态的单元格的占用情况，并重新计算最短路径。如果状态是边界状态、当前状态或目标状态，则不执行任何操作。否则，将占用情况取反，并更新该状态及其邻居状态的顶点信息，然后重新计算最短路径。

```
void DStarLite::toggleCell(const State &s)
{
    //boundary checks
    if(s.first<0 or s.second<0 or static_cast<size_t>(s.first)>=_map.size()
          or static_cast<size_t>(s.second)>=_map[0].size())
      return;

    //current state and goal states cannot be occupied
    if(s==s_goal or s==s_current)
        return;

    km+=heuristic(s_start,s_current);
    s_start=s_current;

    map(s)=1-map(s);
    updateVertex(s);
    for(const auto &neighbor:neighborStates(s))
    {
        updateVertex(neighbor);
    }

    computeShortestPath();
}
```

（13）函数DStarLite::blockCell(const State &u)用于在给定状态下添加障碍物。如果状态已被占用，则不执行任何操作；否则，调用toggleCell方法将状态设置为占用。

```
void DStarLite::blockCell(const State &u)
{
    if(map(u))
    {
        return;
    }
    else
    {
        toggleCell(u);
    }
}
```

（14）函数DStarLite::clearCell(const State &u)用于清除给定状态下的障碍物。如果状态未被占用，则不执行任何操作；否则，调用toggleCell方法将状态设置为未占用。

```
void DStarLite::clearCell(const State &u)
{
    if(map(u))
    {
        toggleCell(u);
    }
    else
    {
        return;
    }
```

```
}
```

（15）函数DStarLite::updateMap(const Grid &newMap)用于更新地图，并根据新地图重新计算最短路径。如果新地图的尺寸与当前地图不同，则不执行任何操作。对于地图中每个位置，如果与当前地图不同，则调用toggleCell方法更新状态。

```
void DStarLite::updateMap(const Grid &newMap)
{
    if(newMap.size()!=_map.size()or newMap[0].size()!=_map.size())
        return;

    for(size_t i=0;i<_map.size();i++)
    {
        for(size_t j=0;j<_map.size();j++)
        {
            if(_map[i][j]!=newMap[i][j])
            {
                toggleCell({i,j});
            }
        }
    }
}
```

（16）通过如下的函数访问地图和状态的特定值：

- int DStarLite::g(const State &s)const：返回状态*s*对应的_g值。
- int &DStarLite::g(const State &s)：返回对状态*s*对应的_g值的引用，允许修改该值。
- int DStarLite::rhs(const State &s)const：返回状态*s*对应的_rhs值。
- int &DStarLite::rhs(const State &s)：返回对状态*s*对应的_rhs值的引用，允许修改该值。
- int DStarLite::map(const State &s)const：返回状态*s*对应的_map值。
- int &DStarLite::map(const State &s)：返回对状态*s*对应的_map值的引用，允许修改该值。

```
int DStarLite::g(const State &s)const
{
    return _g[s.first][s.second];
}

int &DStarLite::g(const State &s)
{
    return _g[s.first][s.second];
}

int DStarLite::rhs(const State &s)const
{
    return _rhs[s.first][s.second];
}

int &DStarLite::rhs(const State &s)
{
    return _rhs[s.first][s.second];
}
```

```
int DStarLite::map(const State &s)const
{
    return _map[s.first][s.second];
}

int &DStarLite::map(const State &s)
{
    return _map[s.first][s.second];
}
```

7.3.5 绘制地图

在本项目中，地图功能用于显示和管理二维网格地图，这个地图被用作路径规划算法的环境。具体来说，地图功能允许用户在二维网格上标记障碍物、起点、终点，并且可以显示路径规划算法生成的路径。通过这个功能，用户可以直观地了解路径规划算法在给定环境中的表现，并且可以对环境进行实时修改和观察。

1. 声明

文件cell_grid.hpp是地图功能的声明，声明了CellGrid类及其成员函数，用于管理和绘制一个二维的网格地图，每个单元格可以被标记为不同的状态。

```
#ifndef __CELL_GRID_HPP__
#define __CELL_GRID_HPP__

#include <SFML/Window.hpp>
#include <SFML/Graphics.hpp>
#include <utility>
#include <vector>

#define COLOR_CLEAR sf::Color(255,255,255)
#define COLOR_BLOCKED sf::Color(0,0,0)
#define COLOR_PATH sf::Color(255,87,51)
#define COLOR_START sf::Color(32,178,170)
#define COLOR_GOAL sf::Color(34,139,34)

using std::pair;
using std::vector;

class CellGrid
{
public:
    CellGrid(pair<int,int>dim,int l,int th,pair<int,int>start,pair<int,int>
goal);
    void toggleCell(pair<int,int>loc);
    void blockCell(pair<int,int>loc);
    void clearCell(pair<int,int>loc);
    void setPath(vector<pair<int,int>>path);
    void setStart(pair<int,int>s);
    void setGoal(pair<int,int>s);
```

```
    void draw(sf::RenderWindow &window);

private:
    int r,c,l,th;
    pair<int,int>start,goal;
    vector<vector<sf::RectangleShape>>grid;
};

#endif /*__CELL_GRID_HPP__ */
```

2. 实现

文件cell_grid.cpp是地图功能的实现，其中定义了CellGrid类成员函数的具体实现，包括构造函数、切换单元格状态、设置路径等功能。文件cell_grid.cpp的具体实现流程如下：

（1）CellGrid::CellGrid()是类CellGrid的构造函数，这个构造函数用于创建一个CellGrid对象，初始化网格地图的大小、单元格长度、边框厚度以及起点和终点的位置。

```
#include "cell_grid.hpp"

CellGrid::CellGrid(pair<int,int>dim,
                   int cell_length,
                   int thickness,
                   pair<int,int>start,
                   pair<int,int>goal):
    r(dim.first),
    c(dim.second),l(cell_length),th(thickness),start(start),goal(goal),
    grid(vector<vector<sf::RectangleShape>>(r,vector<sf::RectangleShape>(c)))
{
    for(int i=0;i<r;i++)
    {
        for(int j=0;j<c;j++)
        {
            sf::RectangleShape &rect=grid[i][j];
            rect.setSize(sf::Vector2f(l,l));
            rect.setPosition(sf::Vector2f((l+th)*j+th,(l+th)*i+th));
            rect.setOutlineThickness(th);
            rect.setOutlineColor(sf::Color::Black);
            rect.setFillColor(COLOR_CLEAR);
        }
    }
}
```

（2）函数CellGrid::toggleCell(pair<int,int>loc)的作用是切换指定位置的单元格状态，即如果单元格当前为空（没有障碍物），则将其设置为障碍物；如果单元格当前为障碍物，则将其设置为空。

```
void CellGrid::toggleCell(pair<int,int>loc)
{
    if(grid[loc.first][loc.second].getFillColor()==COLOR_CLEAR)
        blockCell(loc);
    else
        clearCell(loc);
```

```
}
```

（3）函数CellGrid::blockCell(pair<int,int>loc)的作用是将指定位置的单元格设置为障碍物状态。

```
void CellGrid::blockCell(pair<int,int>loc)
{
    if(loc==start || loc==goal)
        return;

    grid[loc.first][loc.second].setFillColor(COLOR_BLOCKED);
}
```

（4）函数CellGrid::clearCell(pair<int,int>loc)的作用是清除指定位置的单元格，即将其状态设置为可通过状态。

```
void CellGrid::clearCell(pair<int,int>loc)
{
    //if(loc==start || loc==goal)
    //  return;

    grid[loc.first][loc.second].setFillColor(COLOR_CLEAR);
}
```

（5）函数CellGrid::setPath(vector<pair<int,int>>path)的作用是设置地图上的路径，将指定路径上的单元格设置为路径状态，以便在图形界面中显示路径。

```
void CellGrid::setPath(vector<pair<int,int>>path)
{
    //remove previous path
    for(int i=0;i<r;i++)
    {
        for(int j=0;j<c;j++)
        {
            auto &cell=grid[i][j];
            if(cell.getFillColor()!=COLOR_BLOCKED)
            cell.setFillColor(COLOR_CLEAR);
        }
    }

    for(auto &[i,j]:path)
    {
        auto &cell=grid[i][j];
        cell.setFillColor(COLOR_PATH);
    }
    auto &goal_cell=grid[goal.first][goal.second];
    goal_cell.setFillColor(COLOR_GOAL);

    auto &start_cell=grid[start.first][start.second];
    start_cell.setFillColor(COLOR_START);
}
```

（6）函数CellGrid::setStart(pair<int,int>s)的作用是设置地图中起始点的位置。

```
void CellGrid::setStart(pair<int,int>s)
{
    start=s;
}
```

（7）函数CellGrid::setGoal(pair<int,int>s)的作用是设置地图中目标点的位置。

```
void CellGrid::setGoal(pair<int,int>s)
{
    goal=s;
}
```

（8）函数CellGrid::draw(sf::RenderWindow &window)的作用是将地图中的单元格绘制到指定的SFML窗口上。

```
void CellGrid::draw(sf::RenderWindow &window)
{
    for(int i=0;i<r;i++)
    {
        for(int j=0;j<c;j++)
        {
            auto &cell=grid[i][j];
            window.draw(cell);
        }
    }
}
```

7.3.6 主程序

本项目的主程序文件是main.cpp，这是一个使用库SFML实现的D*-Lite路径规划算法的演示程序。它创建了一个窗口，其中包含一个网格地图，可以使用鼠标左键单击添加障碍物，右击清除障碍物，并且按下【R】键可以重置地图。算法会根据设置的起点和终点在地图上搜索最短路径，并将路径显示为不同的颜色。

```
#include <SFML/Window.hpp>
#include <SFML/Graphics.hpp>
#include <utility>
#include <algorithm>
#include <vector>

#include "DStarLite.hpp"
#include "cell_grid.hpp"

#define r 30                                            //网格中的行数
#define c 40                                            //网格中的列数
#define l 20                                            //网格单元的像素长度
#define th 2                                            //网格单元轮廓的像素厚度

const std::pair<int,int>START={r / 2,c / 4};        //起点坐标
const std::pair<int,int>GOAL ={r / 2,3 *c / 4};     //终点坐标
```

```
constexpr int w=th+c *(l+th);                    //窗口宽度
constexpr int h=th+r *(l+th);                    //窗口高度

                                                 //根据鼠标位置获取网格单元坐标
std::pair<int,int>mouse_get_cell(const sf::RenderWindow &window)
{
    auto mouse_pos=sf::Mouse::getPosition(window);
    int i          =(mouse_pos.y-0.5 *th)/(l+th);
    int j          =(mouse_pos.x-0.5 *th)/(l+th);

    i=std::clamp(i,0,r-1);                       //限制i的取值范围在[0,r-1]内
    j=std::clamp(j,0,c-1);                       //限制j的取值范围在[0,c-1]内

    return {i,j};
}

int main(void)
{
    DStarLite dsl({r,c},START,GOAL);             //创建DStarLite对象
    CellGrid cg({r,c},l,th,START,GOAL);          //创建CellGrid对象

    //创建窗口
    sf::RenderWindow window(sf::VideoMode(w,h),"D*-Lite",sf::Style::Titlebar|s
f::Style::Close);
    window.setFramerateLimit(24);                //设置帧率上限
    window.clear(sf::Color::Green);              //清空窗口背景色

    //当窗口仍然打开时，运行程序
    while(window.isOpen())
    {
        //检查从上次迭代以来触发的所有窗口事件
        sf::Event event;
        while(window.pollEvent(event))
        {
            //如果接收到关闭窗口请求，则关闭窗口
            if(event.type==sf::Event::Closed)
            {
                window.close();
            }

            //如果按下鼠标左键，则在单元格上放置障碍物
            if(sf::Mouse::isButtonPressed(sf::Mouse::Left))
            {
                auto loc=mouse_get_cell(window);
                cg.blockCell(loc);
                dsl.blockCell(loc);
            }

            //如果按下鼠标右键，则清除单元格中的障碍物
            if(sf::Mouse::isButtonPressed(sf::Mouse::Right))
```

```
            {
                auto loc=mouse_get_cell(window);
                cg.clearCell(loc);
                dsl.clearCell(loc);
            }

            //如果按下键盘上的'R'键，则重置地图
            if(sf::Keyboard::isKeyPressed(sf::Keyboard::R))
            {
                for(int i=0;i<r;i++)
                {
                    for(int j=0;j<c;j++)
                    {
                        cg.clearCell({i,j});
                        dsl.clearCell({i,j});
                    }
                }
            }
        }

    //将路径设置为DStarLite对象中的路径，并在窗口上绘制地图
    cg.setPath(dsl.getPath());
    cg.draw(window);

    //结束当前帧的绘制
    window.display();
    }

    return 0;
}
```

7.3.7 编译运行

要运行这个项目，需要安装如下的依赖：

- CMake>=3.7：用于构建项目。
- GCC/G++：用于编译C++代码。
- SFML>=2.5：SFML是一个多媒体库，用于图形渲染和用户输入处理。

（1）使用以下命令在Ubuntu上安装上述依赖项：

```
sudo apt install build-essential cmake libsfml-dev
```

这将安装构建必需的工具和SFML库。

（2）通过如下命令在顶级目录中创建一个构建目录：

```
mkdir build && cd build
```

（3）通过如下命令编译项目：

```
cmake .. && make
```

（4）通过如下命令运行项目：

```
./DStarLiteVisualization
```

运行效果如图7.1所示，显示一个可视化动态的网格地图。

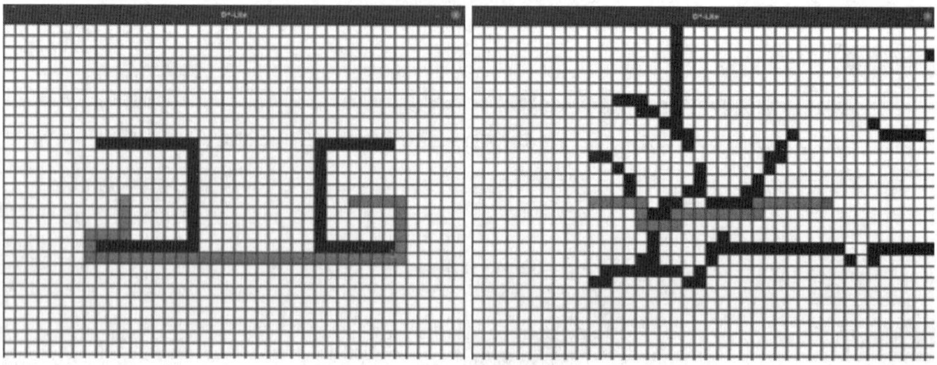

图7.1 运行效果

- 白色方块代表自由单元格。
- 黑色方块代表障碍物。
- 青色方块是起始单元格。
- 绿色方块是目标单元格。
- 橙色方块是到目标的最佳路径。

7.4 综合实战——智能路径导航系统

本智能路径导航系统是一个基于D*Lite算法的路径规划系统，旨在为自动驾驶汽车、机器人提供高效准确的路径导航服务。该系统可以在给定的地图环境中，帮助机器人规划出从起点到目标点的最优路径，并实时更新路径以应对动态环境的变化。通过图形界面用户友好地操作，用户可以设定地图的尺寸、起点和终点位置，添加障碍物，并观察路径规划的过程和结果（codes/7/dstar_lite-main/）。

7.4.1 项目介绍

本智能路径导航系统将为各种自动化应用场景提供可靠的路径规划解决方案，提升自动驾驶汽车、机器人和自动化系统的智能导航能力，推动智能制造和物流领域的发展。

1. 主要功能特点

（1）路径规划：基于D*Lite算法，实现机器人在复杂环境中的路径规划，考虑障碍物、地形等因素，快速、准确地规划出最优路径。

（2）动态更新：系统支持动态环境的实时更新，能够根据环境变化调整路径规划结果，确保机器人在复杂环境中安全导航。

（3）图形界面：提供直观友好的图形界面，用户可以通过鼠标点击和键盘操作设定地图参数，观察路径规划的过程和结果。

（4）交互性强：用户可以自由设定地图的尺寸、起点、终点位置，添加或移除障碍物，实现对路径规划过程的直观控制和观察。

（5）实时显示：实时显示机器人的位置、路径、障碍物等信息，帮助用户全面了解当前导航状态。

2. 应用领域

（1）智能导航机器人：用于智能机器人、AGV（自动导引车）等领域，实现在复杂环境中的自主导航。

（2）仓储物流：应用于仓储物流系统中，为自动化仓库的货物搬运机器人提供路径规划服务，提高仓储效率。

（3）无人驾驶车辆：可用于自动驾驶车辆的路径规划，帮助车辆安全、高效地行驶在城市道路中。

7.4.2　环境的建模和初始化

在路径规划项目中，环境的建模和初始化是确定路径搜索范围、起点和终点的基础，直接影响路径规划算法的适用性、效率和最终路径的质量。良好的环境建模和初始化能够提高算法的搜索速度、路径优化程度，并支持实时更新和动态变化的需求。

（1）文件dstar_env.h定义了一个用于D*Lite路径规划算法的环境类Environment，其中包含了表示网格的结构体grid。该环境类具有生成网格、计算成本等功能，并提供了必要的数据结构和成员函数来支持路径规划算法的实现。

```
#pragma once
#ifndef DSTAR_ENV_H
#define DSTAR_ENV

#include <iostream>
#include <vector>
#include <cmath>
#include <unordered_map>
using namespace std;

struct hash_pair {
    template<class T1,class T2>
    size_t operator()(
        const pair<T1,T2>& x)
        const {
        return x.first ^ x.second;
    }
};

struct grid {
public:
    grid(string id_):id(id_),g(FLT_MAX),rhs(FLT_MAX),status(0){};

    string id;
    unordered_map<pair<int,int>,float,hash_pair>preds;
    unordered_map<pair<int,int>,float,hash_pair>succs;
    float g;
    float rhs;
    float status;
```

```
};

class Environment {

protected:
    int x_dim;
    int y_dim;
    vector<vector<grid>>cells;
    float linearCost=1.0;
    float diagonalCost=sqrt(2.0);

    Environment(int x_dim_,int y_dim_):x_dim(x_dim_),y_dim(y_dim_){generateCells();};

private:
    void generateCells();

};

#endif//!DSTAR_ENV_H
```

（2）文件dstar_env.cpp实现了环境类Environment中的函数generateCells()。该函数用于生成环境中的网格单元，并设置了网格单元之间的连接关系和成本。函数generateCells()的具体功能包括：

①遍历环境的行和列，生成每个网格单元。

②为每个网格单元分配一个唯一的ID。

③设置每个网格单元与其相邻网格单元之间的连接关系和成本，包括直线移动和对角线移动的成本。

④将生成的网格单元添加到环境的网格单元列表中。

文件dstar_env.cpp的主要作用是初始化环境中的网格单元，为路径规划算法提供基础的环境信息。

```
#include "dstar_env.h"
#include <string>

void Environment::generateCells(){

    for(int j=0;j<y_dim;++j){//row
        vector<grid>colGrids;
        for(int i=0;i<x_dim;++i){//col
            string id="R"+to_string(j)+",C"+to_string(i);
            grid currGrid(id);

            if(j>0){
                currGrid.preds[pair<int,int>(j-1,i)]=linearCost;
                currGrid.succs[pair<int,int>(j-1,i)]=linearCost;
            }
            if(j+1<y_dim){
```

```
                currGrid.preds[pair<int,int>(j+1,i)]=linearCost;
                currGrid.succs[pair<int,int>(j+1,i)]=linearCost;
            }
            if(i>0){
                currGrid.preds[pair<int,int>(j,i-1)]=linearCost;
                currGrid.succs[pair<int,int>(j,i-1)]=linearCost;
            }
            if(i+1<x_dim){
                currGrid.preds[pair<int,int>(j,i+1)]=linearCost;
                currGrid.succs[pair<int,int>(j,i+1)]=linearCost;
            }
            if(j>0 && i+1<x_dim){
                currGrid.preds[pair<int,int>(j-1,i+1)]=diagonalCost;
                currGrid.succs[pair<int,int>(j-1,i+1)]=diagonalCost;
            }
            if(j+1<y_dim && i+1<x_dim){
                currGrid.preds[pair<int,int>(j+1,i+1)]=diagonalCost;
                currGrid.succs[pair<int,int>(j+1,i+1)]=diagonalCost;
            }
            if(j+1<y_dim && i>0){
                currGrid.preds[pair<int,int>(j+1,i-1)]=diagonalCost;
                currGrid.succs[pair<int,int>(j+1,i-1)]=diagonalCost;
            }
            if(j>0 && i>0){
                currGrid.preds[pair<int,int>(j-1,i-1)]=diagonalCost;
                currGrid.succs[pair<int,int>(j-1,i-1)]=diagonalCost;
            }

            colGrids.push_back(currGrid);
        }
        cells.push_back(colGrids);
    }

}
```

7.4.3　实现D*Lite路径规划算法

在本项目中，文件dstar.h和dstar.cpp共同实现了D*Lite路径规划算法。其中dstar.h提供了路径规划算法的接口声明，而dstar.cpp则实现了这些接口，完成了D*Lite路径规划算法的具体功能。

1. 路径规划算法声明

文件dstar.h定义了一个名为DStar_Lite的类，该类继承自Environment，用于执行路径规划。文件dstar.h包含了路径规划算法所需的参数和方法的声明，以及用于环境建模和初始化的信息。

```
#pragma once
#ifndef DSTAR_H
#define DSTAR_H

#include "dstar_env.h"
#include <gl/freeglut.h>
#include <iostream>
```

```
#include <queue>
#include <tuple>
#include <string>

using namespace std;

typedef tuple<float,float,pair<int,int>>Tuple;

class DStar_Lite:Environment {
public:

     DStar_Lite(int nR,int nC,int startRow,int startCol,int termRow,int termCol):
Environment(nC,nR){
        nRow=nR;
        nCol=nC;
        startCoord.first=startRow;
        startCoord.second=startCol;
        terminalCoord.first=termRow;
        terminalCoord.second=termCol;

        if(startRow>nRow-1||startCol>nCol-1||termRow>nRow-1||termCol>nCol-1 ||
nR<1 || nC<1){
               throw std::invalid_argument("Invalid selection of start(or
terminal)coordinates!");
        }
        if(startRow==termRow && startCol==termCol){
            throw std::invalid_argument("Start position and terminal position
are identical!");
        }

        k_m=0;
        SWEEPING_RANGE=5;
        stuck_flag_count=0;
        MAX_RETRY=20;//maximum number of retry when stuck before throwing an
exception

        PathFinder(0,0);
    };

private:

    int nRow,nCol;
    pair<int,int>startCoord;
    pair<int,int>terminalCoord;

    //priority_queue<Tuple,vector<Tuple>,std::greater<Tuple>>openList;
    vector<Tuple>openList;
    float k_m;
    int SWEEPING_RANGE;
    int stuck_flag_count;
    int MAX_RETRY;
```

```
    void initDStarLite();
    float heuristics(pair<int,int>targetCoord,pair<int,int>currentCoord);
    pair<float,float>calculateKey(pair<int,int>targetCoord,pair<int,int>curr
entCoord);
    bool topKeyComparison(pair<float,float>currKey,bool popOut);
    void computeShortestPath(pair<int,int>currentCoord);
    void updateGrid(pair<int,int>targetCoord,pair<int,int>currentCoord);
    pair<int,int>nextInShortestPath(pair<int,int>currentCoord);
    bool ScanArea(pair<int,int>currentCoord,int scan_range);
    pair<int,int>MotionAndScan(pair<int,int>currentCoord,int scan_range);
    void PathFinder(int argc,char**argv);
};

#endif//!DSTAR_H
```

在上述代码中，DStar_Lite(int nR,int nC,int startRow,int startCol,int termRow,int termCol):Environment(nC,nR)是DStar_Lite类的构造函数，用于初始化一个D*Lite路径规划器的实例。构造函数DStar_Lite()接受如下参数：

- nR：网格环境的行数。
- nC：网格环境的列数。
- startRow：起点的行坐标。
- startCol：起点的列坐标。
- termRow：终点的行坐标。
- termCol：终点的列坐标。
- 构造函数的初始化列表部分：Environment(nC,nR)调用了Environment类的构造函数，并将nC和nR作为参数传递给它，以初始化基类Environment。这样做的目的是在DStar_Lite类中利用基类Environment中定义的网格环境信息来执行路径规划。

2. 路径规划算法实现

文件dstar.cpp实现了D*Lite路径规划算法的关键部分，包括初始化、计算启发式函数、计算关键值、更新网格状态、计算最短路径等功能。文件dstar.cpp的具体实现流程如下：

（1）函数DStar_Lite::initDStarLite()用于初始化D*Lite算法，主要执行了如下操作：

①将终点的右手边界设置为0。

②计算起点和终点之间的关键值。

③将终点添加到优先队列中，并根据关键值排序。

④调用computeShortestPath()函数计算最短路径。

```
#include "dstar.h"

void DStar_Lite::initDStarLite(){

    cells[terminalCoord.first][terminalCoord.second].rhs=0;
    pair<float,float>keys=calculateKey(terminalCoord,startCoord);
    openList.push_back({keys.first,keys.second,terminalCoord });
    sort(openList.begin(),openList.end());
    computeShortestPath(startCoord);
```

```
    }
```

（2）函数DStar_Lite::heuristics(pair<int,int>targetCoord,pair<int,int>currentCoord)用于计算启发式（heuristic）代价，即从当前坐标到目标坐标的估计距离。在这个函数中，使用欧几里得距离公式计算两个坐标之间的距离，即直线距离。

```
    float DStar_Lite::heuristics(pair<int,int>targetCoord,pair<int,int>currentCoord){
        return sqrtf(powf(targetCoord.first-currentCoord.first,2)+powf(targetCoord.second-currentCoord.second,2));
    }
```

（3）函数DStar_Lite::calculateKey(pair<int,int>targetCoord,pair<int,int>currentCoord)用于计算D*Lite算法中的键（key）值，这个键值用于确定节点在优先队列中的顺序。根据D*Lite算法的定义，键值包括两部分：第一部分是从起点到目标节点的路径代价加上启发式代价；第二部分是起点到目标节点的路径代价。

```
    pair<float,float>DStar_Lite::calculateKey(pair<int,int>targetCoord,pair<int,int>currentCoord){
        pair<float,float>keys;
        keys.first=min(cells[targetCoord.first][targetCoord.second].g,cells[targetCoord.first][targetCoord.second].rhs)+heuristics(targetCoord,currentCoord)+k_m;
        keys.second=min(cells[targetCoord.first][targetCoord.second].g,cells[targetCoord.first][targetCoord.second].rhs);
        return keys;
    }
```

（4）函数DStar_Lite::topKeyComparison(pair<float,float>currKey,bool popOut)用于比较给定的键值currKey与优先队列中队首节点的键值的大小关系。根据D*Lite算法的定义，键值由两部分组成，该函数首先比较两个键值的第一个部分，如果相等则比较第二个部分。函数中的popOut参数指示是否需要弹出队首节点。

```
    bool DStar_Lite::topKeyComparison(pair<float,float>currKey,bool popOut){
        float K1,K2;
        if(!openList.empty()){
            const Tuple& topKey=openList[0];
            K1=get<0>(topKey);
            K2=get<1>(topKey);
            pair<int,int>coords=get<2>(topKey);
            if(popOut){
                openList.erase(openList.begin());
            }


        }
        else {
            K1=K2=FLT_MAX;
        }
```

```
        if(K1<currKey.first){
            return true;
        }
        else if(K1>currKey.first){
            return false;
        }
        else {
            if(K2<currKey.second){
                return true;
            }
        }

        return false;

    }
```

（5）函数DStar_Lite::computeShortestPath(pair<int,int>currentCoord)用于计算从当前坐标到目标坐标的最短路径。它通过不断更新节点的成本和启发值来实现路径的计算，直到满足终止条件为止。

```
    void DStar_Lite::computeShortestPath(pair<int,int>currentCoord){

         while(cells[currentCoord.first][currentCoord.second].rhs!=cells[currentCoord.
first][currentCoord.second].g || topKeyComparison(calculateKey(currentCoord,
currentCoord),false)){


            const Tuple& topKey=openList[0];
            float K1=get<0>(topKey);
            float K2=get<1>(topKey);
            pair<int,int>U=get<2>(topKey);
            //cout<<"["<<U.first<<","<<U.second<<"]:"<<K1<<","<<K2<<endl;
            if(topKeyComparison(calculateKey(U,currentCoord),true)){
                pair<float,float>keys=calculateKey(U,currentCoord);
                openList.push_back({keys.first,keys.second,U });
                sort(openList.begin(),openList.end());
            }
            else if(cells[U.first][U.second].g>cells[U.first][U.second].rhs){
                cells[U.first][U.second].g=cells[U.first][U.second].rhs;
                 for(auto it=cells[U.first][U.second].preds.begin();it!=cells[U.
first][U.second].preds.end();++it){
                    updateGrid(it->first,currentCoord);
                }
            }
            else {
                cells[U.first][U.second].g=FLT_MAX;
                updateGrid(U,currentCoord);
                 for(auto it=cells[U.first][U.second].preds.begin();it!=cells[U.
first][U.second].preds.end();++it){
                    updateGrid(it->first,currentCoord);
                }
            }
```

```
        }

    }
```

（6）函数DStar_Lite::updateGrid(pair<int,int>targetCoord,pair<int,int>currentCoord)用于更新网格中目标坐标的信息，包括计算目标坐标的成本、更新网格状态和调整优先级队列中的元素。

```
    void DStar_Lite::updateGrid(pair<int,int>targetCoord,pair<int,int>currentCoord){
        if(targetCoord!=terminalCoord){
            float min_rhs=FLT_MAX;
            for(auto it=cells[targetCoord.first][targetCoord.second].succs.begin();
it!=cells[targetCoord.first][targetCoord.second].succs.end();++it){
                min_rhs=min(min_rhs,cells[it->first.first][it->first.second].g+it->second);
            }

            cells[targetCoord.first][targetCoord.second].rhs=min_rhs;
        }

        vector<pair<int,int>>gridInOpenList;
        for(int i=0;i<openList.size();++i){
            const Tuple& vals=openList[i];
            if(get<2>(vals)==targetCoord){
                gridInOpenList.push_back(targetCoord);
            }
        }

        if(gridInOpenList.size()>0){
            if(gridInOpenList.size()>1){
                throw std::invalid_argument("More than one targetCoord in the queue!");
            }
            for(int i=0;i<openList.size();++i){
                const Tuple& vals=openList[i];
                if(get<2>(vals)==gridInOpenList[0]){
                    openList.erase(openList.begin()+i);
                }
            }
        }

        if(cells[targetCoord.first][targetCoord.second].rhs!=cells[targetCoord.
first][targetCoord.second].g){
            pair<float,float>keys=calculateKey(targetCoord,currentCoord);
            openList.push_back({keys.first,keys.second,targetCoord });
            sort(openList.begin(),openList.end());
        }

    }
```

（7）函数DStar_Lite::nextInShortestPath(pair<int,int>currentCoord)用于找到当前坐标在最短路径中的下一个坐标，并返回该坐标。

```
pair<int,int>DStar_Lite::nextInShortestPath(pair<int,int>currentCoord){
    float min_rhs=FLT_MAX;
    pair<int,int>s_next(-1,-1);
    if(cells[currentCoord.first][currentCoord.second].rhs==FLT_MAX){
        cout<<"You are stuck at the moment,Let's explore some more to see if
there's a new opening"<<endl;
        stuck_flag_count++;
        if(stuck_flag_count==MAX_RETRY){
            cout<<"It seems there's no way out"<<endl;
            throw;
        }
        else {
            return currentCoord;
        }
    }
    else {
        for(auto it=cells[currentCoord.first][currentCoord.second].succs.begin();
it!=cells[currentCoord.first][currentCoord.second].succs.end();++it){
            float child_cost=cells[it->first.first][it->first.second].g+it->second;

            if(child_cost<min_rhs){
                min_rhs=child_cost;
                s_next=it->first;
            }
        }
        if(s_next.first>=0 && s_next.second>=0){

            return s_next;
        }
        throw std::invalid_argument("Could not find child for transition!");

    }

}
```

（8）函数DStar_Lite::ScanArea(pair<int,int>currentCoord,int scan_range)用于扫描当前坐标周围指定范围内的区域，检测是否存在障碍物或者障碍物被清除，并更新环境状态。

```
bool DStar_Lite::ScanArea(pair<int,int>currentCoord,int scan_range){

    int range_checked=0;
    unordered_map<pair<int,int>,float,hash_pair>states_to_update;
    if(scan_range>=1){
        for(auto it=cells[currentCoord.first][currentCoord.second].succs.
begin();it!=cells[currentCoord.first][currentCoord.second].succs.end();++it){
            states_to_update[it->first]=cells[it->first.first][it->first.second].
status;
        }
        range_checked=1;
    }

    while(range_checked<scan_range){
```

```
        unordered_map<pair<int,int>,float,hash_pair>new_set;
        for(auto it=states_to_update.begin();it!=states_to_update.end();++it){
            new_set[it->first]=it->second;
            for(auto it2=cells[it->first.first][it->first.second].succs.begin();
it2!=cells[it->first.first][it->first.second].succs.end();++it2){
                if(new_set.find(it2->first)==new_set.end()){
                    new_set[it2->first]=cells[it2->first.first][it2->first.second].status;
                }
            }
        }
        range_checked+=1;
        states_to_update=new_set;
    }

    bool new_obstacle=false;
    for(auto it=states_to_update.begin();it!=states_to_update.end();++it){
        if(it->second<0){
            //found a cell with obstacle
            for(auto it2=cells[it->first.first][it->first.second].succs.begin();
it2!=cells[it->first.first][it->first.second].succs.end();++it2){

                if(it2->second!=FLT_MAX){
                    //first time to observe this obstacle that wasn't there before
                    cells[it->first.first][it->first.second].status=-2;
                    cells[it2->first.first][it2->first.second].succs[it-> first]=
FLT_MAX;

                    cells[it->first.first][it->first.second].succs[it2-> first]=
FLT_MAX;
                    updateGrid(it->first,currentCoord);
                    new_obstacle=true;
                }
            }
        }
        else if(it->second==1){
            //detected an obstacle clearance
            for(auto it2=cells[it->first.first][it->first.second].succs.begin();
it2!=cells[it->first.first][it->first.second].succs.end();++it2){
                if(it2->second==FLT_MAX){
                    //This is the previous obstacle cell that is cleared
within the sweeping range
                    cells[it->first.first][it->first.second].status=0;
                    cells[it2->first.first][it2->first.second].succs[it->first]=
heuristics(it->first,it2->first);

                    cells[it->first.first][it->first.second].succs[it2->first]=
heuristics(it->first,it2->first);
                    updateGrid(it->first,currentCoord);
                }
            }
        }
```

```
    }
    return new_obstacle;
}
```

（9）函数DStar_Lite::MotionAndScan(pair<int,int>currentCoord,int scan_range)用于执行移动并扫描操作，根据当前坐标和扫描范围，进行路径规划和环境扫描，检测障碍物并更新路径。

```
pair<int,int>DStar_Lite::MotionAndScan(pair<int,int>currentCoord,int scan_
range){
    if(currentCoord==terminalCoord){
        return terminalCoord;
    }

    pair<int,int>s_new=nextInShortestPath(currentCoord);
    if(cells[s_new.first][s_new.second].status==-1){
        //Just ran into new obstacle
        s_new=currentCoord;
    }

    bool result=ScanArea(s_new,scan_range);
    if(result){
        k_m+=heuristics(currentCoord,s_new);
        computeShortestPath(currentCoord);
    }

    return s_new;
}
```

7.4.4 可视化界面

文件dstar_draw.cpp实现了一个基于OpenGL的图形用户界面，用于显示机器人在二维地图中的移动轨迹和地图状态的变化，用户可以通过鼠标交互操作来移动机器人和设置障碍物。

（1）如下代码声明了多个全局变量和数据结构，这些变量用于管理OpenGL窗口的状态，并与应用程序中的网格环境进行交互。

```
#include "dstar.h"

#include <iostream>
#include <chrono>
#include <thread>
#include <vector>

using namespace std;

int window;
int mbutton=0;
int mstate=0;
const int win_width=1000;
const int win_height=800;
```

```
int dim_x;
int dim_y;

float size_x;
float size_y;

int sweep_range;

vector<vector<bool>>walls;
vector<vector<float>>g_vals;
pair<int,int>start_coord;
pair<int,int>terminal_coord;
pair<int,int>robot_coord;
pair<int,int>changed_cell;

bool QPressed,leftClicked,rightClicked;
```

在上述代码中声明了如下变量：

- window：整数变量，用于存储OpenGL窗口的标识符。
- mbutton、mstate：整数变量，分别用于存储鼠标按钮和鼠标状态信息。
- win_width、win_height：常量，定义OpenGL窗口的宽度和高度。
- dim_x、dim_y：整数变量，存储网格的尺寸。
- size_x、size_y：浮点数变量，表示每个网格单元的大小。
- sweep_range：整数变量，表示机器人的扫描范围。
- walls：二维向量，存储布尔值，指示网格中是否存在墙壁。
- g_vals：二维向量，存储浮点数值，表示网格中每个单元格的g值。
- start_coord、terminal_coord、robot_coord：整数对，分别表示起始点、终点和机器人位置的坐标。
- changed_cell：整数对，表示由鼠标点击更改的单元格的坐标。
- QPressed、leftClicked、rightClicked：布尔变量，指示是否按下了【Q】键或鼠标按键。

（2）函数DrawScene()用于绘制OpenGL窗口中的场景，实现了如下功能：

①清空窗口背景，设置为黑色。

②设置投影和模型视图矩阵。

③绘制矩形网格，表示环境中的单元格，根据单元格的状态设置不同的颜色（起始点为绿色，终点为红色，墙壁为灰色）。

④绘制网格线，用于可视化单元格之间的边界。

⑤绘制代表机器人的蓝色圆形。

⑥绘制表示机器人扫描范围的红色矩形。

⑦在适当位置显示网格单元格的g值。

函数DrawScene()负责将网格环境中的数据可视化到OpenGL窗口中，使用户能够直观地观察到环境的状态和机器人的位置。

```
void DrawScene()
{
```

```
        glClearColor(0,0,0,1);
        glClear(GL_COLOR_BUFFER_BIT);

        glMatrixMode(GL_PROJECTION);
        glLoadIdentity();

        glMatrixMode(GL_MODELVIEW);
        glLoadIdentity();

        glBegin(GL_QUADS);

        glColor3f(1,1,0);
        //-1 ~+1 range
        //Dstar_Lite method stores coordinates in(row,col),and the draw method
needs to transform to(x,y)coord


        //1. Draws rectangular cells. Start grid will be painted green,Terminal
grid will be painted red,etc.
        for(int i=0;i<dim_x;++i){
            const float i_curr=-1.0f+(i *2.0f / dim_x);
            for(int j=0;j<dim_y;++j){
                const float j_curr=-1.0f+(j *2.0f / dim_y);
                if(i==start_coord.second && dim_y-j-1==start_coord.first){
                    glColor3f(0,1,0);
                }
                else if(i==terminal_coord.second && dim_y-j-1==terminal_coord.first){
                    glColor3f(1,0,0);
                }
                else if(walls[i][dim_y-j-1]){
                    glColor3f(0.3,0.3,0.3);
                }
                else {
                    glColor3f(0.7,0.7,0.7);
                }

                glVertex2f(i_curr,j_curr);
                glVertex2f(i_curr+size_x,j_curr);
                glVertex2f(i_curr+size_x,j_curr+size_y);
                glVertex2f(i_curr,j_curr+size_y);

            }
        }
        glEnd();

        //2. Draws grids that visually separate the cells drawn above.
        glBegin(GL_LINES);
        glColor3f(0.6,0.3,0.1);
        for(int i=0;i<=dim_x;++i){
            const float i_curr=-1.0f+(i *2.0f /(dim_x));
            for(int j=0;j<=dim_y;++j){
                const float j_curr=-1.0f+(j *2.0f /(dim_y));
```

```
                glVertex2f(i_curr,1.0f);
                glVertex2f(i_curr,-1.0f);
                glVertex2f(-1.0f,j_curr);
                glVertex2f(1.0f,j_curr);
            }
        }

        glEnd();

        //3. Draws the agent(robot)as a blue circle
        glBegin(GL_POLYGON);
        glColor3f(0.2,0.2,0.7);
        float radius=min(size_x,size_y)/ 2;
        float ori_x=-1.0f+(robot_coord.second *2.0f / dim_x)+size_x / 2;
        float ori_y=-1.0f+((dim_y-robot_coord.first-1)*2.0f / dim_y)+size_y / 2;
        for(int i=0;i<=360;i++){
            float angle=2 *3.14 *i / 360;
            float x=cos(angle)*radius;
            float y=sin(angle)*radius;
            glVertex2f(ori_x+x,ori_y+y);
        }
        glEnd();

        //4. Draws a rectangle showing the sweeping range of the robot
        glBegin(GL_LINES);
        glColor3f(0.9,0,0);
        glVertex2f(max(-1.0f,ori_x-size_x *sweep_range),max(-1.0f,ori_y-size_y
*sweep_range));
        glVertex2f(max(-1.0f,ori_x-size_x *sweep_range),min(1.0f,ori_y+size_y
*sweep_range));
        glVertex2f(min(1.0f,ori_x+size_x *sweep_range),min(1.0f,ori_y+size_y
*sweep_range));
        glVertex2f(min(1.0f,ori_x+size_x *sweep_range),max(-1.0f,ori_y-size_y
*sweep_range));
        glVertex2f(max(-1.0f,ori_x-size_x *sweep_range),max(-1.0f,ori_y-size_y
*sweep_range));
        glVertex2f(min(1.0f,ori_x+size_x *sweep_range),max(-1.0f,ori_y-size_y
*sweep_range));
        glVertex2f(max(-1.0f,ori_x-size_x *sweep_range),min(1.0f,ori_y+size_y
*sweep_range));
        glVertex2f(min(1.0f,ori_x+size_x *sweep_range),min(1.0f,ori_y+size_y
*sweep_range));
        glEnd();


        //5. Text output showing the g values of each "worth-exploring" cells
        for(int i=0;i<dim_x;++i){
            const float i_curr=-1.0f+(i *2.0f / dim_x);
            for(int j=0;j<dim_y;++j){
                if(g_vals[j][i]==FLT_MAX){
                    continue;
                }
                const float j_curr=-1.0f+(j *2.0f / dim_y);
```

```
            string val=to_string(g_vals[j][i]);
            val=val.substr(0,val.find(".")+2);
            const unsigned char*v=(unsigned char*)val.c_str();
            glColor3f(0.1,0.1,0.5);
            glRasterPos2f(i_curr,-j_curr-size_y);
            glutBitmapString(GLUT_BITMAP_TIMES_ROMAN_24,v);
        }
    }


    glutSwapBuffers();

}
```

（3）函数keyPressed(unsigned char key,int x,int y)是一个键盘输入的回调函数，当用户按下键盘上的键时调用。监听键盘输入，获取按下的键的字符表示；如果按下的键是【q】或【Q】，则将QPressed标志设为true，表示用户想要退出程序。函数keyPressed(unsigned char key,int x,int y)使程序能够响应键盘输入，实现一些交互功能，如退出程序等。

```
void keyPressed(unsigned char key,int x,int y)
{
    //std::this_thread::sleep_for(std::chrono::milliseconds(100));

    switch(key){
    case'q':
    case'Q':
        QPressed=true;
        break;
        //case'':
        //   break;
    }
}
```

（4）函数mouseFunc(int button,int state,int x,int y)是鼠标事件的回调函数，用于监听鼠标的点击事件。具体功能包括：

①监听鼠标的按键和状态，其中button表示按下的鼠标键（左键、右键等），state表示鼠标键的状态（按下或释放）。

②根据鼠标点击的位置(x,y)，计算出对应的网格坐标。

③如果按下的是左键，则将leftClicked标志设为true，表示用户想要执行左键操作。

④如果按下的是右键，则根据当前鼠标指针位置，在地图上放置或移除障碍物，并将rightClicked标志设为true。

函数mouseFunc(int button,int state,int x,int y)使程序能够响应鼠标点击事件，实现对地图上障碍物的添加和移除等交互功能。

```
void mouseFunc(int button,int state,int x,int y){


    mbutton=button;
    //x=width,y=height dimension
```

```
    int i=x *2 /(size_x *win_width);
    int j=y *2 /(size_y *win_height);
    changed_cell.first=j;
    changed_cell.second=i;

    if((mstate=state)==GLUT_DOWN){
        if(button==GLUT_LEFT_BUTTON){
            leftClicked=true;

        }
        else if(button==GLUT_RIGHT_BUTTON){
            if(walls[i][j]){
                walls[i][j]=false;
            }
            else {
                walls[i][j]=true;
            }
            rightClicked=true;
        }


    }
}
```

（5）DStar_Lite::PathFinder(int argc,char**argv)是路径规划器的入口函数，用于启动路径规划和可视化界面。其功能概述如下：

①初始化路径规划器的参数，包括起始点坐标、目标点坐标、地图尺寸等。

②初始化路径规划器环境，包括调用 initDStarLite()初始化D*Lite算法相关的数据结构。

③初始化可视化界面，包括创建窗口、设置窗口尺寸等。

④设置事件监听器，包括键盘事件和鼠标事件的监听。

⑤在一个循环中监听事件，包括按键事件和鼠标点击事件，并根据用户操作更新地图状态和路径规划结果。

⑥实时更新可视化界面，包括绘制地图、机器人位置、障碍物等。

⑦当用户按下退出键（例如【Q】键）时，退出程序并销毁窗口。

通过函数DStar_Lite::PathFinder(int argc,char**argv)，用户可以通过可视化界面与路径规划器进行交互，包括设定起点、终点，添加障碍物，观察路径规划的过程和结果。

```
void DStar_Lite::PathFinder(int argc,char**argv){

    //Initialzing draw methods global params
    start_coord=startCoord;
    terminal_coord=terminalCoord;
    robot_coord=startCoord;
    dim_x=nCol;
    dim_y=nRow;
    sweep_range=SWEEPING_RANGE;

    size_x=(2.0f / dim_x);
```

```
    size_y=(2.0f / dim_y);
    vector<vector<bool>>status_init(dim_x,vector<bool>(dim_y,false));
    walls=status_init;
    status_init.clear();
    for(int r=0;r<nRow;++r){
        vector<float>temp;
        for(int c=0;c<nCol;++c){
            temp.push_back(FLT_MAX);
        }
        g_vals.push_back(temp);
    }

    //Initializing D*environment
    initDStarLite();
    bool done=false;

    //Initialzing GUI
    QPressed=false;leftClicked=false;rightClicked=false;

    glutInit(&argc,argv);
    glutInitDisplayMode(GLUT_RGBA | GLUT_DOUBLE | GLUT_DEPTH);
    glutInitWindowSize(win_width,win_height);
    glutInitWindowPosition(50,20);

    window=glutCreateWindow("D Star Lite-Current Environment");

    glutDisplayFunc(&DrawScene);
    glutIdleFunc(&DrawScene);
    glutKeyboardFunc(&keyPressed);
    glutMouseFunc(&mouseFunc);

    printf("--------------------------------\n");
    printf("Let's get it moving!\n");
    printf("Commands:\n");
    printf("[q/Q]-Quit\n");
    printf("Left mouse click-Move the robot\n");
    printf("Right mouse click-Place or Lift an obstacle if there is one\n");
    printf("--------------------------------\n");

    while(!done){
        glutMainLoopEvent();

        if(QPressed){
            QPressed=false;
            cout<<"Exiting the Window..."<<endl;
            done=true;
            glutDestroyWindow(window);
            exit(0);
            continue;
        }


        if(leftClicked && robot_coord!=terminalCoord){
```

```
                pair<int,int>new_robot_coord=MotionAndScan(robot_coord,SWEEPING_
RANGE);
                leftClicked=false;
                robot_coord=new_robot_coord;

                if(new_robot_coord==terminalCoord){
                    cout<<"Goal Reached!"<<endl;
                    cout<<"Press'q' to exit"<<endl<<endl;
                    continue;
                }
            }

            if(rightClicked){
                if(cells[changed_cell.first][changed_cell.second].status>=0){
                    cells[changed_cell.first][changed_cell.second].status=-1;
                }
                else {
                    cells[changed_cell.first][changed_cell.second].status=1;
                }
                rightClicked=false;
            }

            //Extra functionality to print the g value of cells within the
"worth-exploring" range.
            for(int r=0;r<nRow;++r){
                for(int c=0;c<nCol;++c){
                    g_vals[r][c]=cells[r][c].g;
                }
            }

        }
    }
```

7.4.5 主程序

文件main.cpp是本项目的主程序，这是一个简单的命令行程序，用于演示D*Lite路径规划器的使用。其功能概述如下：

（1）提示用户输入地图的行数和列数。

（2）提示用户输入起始点的行列坐标。

（3）提示用户输入终点的行列坐标。

（4）创建一个DStar_Lite对象，并传入用户提供的地图尺寸、起始点和终点信息。

通过文件main.cpp，用户可以手动指定地图的大小、起始点和终点，并通过D*Lite算法进行路径规划。

```
#include <iostream>
#include "dstar.h"
using namespace std;

int main(int argc,char**argv){

    int numRow,numCol,startRow,startCol,termRow,termCol;
```

```
    cout<<"----------------------------------"<<endl;
    cout<<"D*Lite Path Planning"<<endl;
    cout<<"----------------------------------"<<endl;
    cout<<"Enter the row and the column size of a map"<<endl;
    cout<<"Number of Rows:";
    cin>>numRow;
    cout<<"Number of Cols:";
    cin>>numCol;
    cout<<endl<<"Enter the row and col of the start position"<<endl;
    cout<<"Start position row:";
    cin>>startRow;
    cout<<"Start position col:";
    cin>>startCol;
    cout<<endl<<"Enter the row and col of the terminal position"<<endl;
    cout<<"Terminal position row:";
    cin>>termRow;
    cout<<"Terminal position col:";
    cin>>termCol;
    cout<<endl<<endl;

    //Test(20,15,1,2,19,12)
    DStar_Lite dstar_lite(numRow,numCol,startRow,startCol,termRow,termCol);
    return 0;
}
```

7.4.6　调试运行

本人建议使用CMake编译运行项目，对于在Windows环境中使用Microsoft Visual Studio的用户，配置流程如下：

（1）下载FreeGlut。

首先，需要下载FreeGlut库，可以从FreeGlut的官方网站上下载。

（2）添加头文件和库文件。

打开Visual Studio，将FreeGlut的头文件和库文件添加到项目中，头文件（.h）应该位于类似于以下路径的位置：

```
    C:\Program Files\Microsoft Visual Studio\2022\Professional\VC\Auxiliary\
VS\include\gl
```

如果没有名为“gl”的文件夹，请创建一个，并将FreeGlut的头文件放入其中。

库文件应该位于类似于以下路径的位置：

```
    C:\Program Files\Microsoft Visual Studio\2022\Professional\VC\Auxiliary\
VS\lib
```

在这里，需要在x64文件夹中添加“glut.lib”，在x86文件夹中添加“glut32.lib”。

（3）配置项目属性。

①在Visual Studio中，打开项目属性。

②在“C/C++”选项卡下的“常规”部分，将“gl”文件夹的路径添加到“附加包含目录”中。

③在“链接器”选项卡下的“常规”部分，将库文件的路径添加到“附加库目录”中。

④在“链接器”选项卡的“输入”部分，将“glut.lib”和“glut32.lib”添加到“附加依赖项”中。

（4）设置完成。

完成上述步骤后，整个项目就配置完成了，可以开始使用D*Lite路径规划算法了。

通过以上步骤，能够在Windows环境中使用Microsoft Visual Studio来配置和运行该项目，执行效果如图7.2所示。

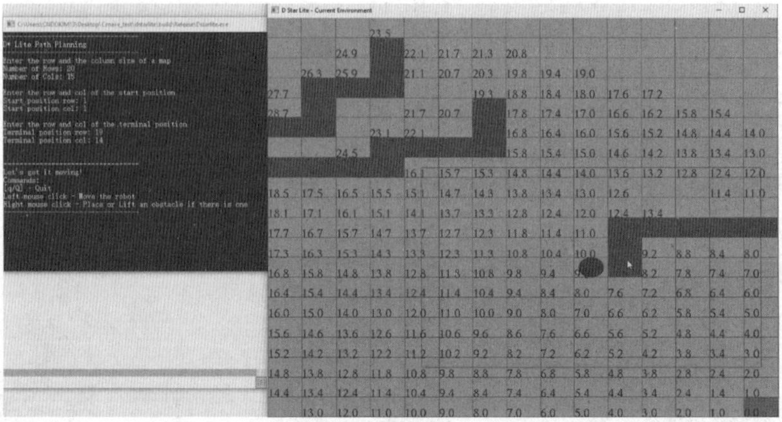

图7.2　执行效果

小　　结

本章详细介绍了D*Lite算法，首先回顾了其背景和发展历程，并强调了在动态路径规划中的应用价值。通过分析D*Lite算法的核心思想和实现步骤，读者能够理解其相较于传统D*算法的优势。接着，结合可视化D*Lite路径规划系统的项目实践，学习了运算符重载、优先队列的使用，以及地图绘制等关键技术。最后，通过构建智能路径导航系统，探讨了环境建模和初始化的过程，全面展示了D*Lite算法在实际应用中的有效性和灵活性。

习　　题

一、填空题

1. D*Lite算法是一种____________路径规划算法，主要用于动态环境中寻找最短路径。

2. D*Lite算法的实现步骤包括基本思想、运算符重载和使用____________来管理待处理的节点。

3. 在智能路径导航系统中，D*Lite算法的应用涉及环境的____________和初始化，以便实现有效的路径规划。

二、思考题

1. D*Lite算法相较于D*算法在动态环境中的优势是什么？请具体分析。

2. 在可视化的D*Lite路径规划系统中，运算符重载的具体作用是什么？请讨论其重要性。

第8章 基于A*算法变种的动态规划算法

A*算法是一种经典的启发式搜索算法，广泛应用于路径规划领域。虽然A*算法本身已经非常强大，但针对智能网联汽车在复杂动态环境中的路径规划需求，其变种算法能够提供更高效、更灵活的解决方案。本章将详细介绍基于A*算法变种的动态路径规划算法，这些变种算法在智能网联汽车的自动驾驶系统中具有重要的应用价值，能够有效提高路径规划的实时性和适应性。通过本章的学习，读者将深入了解这些算法的原理、实现步骤以及在智能网联汽车中的具体应用。

学习目标

◎ 理解A*算法的变种：掌握A*算法的不同变种，包括Incremental A*和Dynamic A*算法，了解其在动态路径规划中的重要性和应用场景。

◎ 深入学习Incremental A*算法：学习Incremental A*算法的基本原理、实现步骤及其在处理动态环境中的优势，理解如何通过增量更新优化路径计算。

◎ 探索Dynamic A*算法：掌握Dynamic A*算法的核心思想，分析其适用领域和实际应用场景，理解其与传统A算法的区别。

◎ 掌握实现步骤：通过具体案例学习Incremental A*和Dynamic A*算法的实现过程，提升对动态规划算法的实战能力。

◎ 比较与分析：通过比较Dynamic A*算法和D*算法，深入理解不同动态路径规划算法的优缺点，增强选择合适算法的能力。

8.1 A*算法的变种

A*算法是一种启发式搜索算法，用于在图形结构中找到从起始节点到目标节点的最佳路径。虽然A*算法本身已经非常强大，但是有一些变种可以根据具体的问题场景做一些改进。A*

算法的常用变种算法如下：

（1）Weighted A*（加权A*）：在A*算法中，每个节点的代价是由两部分组成：从起始节点到该节点的实际代价（*g*值）和从该节点到目标节点的估计代价（*h*值）。在加权*A*中，可以通过调整这两部分的权重来影响搜索的方向。例如，增加g值的权重可以使算法更倾向于搜索已知路径，而减少*h*值的权重可以使算法更倾向于探索新的路径。

（2）Anytime Repairing A*（ARA*）：ARA*算法是一种改进的A*算法，它在任何时候都可以提供一个接近最优解的路径，并且随着时间的推移逐步优化这条路径。ARA*通过限制搜索的时间来实现，然后根据剩余时间调整启发式估计函数的权重。

（3）Hierarchical A*（分层A*）：分层A*算法将地图分解成多个层次，每个层次都有不同的分辨率。在搜索过程中，首先在粗糙的层次上搜索路径，然后逐步细化搜索直到达到目标。这种方法可以显著减少搜索空间的大小，提高搜索效率。

（4）Parallel A*（并行A*）：并行A*算法利用多个处理器或者多个线程来同时搜索路径。这种方法可以加速搜索过程，尤其是在多核处理器或者分布式系统中。

（5）Dynamic A*（动态A*）：动态A*算法是一种在线路径规划算法，它在搜索过程中动态地更新地图信息。例如，在移动机器人的路径规划中，动态A可以随着时间的推移更新障碍物的位置或者路线的通行情况。

（6）Incremental A*算法：这种算法是A*算法的变种，它在搜索过程中允许动态地添加或移除障碍物。这样的特性使得 Incremental A*能够适应地图的动态变化，并且能够在实时环境中进行路径规划，但它并不是动态规划算法。

上述每种变种算法都有其适用的场景和优缺点，根据具体问题的需求选择合适的算法变种非常重要。在上面的算法中，Incremental A*算法和Dynamic A*算法跟简易动态规划相关，在本章将详细讲解这两种算法的知识和用法。

8.2 Incremental A*算法

Incremental A*算法是A*算法的变体，允许在搜索过程中动态添加或删除障碍物。它能够实时更新路径而不需要重新搜索整个地图，使其适用于环境动态变化的情况下进行路径规划。

8.2.1 Incremental A*算法介绍

Incremental A*算法是基于A*算法的一种变体，该算法的背景与发展历程可以概括如下：

（1）A*算法：A*算法是一种基于启发式搜索的路径规划算法，由Peter Hart、Nils Nilsson和Bertram Raphael在1968年提出。A*算法在搜索过程中通过启发式估计函数（heuristic function）来评估每个节点的潜在成本，并选择最有希望的节点进行探索，以最大限度地减少搜索空间。

（2）动态环境需求：随着技术的发展，越来越多的应用场景需要在动态环境中进行路径规划，例如自动驾驶车辆、移动机器人等。在这些场景下，地图上的障碍物可能会随着时间变化而动态增加或删除，因此传统的路径规划算法无法直接应对这种变化。

（3）Incremental A*算法的提出：为了解决动态环境下的路径规划问题，研究者开始探索对现有的路径规划算法进行改进，使其能够实时更新路径。Incremental A*算法就是在这种背景下提出的。它利用A*算法的基本思想，通过动态地更新地图信息，实现路径的实时更新。

（4）发展历程：Incremental A*算法是在对A*算法及其相关变体进行研究的基础上发展而来的。研究者们提出了许多不同的动态路径规划方法，其中Incremental A*算法是其中之一，它在A*算法的基础上引入了实时更新的能力。随着对动态路径规划算法的研究不断深入，Incremental A*算法也在不断地被改进和优化，以适应不同应用场景的需求。

总的来说，Incremental A*算法的发展是对路径规划算法在动态环境中的需求的回应，它代表了路径规划算法在应对现实世界复杂情况下的持续发展与进步。

8.2.2　Incremental A*算法的实现步骤

Incremental A*算法旨在实现对于在地图上动态增加或删除障碍物的情况下，实时更新路径规划的能力。Incremental A*是基于A*算法的启发式搜索方法，其核心实现步骤如下：

（1）初始化：算法从起始节点开始，初始化起始节点的代价为0，并将其添加到待探索节点列表中。

（2）循环搜索：重复以下步骤直到找到目标节点或者确定无解为止。

①从待探索节点列表中选择具有最小总代价（代价函数f值）的节点进行探索。

②对于选择的节点，计算其相邻节点的代价并更新它们的代价值和父节点。

③将更新后的节点添加到待探索节点列表中。

（3）实时更新：在实时环境中，如果有新的障碍物出现或者当旧的障碍物被移除时，Incremental A*算法会根据变化情况重新计算路径。当发生障碍物变化时，算法可以根据改变的地图信息，更新已知路径，而无须完全重新搜索整个地图。

（4）路径回溯：一旦找到目标节点，算法通过追溯每个节点的父节点，构建最终路径。

Incremental A*算法通过动态地更新地图信息来适应环境的变化，从而实现实时的路径规划。这使得它特别适用于需要在动态环境中进行路径规划的场景，如移动机器人、自动驾驶等领域。

例如，在下面的实例中实现了一个简单的Incremental A*算法，用于在一个10×10的网格地图上寻找从起点到目标点的最短路径。本实例的主要功能包括：

（1）初始化地图和设置起始点、目标点。

（2）执行Incremental A*算法，搜索路径并输出结果。

（3）模拟动态障碍物的变化：在地图上添加或移除障碍物，并重新执行算法来更新路径。

（4）添加了等待时间，使得每次修改障碍物后的路径搜索结果能够在控制台中逐步显示。

总之，本实例展示了Incremental A*算法在动态环境中寻找最短路径的基本原理。

【实例8.1】 使用Incremental A*算法在动态环境中寻找最短路径（详细代码见本书配套资源codes/8/Incremental .cpp）。

本实例代码的实现流程如下：

（1）定义了一个Node结构体，表示地图中的节点，包含节点的坐标、实际代价g、估计代价h和指向父节点的指针。

（2）通过类Map实现了一个地图，包括设置地图的起始点和目标点，以及设置障碍物的功能。该类还提供了一个启发式函数来估计节点到目标点的代价。

（3）在类Map中实现了Incremental A*算法。该算法使用优先队列来管理开放列表，并利用set来实现节点的排序。在算法中，从起始节点开始，每次选择开放列表中代价最小的节点进行扩展，直到找到目标节点或者开放列表为空。

（4）在主函数main中创建了一个10×10的地图，并设置了起始点和目标点。然后，通过调用incrementalAStar函数执行了Incremental A*算法。随后，模拟了障碍物的动态变化，每次添加或移除障碍物后重新执行算法，并在控制台输出路径结果。执行后会输出：

```
Found path:(0,0)(9,9)
Add obstacle at(9,7)
Found path:(0,0)(9,9)
Remove obstacle at(5,0)
Found path:(0,0)(9,9)
Add obstacle at(5,6)
Found path:(0,0)(9,9)
Remove obstacle at(1,8)
Found path:(0,0)(9,9)
Add obstacle at(7,2)
Found path:(0,0)(9,9)
Remove obstacle at(5,4)
Found path:(0,0)(9,9)
Add obstacle at(6,8)
Found path:(0,0)(9,9)
Remove obstacle at(3,3)
Found path:(0,0)(9,9)
Add obstacle at(2,1)
Found path:(0,0)(9,9)
```

8.3 Dynamic A*算法

Dynamic A*（动态A*）算法是一种路径规划算法，它可以在具有动态障碍物的环境中找到从起点到目标点的最短路径。与静态环境中的A*算法不同，动态A*允许在搜索过程中动态地添加、移除障碍物，并且能够在重新规划路径时尽可能重用之前的计算结果。

8.3.1 Dynamic A*算法介绍

Dynamic A*算法是对经典A*算法的一种扩展，旨在解决在动态环境中进行路径规划的问题。下面是Dynamic A*算法的背景和发展历程信息。

1. A*算法

A*算法是一种基于图搜索的启发式搜索算法，用于解决最短路径问题。A*利用启发式信息（通常是节点到目标节点的估计代价）来引导搜索过程，从而在搜索空间中找到最优解。

2. 静态环境下的路径规划

最初的A*算法是设计用于静态环境的，其中地图中的障碍物不会发生变化。在静态环境中，A*算法能够高效地找到最短路径。

3. 动态环境下的路径规划

然而，现实中的环境往往是动态的，障碍物可能会突然出现或消失。在这样的环境中，静态的A*算法可能会导致路径规划不准确或无法找到可行解。

4. Dynamic A*算法的提出

为了应对动态环境中的路径规划问题，研究者提出了Dynamic A*算法。Dynamic A*算法允许在搜索过程中动态地添加、移除障碍物，并且能够在重新规划路径时尽可能重用之前的计算结果。

5. 增量式更新

Dynamic A*算法通常采用增量式更新的策略，即只更新发生变化的部分路径信息。这种方式可以大大节省计算资源，尤其是在大规模地图上进行路径规划时。

6. 研究和改进

随着对动态路径规划问题的研究深入，研究者们提出了各种改进和变体，以提高算法的效率和适用性。这些改进涉及启发式函数的设计、节点扩展策略、路径回溯方法等方面。

8.3.2　应用领域与场景

Dynamic A*算法在各种领域和场景中都有广泛的应用，特别是在需要实时路径规划并且环境随时可能发生变化的情况下。Dynamic A*算法的主要应用领域和场景如下：

（1）机器人路径规划：在机器人导航和自主移动中，环境可能会动态变化，例如有障碍物移动或者新增。Dynamic A*算法可以帮助机器人实时规划最佳路径以避开障碍物并达到目标位置。

（2）无人机航迹规划：无人机在飞行过程中需要根据实时情况调整航迹，Dynamic A*算法可以用于在动态环境中规划无人机的航迹，避开障碍物或者优化航行路径。

（3）智能交通系统：在智能交通系统中，需要实时规划车辆的行驶路线，以应对交通拥堵、事故或者道路封闭等情况。Dynamic A*算法可以用于实现实时的交通路径规划。

（4）游戏开发：在游戏开发中，角色需要根据实时情况移动，例如，避开障碍物、追踪目标或者逃离危险。Dynamic A*算法可以用于实现游戏角色的路径规划。

（5）紧急救援：在紧急救援任务中，救援人员需要快速到达事故现场或者受伤人员身边。Dynamic A*算法可以帮助规划最佳的救援路径，考虑到道路实时情况和障碍物的变化。

（6）物流和配送：在物流和配送领域，需要规划货物的最佳配送路径，考虑到路况、交通拥堵以及配送点的动态变化。Dynamic A*算法可以帮助实现实时的配送路径规划。

总的来说，Dynamic A*算法适用于各种需要实时路径规划并且环境随时可能发生变化的场景，为解决这些实际问题提供了有效的路径规划方法。

8.3.3　Dynamic A*算法的实现步骤

Dynamic A*算法旨在处理具有动态障碍物的环境中的路径规划问题，实现Dynamic A*算法的基本步骤如下：

1. 初始化

（1）创建环境的网格地图或图形表示。

（2）定义起点和目标位置。

（3）将起始节点初始化为成本为0，并将其添加到开放列表或优先队列中。

2. 主循环

（1）循环直到到达目标或开放列表为空。

（2）从开放列表中选择具有最低成本的节点。

（3）展开所选节点，考虑其相邻节点。

3. 节点扩展

（1）对于当前节点的每个邻居，计算到达该邻居的成本。

（2）考虑从起始节点到邻居的当前路径成本，并将其加上启发式成本以估算总成本。

（3）如果邻居不在开放列表中，则以其计算出的成本添加它。

（4）如果邻居已在开放列表中且新成本低于其先前成本，则更新其成本和父节点。

4. 路径重建

（1）当达到目标节点时，使用父节点指针从目标节点回溯到起始节点以重建路径。

（2）此路径代表考虑当前环境状态时从起点到目标的最佳路线。

5. 动态障碍物处理

（1）监测环境变化，例如，移动或新增障碍物。

（2）检测到变化时，更新受影响的节点，并在必要时重新规划路径。

（3）考虑最小化计算开销的策略，例如，增量更新或缓存先前计算的路径。

6. 终止条件

（1）当到达目标节点或开放列表为空时，算法终止。

（2）如果达到目标，则找到最佳路径，并可用于导航。

（3）如果开放列表为空且未达到目标，则表示在当前环境配置下不存在可行路径。

总的来说，Dynamic A*算法将A*算法原理应用于处理动态变化的环境，允许在障碍物可能出现、消失或移动的情况下进行实时路径规划。例如，下面是一个简单的例子，展示了使用Dynamic A*算法在一个简单的二维网格地图上进行路径规划的过程。在本实例中，假设地图是静态的，但是障碍物可以动态地添加或移除。

【实例8.2】 使用Dynamic A*算法在动态环境中寻找最短路径（详细代码见本书配套资源codes/8/Dynamic.cpp）。

本实例代码的实现流程如下：

（1）定义了一个节点结构体Node，用于表示地图上的节点，包括节点的坐标、实际代价、估计代价以及父节点指针。

（2）定义了一个地图类Map，其中包括了地图的网格表示、起始点和目标点的坐标，以及一些方法用于设置起始点、目标点和障碍物，以及执行Dynamic A*算法。

（3）在类Map中实现了dynamicAStar方法，用于执行Dynamic A*算法。该方法首先创建一个开放列表openList，存放待扩展的节点，并初始化一个二维布尔数组 closedList用于记录已经遍历过的节点。然后，根据A*算法的思想，在一个循环中选择代价最小的节点进行扩展，直到找到目标节点或者开放列表为空。在节点扩展过程中，根据当前节点的相邻节点计算其代价，并将其加入开放列表中。当找到目标节点时，通过回溯父节点指针，生成路径，并输出路径信息。

（4）在函数main中创建了一个10 × 10的地图，并设置起始点和目标点。然后，模拟了障碍物的动态变化，依次添加和移除障碍物，并执行Dynamic A*算法，打印输出路径信息。

执行后会输出：

```
Found path:(0,0)(9,9)
Add obstacle at(9,7)
Found path:(0,0)(9,9)
Remove obstacle at(5,0)
Found path:(0,0)(9,9)
```

8.3.4 Dynamic A*算法和D*算法的区别

Dynamic A*算法和D*算法都是专门用于在动态环境中进行路径规划的算法，它们确实有一些共同之处，但也有一些不同之处。以下是两者的一些特点和区别。

1. Dynamic A*算法

Dynamic A*算法是A*算法的一个变体，主要用于静态环境中的路径规划，但也适用于动态环境。在Dynamic A*中，路径规划是基于先前的规划结果进行的，当环境发生变化时，仅重新规划受影响的部分路径，而不需要重新规划整个路径。Dynamic A*算法通常采用增量式更新的方法，以减少重新规划的计算成本，并尽可能重用先前的计算结果。

2. D*算法

D*算法是一种专门用于动态环境下的路径规划算法，采用了反向搜索的方式。在D*中，路径搜索是从目标节点开始向起始节点进行的，并且在搜索过程中动态地更新节点的代价信息。D*算法的主要优点是可以在环境变化时快速地修正路径，适应动态障碍物的移动和变化，同时尽可能地保留先前规划的路径信息。

总的来说，Dynamic A*算法和D*算法都适用于动态环境下的路径规划，但它们有不同的实现原理和策略。Dynamic A*算法更侧重于基于增量式更新的路径修正，而D*算法则是一种从目标向起始搜索的路径规划算法，能够快速适应环境的动态变化。

小 结

本章探讨了基于A*算法变种的动态规划算法，首先介绍了A*算法的不同变种，重点关注Incremental A*和Dynamic A*算法。通过深入分析Incremental A*算法的实现步骤，读者了解了如何在动态环境中通过增量更新优化路径计算。此外，Dynamic A*算法的核心思想及其应用场景也得到了详细阐述，使读者能够理解其与传统A*算法的区别。通过对这两种算法的比较，读者将掌握动态路径规划的多样性和适用性，为未来在实际项目中的应用奠定了基础。

习 题

一、填空题

1. Incremental A*算法通过__________更新已有路径，从而提高在动态环境中的效率。

2. Dynamic A*算法在处理动态路径规划时，能够实时调整路径，适用于__________等场景。

3. 与传统A*算法相比，Dynamic A*算法的主要优势在于能够快速__________，以应对环境变化。

二、思考题

1. Incremental A*算法与传统A算法相比，在哪些方面具有明显的优势？请具体分析。

2. Dynamic A*算法在动态环境中表现出色，请讨论其在实际应用中可能面临的挑战和解决方案。

第9章 RRT算法

RRT（rapidly-exploring random tree）算法是一种高效的基于随机采样的树形路径规划算法，特别适用于高维状态空间和动态环境中的路径规划。它能够快速生成可行路径，并在运动过程中动态调整路径以适应环境变化。在智能网联汽车领域，RRT算法可用于自动驾驶车辆的路径规划，特别是在复杂的城市交通环境和未知障碍物场景中，能够有效生成安全且高效的行驶路径。本章将详细介绍RRT算法及其变种（如RRT_Connect、RRT*）的实现步骤和应用场景，以帮助读者深入理解其在智能交通中的应用价值。

学习目标

◎ 理解RRT算法基础：掌握RRT算法的基本原理及其在机器人运动规划中的应用，了解其相较于其他路径规划算法的优势。

◎ 深入学习RRT算法变种：研究RRT算法的不同变种，包括改进的RRT算法、RRT_Connect算法和RRT*算法，理解它们各自的特点和适用场景。

◎ 掌握RRT算法的实现步骤：通过具体实例学习如何实现原始RRT算法及其变种，提升对算法设计与实现的理解。

◎ 路径规划与轨迹优化：学习如何利用RRT*算法进行路径规划和轨迹优化，理解在复杂环境中生成平滑和高效路径的重要性。

◎ 应用开发能力：通过基于pygame的RRT*路径规划系统和MATLAB可视化项目，提升实际项目开发能力，掌握路径规划系统的基本构建与实现。

9.1 RRT算法介绍

RRT是一种用于路径规划的算法，特别适用于机器人、自动驾驶车辆和其他自主系统的运动规划问题。该算法通过在自由空间中随机采样并迭代地构建一棵树来寻找从起点到目标点的可行路径。

9.1.1 机器人运动规划介绍

在过去的十多年中，机器人的运动规划问题已经收到了大量的关注，因为机器人开始成为现代工业和日常生活的重要组成部分。最早的运动规划问题只是考虑如何将一架钢琴从一个房间移动到另一个房间而不碰撞任何物体。早期的算法则关注研究一个最完备的运动规划算法（完备性指如果存在这么一条规划的路径，那么算法一定能够在有限时间找到它）。例如，用一个多边形表示机器人，其他的多边形表示障碍物体，然后转化为一个代数问题去求解。但是这些算法遇到了计算的复杂性问题，他们有一个指数时间的复杂度。在1979年，Reif则证明了钢琴搬运工问题的运动规划是一个PSPACE-hard问题。所以这种完备的规划算法无法应用在实际中。

在实际应用中，运动规划算法有胞分法，势场法，路径图法等。这些算法在参数设置得比较好的时候，可以保证规划的完备性，在复杂环境中也可以保证花费的时间上限。然而，这些算法在实际应用中有许多缺点。例如，在高维空间中这些算法就无法使用，像胞分法会使得计算量过大。势场法会陷入局部极小值，导致规划失败。

基于采样的运动规划算法是最近十几年提出的一种算法，并且已经吸引了极大的关注。概括地讲，基于采样的运动规划算法一般是连接一系列从无障碍的空间中随机采样的点，试图建立一条从初始状态到目标状态的路径。与最完备的运动规划算法相反，基于采样的方法通过避免在状态空间中显式地构造障碍物来提供大量的计算节省。即使这些算法没有实现完整性，但是它们是概率完备（probabilistic completeness）的，即如果存在从初始状态到目标状态的合法路径，并且采样点的数量无限增加，那么算法找到这个路径的概率将趋近于1，这意味着规划算法不能返回解的概率随着样本的数量趋近无穷而衰减到零，并且这个下降速率是指数型的。

RRT算法，是近十几年得到广泛发展与应用的基于采样的运动规划算法，它由美国爱荷华州立大学的Steven M. LaValle教授在1998年提出。LaValle一直从事RRT算法的改进和应用研究，他的相关工作奠定了RRT算法的基础。RRT算法是一种在多维空间中有效率的规划方法。原始的RRT算法是通过一个初始点作为根节点，通过随机采样，增加叶子节点的方式，生成一个随机扩展树，当随机树中的叶子节点包含了目标点或进入了目标区域，便可以在随机树中找到一条由树节点组成的从初始点到目标点的路径。

快速扩展随机树（RRT）也是一种数据结构和算法，其设计用途是用来有效搜索高维非凸空间，可应用于路径规划、虚拟现实等研究。RRT是一种基于概率采样的搜索方法，它采用一种特殊的增量方式进行构造，这种方式能迅速缩短一个随机状态点与树的期望距离。该方法的特点是能够快速有效地搜索高维空间，通过状态空间的随机采样点，把搜索导向空白区域，从而寻找到一条从起始点到目标点的规划路径。它通过对状态空间中的采样点进行碰撞检测，避免了对空间的建模，能够有效地解决高维空间和复杂约束的路径规划问题。RRT 算法适合解决多自由度机器人在复杂环境下和动态环境中的路径规划问题。与其他的随机路径规划方法相比，RRT 算法更适用于非完整约束和多自由度的系统中。

RRT算法的主要优点之一是它的随机性和快速性。通过随机采样并迭代地扩展树，RRT 能够有效地探索大型自由空间，并在有限时间内找到可行路径。此外，RRT算法对于高维空间中的运动规划问题也很有效，因为它不需要显式地构建整个空间的表示，而是在需要时根据采样点来动态扩展搜索树。

注意：RRT算法也有一些局限性，例如在某些情况下可能会找到次优路径，以及对于高度动态的环境或需要考虑更多因素的问题可能不够灵活。因此，有时候需要结合其他算法或改进来解决特定的路径规划问题。

9.1.2 改进的RRT算法

相比于最原始的RRT算法的一些缺点，一些专家提出了许多改进的RRT算法，其中常用的改进算法如下：

1. 基于概率P的RRT

为了加快随机树到达目标点的速度，简单的改进方法是：在随机树每次的生长过程中，根据随机概率（0.0~1.0的随机值p）来选择生长方向是目标点还是随机点。2001年，LaValle在采样策略方面引入RRT GoalBias与RRT GoalZoom，RRT GoalBias方法中，规划器随机采样的同时以一定概率向最终目标运动。在RRTGoalZoom的方法中，规划器分别在整个空间和目标点周围的空间进行采样。

2. RRT_Connect

RRT_Connect即连接型RRT，2000年由LaValle教授和日本东京大学的Kuffner教授联合提出。该算法一开始同时从初始状态点和目标状态点生长两棵随机树，每一次迭代过程中，其中一棵树进行扩展，尝试连接另一棵树的最近节点来扩展新节点。然后，两棵树交换次序重复上一迭代过程。这种双向的RRT技术具有良好的搜索特性，相比原始快速扩展随机树算法，在搜索速度、搜索效率方面有了显著提高。

3. RRT*

2010年，MIT的Sertac和Emilio证明了在基于采样的运动规划算法中，随着RRT算法采样点趋向于无穷，其收敛到最优解的概率为0，为此他们提出了渐进最优（asymptotic optimality）的RRT*算法。该算法在原有RRT算法基础上，改进了父节点选择的方式，采用代价函数来选取扩展节点邻域内最小代价的节点为父节点，同时，每次迭代后都会重新连接现有树上的节点，从而保证计算复杂度和渐进最优解。

9.1.3 与RRT算法相关的概念

1. 位姿空间

运动规划的状态空间是应用于机器人变换的集合，称为位姿空间（configuration space）。在位姿空间中引入了C空间、C空间障碍物、自由空间等一系列概念。法国计算机科学家Latombe在他的著作中对路径规划的文献进行了总结统一。对于路径规划问题，位姿空间的引入是一次划时代的革命，一旦清楚地理解了位姿空间的概念和意义，许多诸如几何学、运动学等各种以不同形式出现的运动规划问题都可以采用相同的规划算法加以解决，这种层次的抽象是非常重要的。

1）位姿（configuration）

机器人的一个位姿指的是一组相互独立的参数集，它能完全确定机器人上所有的点在工作空间W中的位置，这些参数用来完整描述机器人在工作空间W中的状态。一个位姿通常表示为带有位置和方向参数的一个向量(vector)，用q表示。

2）自由度（degrees of freedom）

机器人的自由度定义为机器人运动过程中决定其运动状态的所有独立参数的数目，即q的维数。

3）位姿空间（configuration space）

位姿空间是机器人所有可能位姿组成的集合，代表了机器人所有可能的运动结果，称为C-

空间，也可简记为C。

4）距离函数（distance function）

C空间中的距离函数定义为该空间中的一个映射$\rho:(q_1,q_2)\in C^2\rightarrow\rho(q_1,q_2)$，记为$\rho=\|q_1-q_2\|$。

2. 障碍物空间和自由空间

假设在工作空间W:$W=R^d$中包含所有的障碍物区域O:$O\subset W$，定义A为机器人，A的具体的含义可以理解为从机器人位姿空间到机器人工作空间的一一映射，它将位姿空间中的任意一个点映射成二维或者三维工作空间中机器人各个体段的位姿状态。

1）障碍物空间（obstacle space）

表达式$C_{obs}=\{q\in C|A(q)\cap O=\emptyset\}$定义了位姿空间当中的障碍物空间$C_{obs}\subseteq C$。位姿空间中的无碰撞区域通常称为自由空间，可用$C_{obs}$与$C$集合运算定义（$A\backslash B$表示集合$A$与$B$的差集）。

2）自由空间（free space）

表达式定义了$C_{free}=C\backslash C_{obs}$位姿空间中的自由空间。

3）路径长度（path cost）

定义$pc:\sum C_{free}\rightarrow R>0$为一条路径的非负长度，$\sum C_{free}$表示所有自由空间中的路径集合。

3. 运动规划的基本定义

用C空间的思路，运动规划问题在概念上变得非常简单：任务是在其中寻找一条从起始位姿到目标位姿的路径。运动规划问题的示意图如图9.1所示，图中整个水滴表示位姿空间$C=C_{free}\cup C_{obs}$。

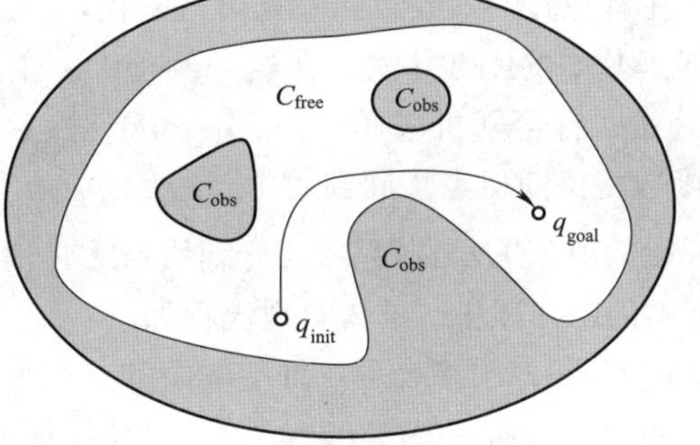

图 9.1　运动规划示意图

9.2　RRT算法的定义与实现

RRT算法通过随机采样和树结构迭代地探索搜索空间，直到找到连接起点和目标点的路径。算法不断生成新节点，并将其连接到最近邻节点，直到达到最大迭代次数或找到路径。最终，从树中提取路径作为解。

9.2.1　RRT算法的实现步骤

实现RRT算法的基本步骤如下：

（1）初始化：将起点添加到搜索树中作为唯一节点。

（2）循环：在搜索树中不断迭代，直到找到目标点或达到最大迭代次数。

- 采样：在自由空间中随机采样一个点作为新的探索点。
- 最近邻搜索：在搜索树中找到与新采样点最近的节点。
- 扩展：从最近邻节点向采样点之间的直线路径上进一步扩展，并检查是否碰撞了障碍物。
- 连接：如果扩展路径是无碰撞的，则将新的节点添加到搜索树中，并将连接它的边添加到树中。
- 目标检测：检查新添加的节点是否足够接近目标点，如果是，则算法终止。

（3）路径提取：当算法终止时，从搜索树中提取从起点到目标点的路径。

9.2.2 原始的RRT算法

在介绍 RRT算法之前，先说明一下路径的表示方法。我们用一个有向图来表示路径$G=(V,E)$，那么一条可行的路径就是一个顶点的序列$(v_1,v_2,v_3,\cdots,v_n)$,$v_1=q_{\text{init}}$,$v_n=q_{\text{goal}}$。同时$(v_i,v_{i+1})\in E,1\leqslant i\leqslant n-1$表示边。这样子问题就变成了使用采样到的点来扩展图$G$，使之能找到一条从初始节点到达目标节点的路径。

“原始的RRT算法”指的是最初提出的、最基本版本的RRT算法。这个版本是由Steven M. LaValle在他的论文“Rapidly-exploring Random Trees:A New Tool for Path Planning”中提出的。原始的RRT算法是用于路径规划的一种基本方法，其核心思想是通过随机采样和树结构迭代地探索搜索空间，直到找到连接起点和目标点的路径。在算法的每次迭代中，随机生成一个点并通过扩展树来探索新的空间区域，以此逐步构建一棵树。通过这种方式，RRT算法能够在自由空间中快速生成路径，并且在有限时间内收敛到一条可行路径。

例如，下面的例子实现了基本的RRT算法，在这个例子中，主要的RRT算法实现在main函数的for循环中。在每次迭代中，都会随机采样一个点q_rand，然后找到树中最接近该点的节点q_nearest，并使用 extend 函数将该随机点扩展到树中。最后，将扩展后的节点加入树中。

【实例9.1】 使用原始的RRT算法寻找路径（详细代码见本书配套资源codes/9/YRRT.cpp）。

本实例的代码实现了基本的RRT算法，具体实现流程如下：

（1）定义了一个节点结构 Node，用来表示二维空间中的点，每个节点具有x和y坐标。

（2）定义了计算两个节点之间距离的函数distance，以及扩展节点的函数extend。distance函数使用欧几里得距离公式计算两个节点之间的距离，而extend函数用来在当前最近节点和随机生成的节点之间进行扩展，保证扩展距离不超过最大距离。

（3）在main函数中，定义了起始节点q_init和目标节点q_goal，并创建了一个存储节点的集合V，将起始节点加入集合。

（4）在迭代过程中，程序将执行以下操作：

①随机生成一个节点q_rand，其坐标位于二维空间内随机位置。

②找到当前节点集合中距离随机节点q_rand最近的节点q_nearest。

③使用 extend 函数将q_nearest和q_rand之间的距离进行扩展，生成一个新的节点 q_new，并将其加入节点集合V中。

④这个过程会持续进行指定的迭代次数。

⑤最后，打印输出节点集合V中所有节点的坐标，展示了算法在迭代过程中生成的节点的分布情况。

9.2.3　基于概率P的RRT算法

基于概率P的RRT是一种路径规划算法，是RRT算法的一种变体。与传统的RRT算法不同，基于概率P的RRT引入了概率因素来指导树的生长，以提高路径搜索的效率。

在传统的RRT算法中，随机采样点的选择是均匀随机的，而在基于概率P的RRT中，采样点的选择是依据一定的概率分布进行的。这个概率分布通常会考虑到环境的特性，比如障碍物的分布情况、起点和终点的位置等。通过合理选择概率分布，可以使得采样点更有可能出现在搜索空间中有意义的区域，从而加速路径搜索的过程。

基于概率P的RRT算法仍然遵循RRT的基本思想，即通过不断生长树来探索搜索空间，并最终找到起点到目标点的可行路径。但是，通过引入概率因素，该算法能够更加智能地选择扩展方向，从而更快地收敛到解。这种方法通常可以提高算法的效率，并且在某些情况下能够更好地应对复杂的环境和任务需求。

下面是基于概率P的RRT算法的Extend函数的伪代码：

（1）$V' \leftarrow V; E' \leftarrow E$

（2）$q \leftarrow$ ChoseTarget(q_{rand}, q_{goal}, P);

（3）$q_{nearst} \leftarrow$ Nearst(G, q);

（4）$q_{new} \leftarrow$ Steer(q_{nearst}, q);

（5）if ObstacleFree(q_{nearst}, q_{new})then

（6）return $G' = (V', E')$

上述伪代码描述了基于概率P的RRT算法的Extend函数的实现步骤，下面是对上述步骤的具体说明。

（1）将当前图G的顶点集合V和边集合E复制到新的集合V'和E'，以便在函数中对它们进行修改，而不影响原始图G。

（2）选择一个目标点q，这个目标点可以根据一定的概率P来决定，通常是根据算法的策略和目标点的位置来选择。这个目标点可能是目标点q_{goal}，也可能是随机点q_{rand}，具体取决于算法的设计。

（3）找到当前树G中与目标点q最近的节点$q_{nearest}$。

（4）使用Steer函数在节点$q_{nearest}$和目标点q之间进行一个局部扩展，得到一个新的节点q_{new}。

（5）如果从节点$q_{nearest}$到节点q_{new}的路径是障碍物避开的，则执行以下步骤：

①将新节点q_{new}添加到V'中。

②将从$q_{nearest}$到q_{new}的边添加到E'中。

（6）返回更新后的图G'，其中$G' = (V', E')$。这个图包含了原始图G的所有顶点和边，以及新添加的节点和边。

上述Extend函数的目的是根据当前树G的状态和目标点q_{goal}的位置，尝试向目标点扩展树，以便更好地覆盖搜索空间并尽快找到一条可行路径。

由此可见，基于概率P的RRT算法的主要改变就是在实现Extend函数时，增加了一个ChoseTarget函数。这个函数不会全都使用q_{rand}作为扩展的方向，而是一个概率P来选择进行扩展，以1-P的概率选择q_{goal}来进行扩展。这样的好处就是加快了收敛速度，不过需要选择好对应的P概率。

下面是一个基于概率P的RRT算法的完整例子，包括了节点结构的定义、距离计算函数、扩展函数以及主函数实现。

【实例9.2】 使用基于概率P的RRT算法（详细代码见本书配套资源codes/9/PRRT.cpp）。

本实例的代码使用了基于概率P的RRT算法的一种简化版本。在上述代码中，函数Extend实现了RRT算法的扩展操作。在每次迭代中，算法首先随机采样一个点q_rand，然后根据概率P选择目标点q_goal或者随机点q_rand。接着，算法找到距离目标点最近的节点qnearest，并在节点qnearest和目标点之间进行局部扩展，得到新节点qnew。最后，如果从节点qnearest到节点qnew的路径是避开障碍物的，就将节点qnew添加到节点集合中，从而完成了一次扩展操作。

9.2.4 RRT_Connect算法

RRT-Connect算法是RRT算法的一种变体，用于解决路径规划问题。与标准的RRT算法不同，RRT-Connect算法旨在通过两个相互连接的RRT树来更快地找到起始点和目标点之间的路径。

上述RRT每次搜索都只有从初始状态点生长的快速扩展随机树来搜索整个状态空间，如果从初始状态点和目标状态点同时生长两棵快速扩展随机树来搜索状态空间，效率会更高。为此，在2000年由LaValle教授和日本东京大学的Kuffner教授联合提出了基于双向扩展平衡的连接型双树RRT算法，即RRT_Connect算法。

RRT-Connect算法的基本思想是从起始点和目标点分别开始，在两个树之间进行交替的扩展，直到两个树连接在一起或达到最大迭代次数。算法会在两个树中选择一个目标点，然后利用RRT的基本扩展过程来不断扩展树，直到找到连接起始点和目标点的路径为止。

RRT-Connect算法的优点如下：

（1）较快地找到路径：通过同时从起始点和目标点开始扩展树，可以更快地找到连接两点的路径。

（2）避免局部最优：由于使用了两个相互连接的树，可以避免陷入局部最优解。

RRT-Connect算法在机器人路径规划和运动规划等领域得到了广泛的应用，特别是在需要快速找到路径且避免局部最优的情况下。

例如，下面的实例演示了实现RRT_Connect算法的过程，首先定义了一个简单的二维空间，包括起始点和目标点。然后使用 RRT_Connect算法寻找连接起始点和目标点的路径。如果找到路径，则输出路径上的节点；如果未找到路径，则输出“Failed to find a path!”。

【实例9.3】 使用RRT_Connect算法寻找路径（详细代码见本书配套资源codes/9/RRT_Connect.cpp）。

本实例代码的实现流程如下：

（1）定义了一个Node结构体，用于表示二维空间中的节点，其中包含节点的x和y坐标。

（2）实现了distance函数，用于计算两个节点之间的欧氏距离。

（3）实现了SampleRandomPoint函数，用于在给定的空间内随机采样一个点作为新节点。

（4）实现了Extend函数，用于在树中扩展一个新节点，该函数会找到距离新节点最近的节点，并沿着连接这两个节点的方向进行扩展。

（5）实现了IsConnected函数，用于检查两个节点之间的距离是否小于给定的阈值，从而判断是否连接。

（6）实现了核心函数RRT_Connect，该函数接收起始点、目标点、最大迭代次数、扩展步长和连接阈值作为输入参数。在每次迭代中，该函数会从起始树和目标树分别扩展节点，并检查两棵树是否已经连接。如果连接，则构建路径并返回；如果达到最大迭代次数仍未找到路径，则返回空路径。

（7）在主函数main中，定义了起始点、目标点、最大迭代次数、扩展步长和连接阈值，并调用RRT_Connect函数来执行路径规划。根据返回的路径结果，输出相应的信息，如果找到了路径，则输出路径上的节点坐标；如果未找到路径，则输出失败信息。

执行后会输出：

```
Found a path:
(0,0)(0,0)(0.666795,0.745241)(1.63821,0.982624)(2.15109,1.84108)(2.56541,2.75122)
(3.42105,3.26879)(4.23841,3.84491)(4.5559,4.79317)(4.5559,4.79317)(5.0172,5.11175)
(5.84004,5.68003)(6.49759,6.43344)(7.19464,7.15046)(7.91953,7.83933)(8.61269,8.56011)
(9.28992,9.29588)(10,10)(10,10)
```

9.2.5 RRT*算法

RRT*算法是RRT算法的改进版本，旨在提高路径规划的效率和路径质量。RRT*算法最早是由Steven M. LaValle和James J. Kuffner Jr在2000年提出的。

RRT*算法主要通过优化现有路径树的方式来改进RRT算法，而不是像RRT那样简单地在空间中不断生成随机样本和扩展树。其基本思想是通过引入代价函数来评估树中的各个节点，并在树的生长过程中不断优化树结构，以使生成的路径更加高效和优化。

RRT*算法的主要特点和优势包括：

（1）最优性保证：RRT*算法可以保证找到的路径是最优或接近最优的，特别是在迭代次数趋于无穷大的极限情况下。

（2）连续优化：算法通过对树中节点的代价进行优化，使得树的结构在不断扩展的过程中能够更好地反映问题的最优解。

（3）自适应性：RRT*算法能够根据问题的具体情况和要求，自适应地调整代价函数和优化策略，以获得更好的路径质量和性能。

总的来说，RRT*算法是一种强大的路径规划算法，适用于需要高效、优化和最优路径的问题领域，如机器人运动规划、自动驾驶车辆路径规划等。

2010年，MIT的Sertac和Emilio提出了完整的RRT*算法。这个算法与上面的算法相比，不但可以找到可行解，还可以找到一条相对次优的算法。例如，下面的实例实现了RRT*算法，通过随机扩展树、优化树结构等步骤，用于寻找从起始点到目标点的最优路径。例如，下面的实例实现了RRT*算法，通过随机扩展树、优化树结构等步骤，用于寻找从起始点到目标点的最优路径。

【实例9.4】 使用RRT*算法寻找路径（codes/9/RRTStar.py）。

实例文件RRTStar.py的具体实现流程如下：

（1）定义节点类Node，其中节点具有x和y坐标属性，以及父节点指针和代价属性。这个类用于在路径规划算法中表示空间中的节点，以便记录节点的位置、连接关系和代价信息。

```
#定义节点类
class Node:
    def __init__(self,x,y):
```

```
        self.x=x
        self.y=y
        self.parent=None
        self.cost=0                        #添加代价属性，默认为0
```

（2）定义RRT*类RRTStar，用于实现RRT*路径规划算法。在初始化时，它接受起始点、目标点、障碍物信息以及其他可选参数，并设置了初始状态。在算法运行过程中，它会维护一个节点列表，其中包含了从起始点开始扩展的树的所有节点。

```
#定义 RRT*类
class RRTStar:
    def __init__(self,start,goal,obstacles,max_iter=1000,step_size=5,min_distance=5):
        self.start=Node(start[0],start[1])
        self.goal=Node(goal[0],goal[1])
        self.obstacles=obstacles
        self.max_iter=max_iter
        self.step_size=step_size
        self.min_distance=min_distance
        self.nodes=[self.start]
```

（3）定义方法distance计算两个节点之间的欧几里得距离。给定两个节点node1和node2，它通过计算这两个节点在二维空间中的距离来计算它们之间的欧几里得距离。

```
    #欧几里得距离
    def distance(self,node1,node2):
        return np.sqrt((node1.x-node2.x)**2+(node1.y-node2.y)**2)
```

（4）定义方法sample_point，用于在空间中随机采样一个点，以用于RRT*算法中的扩展步骤。在大多数情况下，它将在整个空间中均匀随机采样一个点。但是在一定概率下（这里是10%的概率），它会返回目标点的坐标，以便有机会直接扩展到目标点附近。

```
    #在随机点周围采样
    def sample_point(self):
        if np.random.rand()<0.9:
            return np.random.uniform(0,600),np.random.uniform(0,400)
                                                    #定义随机采样的范围
        else:
            return self.goal.x,self.goal.y          #使得采样点有概率落在目标点附近
```

（5）下面的代码定义了类RRT*中的nearest_node方法。这个方法接受一个点的坐标作为输入，并找到树中距离该点最近的节点。它首先将输入点转换为节点对象，然后计算输入点与树中每个节点的距离，并找到最小距离对应的节点，即最近节点。

```
    #寻找最近节点
    def nearest_node(self,point):
        point_node=Node(point[0],point[1])
        distances=[self.distance(node,point_node)for node in self.nodes]
        nearest_node=self.nodes[np.argmin(distances)]
        return nearest_node
```

（6）下面的代码定义了类RRT*中的is_collision_free方法。这个方法用于检查两个节点之间

是否存在障碍物。它遍历障碍物列表，对于每个障碍物，检查两个节点是否位于障碍物的范围内。如果任何一个节点位于障碍物范围内，则返回False，表示存在障碍物；否则返回True，表示两个节点之间没有障碍物。

```
    #检查两点之间是否存在障碍物
    def is_collision_free(self,node1,node2):
        for obstacle in self.obstacles:
            if obstacle[0]<=node1.x<=obstacle[2] and obstacle[1]<=node1.y<=obstacle[3]:
                return False
            if obstacle[0]<=node2.x<=obstacle[2] and obstacle[1]<=node2.y<=obstacle[3]:
                return False
        return True
```

（7）定义方法expand_tree，这个方法实现了RRT*算法的主要逻辑，用于不断扩展树直到找到目标点或达到最大迭代次数。它通过随机采样一个点，在树中找到最近的节点，然后沿着该方向扩展一步。如果新节点与最近节点之间没有障碍物，且路径更优（代价更低），则将新节点添加到树中。如果新节点接近目标点，则将目标点添加到树中并返回。

```
    #扩展树
    def expand_tree(self):
        for _ in range(self.max_iter):
            rand_point=self.sample_point()
            nearest_node=self.nearest_node(rand_point)

            theta=np.arctan2(rand_point[1]-nearest_node.y,rand_point[0]-nearest_node.x)
             new_point=(nearest_node.x+self.step_size *np.cos(theta),nearest_node.y+self.
step_size *np.sin(theta))
            new_node=Node(new_point[0],new_point[1])

            if self.is_collision_free(nearest_node,new_node):
                 near_nodes=[node for node in self.nodes if self.distance(node,new_
node)<self.min_distance]
                min_cost_node=nearest_node
                min_cost=self.distance(nearest_node,new_node)

                for near_node in near_nodes:
                    if self.is_collision_free(near_node,new_node):
                        cost=near_node.cost+self.distance(near_node,new_node)
                        if cost<min_cost:
                            min_cost=cost
                            min_cost_node=near_node

                new_node.cost=min_cost
                new_node.parent=min_cost_node
                self.nodes.append(new_node)

                for near_node in near_nodes:
                     if self.distance(near_node,new_node)<self.min_distance and near_
node.cost+self.distance(near_node,new_node)<new_node.cost:
```

```
                            new_node.parent=near_node
                            new_node.cost=near_node.cost+self.distance(near_node,new_node)

                    if self.distance(new_node,self.goal)<self.min_distance and self.is_
collision_free(new_node,self.goal):
                    self.goal.parent=new_node
                    self.nodes.append(self.goal)
                    return
```

（8）定义方法backtrack_path，用于回溯从起始点到目标点的路径。它从目标节点开始，沿着每个节点的父节点链向上回溯，直到到达起始节点。在回溯过程中，它将每个节点的坐标添加到路径列表中。最后，它反转路径列表以确保路径按照正确的顺序返回。

```
    #回溯路径
    def backtrack_path(self):
        path=[]
        current_node=self.goal
        while current_node is not None:
            path.append((current_node.x,current_node.y))
            current_node=current_node.parent
        path.reverse()
        return path
```

（9）定义方法plot，用于绘制RRT*算法生成的路径以及障碍物。它创建了一个新的图形窗口，并设置了坐标轴的范围。然后，它在图形中添加了每个障碍物的轮廓，并绘制了树的连接关系。最后，它绘制了找到的路径，并标记了起始点和目标点。这个方法使用matplotlib库来进行绘图。

```
    #绘制路径和障碍物
    def plot(self,path):
        fig,ax=plt.subplots()
        ax.set_xlim(0,600)
        ax.set_ylim(0,400)

        for obstacle in self.obstacles:
                ax.add_patch(plt.Rectangle((obstacle[0],obstacle[1]),obstacle[2]-
obstacle[0],obstacle[3]-obstacle[1],color='gray'))

        for node in self.nodes:
            if node.parent:
                ax.plot([node.x,node.parent.x],[node.y,node.parent.y],color='blue')

        ax.plot([node[0] for node in path],[node[1] for node in path],color='red')
        plt.plot(self.start.x,self.start.y,'go')
        plt.plot(self.goal.x,self.goal.y,'ro')
        plt.show()
```

（10）在下面的代码中，首先创建了一个包含两个矩形障碍物的列表obstacles，然后初始化了一个RRT*算法实例rrt_star，并设置了起始点(50,50)和目标点(550,350)，以及障碍物信息。接着，调用expand_tree方法扩展树，寻找从起始点到目标点的路径。然后，调用backtrack_path方法回溯路径，并将结果存储在path变量中。最后，调用plot方法绘制路径和障碍物，以可视化展示RRT*算法生成的路径。

```
#定义障碍物
obstacles=[(100,100,200,200),(300,300,400,400)]
#初始化 RRT*算法
rrt_star=RRTStar(start=(50,50),goal=(550,350),obstacles=obstacles)
#扩展树
rrt_star.expand_tree()
#回溯路径
path=rrt_star.backtrack_path()
#绘制路径和障碍物
rrt_star.plot(path)
```

执行后会可视化展示RRT*算法生成的路径，如图9.2所示。

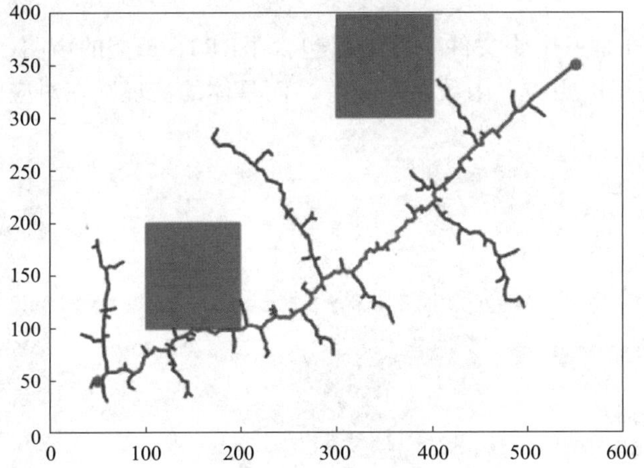

图9.2 RRT*算法生成的路径可视化图

9.3 综合实战——机器人路径规划和轨迹优化系统

本项目实现了路径规划和轨迹优化功能（codes/9/planning-and-optimization）。首先，使用RRT*算法在给定空间中搜索最优路径，考虑了障碍物避障等因素。然后，利用最小加速度捆绑（minimum snap）算法对路径进行优化，生成平滑的轨迹。最后，通过MATLAB可视化工具绘制了优化后的三维路径。

9.3.1 项目介绍

随着机器人技术的快速发展，机器人在各个领域的运用越来越广泛，其中路径规划和轨迹优化是关键的技术之一。针对复杂环境中的机器人运动问题，需要高效的路径规划算法和轨迹优化方法来保证机器人的安全性和效率性。因此，开发一个综合的机器人路径规划和轨迹优化系统具有重要意义。

本项目是一个基于C++和MATLAB实现的综合性项目，旨在提供一套完整的解决方案，用于解决机器人在复杂环境中的路径规划和轨迹优化问题。该系统包括两个核心模块：RRTStar和MinSnapTraj。RRTStar模块实现了快速探索随机采样空间的路径规划算法，能够在给定约束条件下寻找到高效的路径。而MinSnapTraj模块则专注于对生成的路径进行轨迹优化，利用最小加速度平滑轨迹生成算法，实现对机器人运动轨迹的优化和平滑化。通过这两个模块的协同工作，系统能够为各类机器人提供高效、安全的路径规划和轨迹优化方案，为机器人在复杂环境中的运动提供可靠的支持。

9.3.2 实现RRT*算法

在本项目中，文件RRTStar.h提供了RRT*算法的声明，包括类的成员变量和方法，用于在C++ 中实现RRT*算法。这个头文件定义了RRTStar类，其中包含了算法所需的参数和方法的声明，以及用于执行RRT*算法的函数原型。文件RRTStar_withHeader.cpp实现了RRTStar.h中声明的方法，完成了RRT*算法的具体逻辑。这个文件包含了RRTStar类的成员函数的实现，实现了RRT*算法的核心功能，包括树的构建、路径搜索、路径优化等功能，并提供了用于单元测试的示例代码。

（1）文件RRTStar.h是一个头文件，其中只包含了RRTStar类的声明，没有实际的实现。在C++中，头文件通常用于声明类、函数、变量等，而具体的实现则在对应的源文件中。

```
#ifndef RRTSTAR_H
#define RRTSTAR_H

#include <iostream>
#include <vector>
#include <cmath>
#include <unordered_map>
#include <map>
#include <random>
#include <algorithm>
#include <fstream>
#include <string>
#include <stdexcept>

class RRTStar {
public:
    std::vector<double> start;
    std::vector<double> goal;
    std::vector<double> goalError;
    int maxIterations;
    std::vector<std::vector<double>> obstacles;
    double maxDistance;
    std::vector<double> lower;
    std::vector<double> upper;
    double stepSize;
    double neighbourRadius;
    double epsilon;
    std::vector<double> currSample;
    int dynamic_it_counter;
    int dynamic_break_at;
```

```
    std::vector<std::vector<double>> spaceLimits;

    std::vector<std::vector<double>> allNodes;
    std::vector<std::vector<double>> bestPath;
    std::map<std::string,std::vector<double>> bestTree;
    std::map<std::string,std::vector<double>> tree;

    RRTStar(std::vector<std::vector<double>> spaceLimits,std::vector<double>
start,std::vector<double> goal,double max_distance,int maxIterations,std::vec
tor<std::vector<double>> obstacle);

    void updateTree(std::vector<double> node,std::vector<double> newNode);
    std::vector<double> generateNode();
    std::vector<double> findNearest(std::vector<double> newNode);
    std::vector<double> unitVectorToNode(std::vector<double> newNode,std::vector<double>
nearestNode);
    std::vector<std::vector<double>> validNeighbours(std::vector<double> newNode);
    bool validConnection(std::vector<double> node,std::vector<double> newNode);
    std::vector<double> bestNeighbour(std::vector<std::vector<double>> neighbours);
    bool rewire(std::vector<std::vector<double>> neighbours,std::vector<double> newNode);
    bool isPathFound(std::map<std::string,std::vector<double>> tree,std::vector<double>
newNode);
    std::vector<std::vector<double>> getPath(std::map<std::string,std::vector<double>> tree);
    void store_best_tree();
    static double path_cost(std::vector<std::vector<double>> path);
    void run();
    void writeDataToCSV(const std::vector<std::vector<double>>& data,const
std::string& filename);
};

#endif                          //RRTSTAR_H
```

在上述代码中声明了如下成员变量：

- start：起始点的坐标。
- goal：目标点的坐标。
- goalError：目标误差，用于判断是否到达目标。
- maxIterations：最大迭代次数。
- obstacles：障碍物的坐标。
- maxDistance：每次扩展的最大距离。
- lower、upper：状态空间的下界和上界。
- stepSize：步长。
- neighbourRadius：邻居半径。
- epsilon：阈值，用于判断两个节点是否相等。
- currSample：当前采样的点。
- dynamic_it_counter、dynamic_break_at：用于动态设置迭代次数。
- spaceLimits：状态空间的限制。

（2）文件RRTStar_withHeader.cpp包含了对前面的类RRTStar类成员函数的具体实现，这些函数包括构造函数、更新树、生成节点、寻找最近节点、计算单位向量、获取有效邻居节点、判断连接是否有效、获取最佳邻居、重新连接节点、判断路径是否找到、获取路径、存储最佳树、计算路径成本、运行RRT*算法和将数据写入CSV文件。

①构造函数RRTStar::RRTStar负责初始化RRTStar类的实例，包括设置起始点、目标点、状态空间限制、最大迭代次数和障碍物等参数。它还计算目标误差，用于判断是否到达目标，以及将起始点添加到节点列表中。

```
    RRTStar::RRTStar(vector<vector<double>> spaceLimits,vector<double> start,vector<double>
goal,double max_distance,int maxIterations,vector<vector<double>> obstacle){
            this->start=start;
            this->goal=goal;
            this->goalError={goal[0]-0.05,goal[1]-0.05,goal[2]-0.05};
            this->maxIterations=maxIterations;
            this->maxDistance=max_distance;
            this->obstacles=obstacle;
            this->lower=spaceLimits[0];
            this->upper=spaceLimits[1];
            this->allNodes.push_back(this->start);

            this->stepSize=max_distance;
            this->neighbourRadius=1.1 *this->maxDistance;
            this->epsilon=0.3;
            this->currSample={};

            this->bestPath={};
            this->bestTree={};

            this->dynamic_it_counter=0;
            this->dynamic_break_at=this->maxIterations / 10;

    }
```

②函数RRTStar::updateTree的功能是更新RRT树，将新的节点添加到树中，并指定其父节点。具体来说，它接受两个参数：要添加到树中的新节点和该新节点的父节点。然后，它将新节点添加到所有节点列表中，并使用字符串键值表示新节点，将其与其父节点关联起来，以便构建整棵树的结构。

```
    void RRTStar::updateTree(vector<double> node,vector<double> newNode){
            this->allNodes.push_back(newNode);
            std::string key=to_string(newNode[0])+","+to_string(newNode[1])+","+to_
string(newNode[2]);
            std::vector<double> parent=node;
            if(newNode!=node){
                this->tree[key]=parent;
            }
    }
```

③函数RRTStar::generateNode()的功能是生成一个新的随机节点，用于扩展RRT树。它会根据状态空间的限制和一定的随机性，随机生成一个新的节点。如果随机数小于预先定义的目标

到达概率阈值，则返回目标节点，否则在状态空间范围内生成一个随机节点，并将其四舍五入到两位小数。生成的随机节点将作为RRT树的扩展目标。

```
    std::vector<double> RRTStar::generateNode(){
            random_device rd;
            mt19937 gen(rd());
            uniform_real_distribution<double> dis(0.0,1.0);
            if(dis(gen)<this->epsilon){
                return this->goal;
            }

            double x=(dis(gen)*(this->upper[0]-this->lower[0]))+this->lower[0];
            double y=(dis(gen)*(this->upper[1]-this->lower[1]))+this->lower[1];
            double z=(dis(gen)*(this->upper[2]-this->lower[2]))+this->lower[2];

            std::vector<double> randomNode={std::round(x*100)/100,round(y*100)/100,
round(z*100)/100};
            return randomNode;
    }
```

④函数RRTStar::findNearest(vector<double> newNode)的功能是找到RRT树中离给定节点最近的节点。它遍历所有已知节点，并计算它们与给定节点的距离，然后返回距离最近的节点作为结果。这个函数帮助确定在RRT树中哪个节点最适合作为新节点的父节点，以便在树中扩展。

```
    std::vector<double> RRTStar::findNearest(vector<double> newNode){
            std::vector<double> distances;
            for(const auto& node:allNodes){
                 distances.push_back(sqrt(pow(newNode[0]-node[0],2)+pow(newNode[1]-
node[1],2)+pow(newNode[2]-node[2],2)));
            }

            std::vector<double> nearestNode=allNodes[distance(distances.begin(),min_
element(distances.begin(),distances.end()))];
            return nearestNode;

    }
```

⑤函数RRTStar::unitVectorToNode(vector<double> newNode,vector<double> nearestNode)的功能是计算从最近节点（nearestNode）到新节点（newNode）的单位向量。它首先计算两个节点之间的距离，然后根据距离调整新节点的位置，使得新节点沿着与最近节点相连的方向移动一个单位距离。最后，它将调整后的新节点作为结果返回。这个函数在RRT*算法中用于确定如何将新节点添加到树中。

```
    std::vector<double> RRTStar::unitVectorToNode(vector<double> newNode,vector<double>
nearestNode){
            double distance_nearest=std::sqrt(std::pow(newNode[0]-nearestNode[0],2)
+std::pow(newNode[1]-nearestNode[1],2)+std::pow(newNode[2]-nearestNode[2],2));
            if(distance_nearest > this->stepSize){
                 double x=nearestNode[0]+(newNode[0]-nearestNode[0])*this->stepSize /
distance_nearest;
                double y=nearestNode[1]+(newNode[1]-nearestNode[1])*this->stepSize
```

```
/ distance_nearest;
                double z=nearestNode[2]+(newNode[2]-nearestNode[2])*this->stepSize
/ distance_nearest;
                std::vector<double> new_node={std::round(x*100)/100,std::round
(y*100)/100,std::round(z*100)/100};
                newNode=new_node;
            }
            return newNode;
    }
```

⑥函数RRTStar::validNeighbours(vector<double> newNode)的功能是获取给定节点周围有效的邻居节点。它遍历所有已知节点，并计算它们与给定节点的距离，然后筛选出距离在邻居半径内的节点。对于每个满足条件的节点，还会检查与给定节点之间是否存在有效的连接（即路径上是否有障碍物）。最终，返回所有有效邻居节点的列表。这个函数在 RRT*算法中用于确定哪些节点可以作为新节点的邻居，以便在树中进行扩展。

```
    std::vector<std::vector<double>> RRTStar::validNeighbours(vector<double> newNode){
            std::vector<std::vector<double>> neighbours;
            for(std::vector<double> node:this->allNodes){
                double distance=std::sqrt(std::pow(node[0]-newNode[0],2)+std::pow(node[1]-
newNode[1],2)+std::pow(node[2]-newNode[2],2));
                if(distance<=this->neighbourRadius){
                    if(this->validConnection(node,newNode)){
                        neighbours.push_back(node);
                    }
                }
            }
            return neighbours;
    }
```

⑦函数RRTStar::validConnection(std::vector<double> node,std::vector<double> newNode)的功能是判断两个节点之间是否存在有效的连接，即路径上是否有障碍物。它接受两个节点作为参数，并检查它们之间的直线路径是否与任何障碍物相交。如果路径上没有障碍物，则返回true，表示节点之间的连接有效；否则返回false，表示节点之间的连接存在障碍物，不可通过。这个函数在RRT*算法中用于检查节点之间的连接是否合法，以便确定是否将新节点添加到树中。

```
    bool RRTStar::validConnection(std::vector<double> node,std::vector<double> newNode){
            if(this->obstacles.empty()){
                return true;
            }
            for(std::vector<double> obs:this->obstacles){
                double xmin=obs[0];
                double xmax=obs[1];
                double ymin=obs[2];
                double ymax=obs[3];
                double zmin=obs[4];
                double zmax=obs[5];
                std::vector<double> node1=node;
                std::vector<double> node2=newNode;
```

```
            std::vector<double> direction={node2[0]-node1[0],node2[1]-node1[1],node2[2]-
node1[2]};
            std::vector<double> t(100);
            std::vector<std::vector<double>> points(100,std::vector<double>(3));
            for(int i=0; i<100; i++){
                t[i]=i / 99.0;
                points[i][0]=node1[0]+t[i] *direction[0];
                points[i][1]=node1[1]+t[i] *direction[1];
                points[i][2]=node1[2]+t[i] *direction[2];
            }
            for(std::vector<double> point:points){
                if(point[0] >=xmin && point[0]<=xmax && point[1] >=ymin && point[1]<=ymax
&& point[2] >=zmin && point[2]<=zmax)
    {
                    return false;
                }
            }
        }
        return true;
    }
```

⑧函数RRTStar::bestNeighbour(std::vector<std::vector<double>> neighbours)的功能是从一组邻居节点中选择最佳的节点作为当前节点的邻居，它接受一个邻居节点的列表作为参数，并计算每个邻居节点到起始点的代价（通常是欧几里得距离）。然后，它选择代价最低的邻居节点作为最佳邻居，并将其返回。这个函数在RRT*算法中用于确定哪个邻居节点最适合作为当前节点的父节点，以便在树中扩展。

```
    std::vector<double> RRTStar::bestNeighbour(std::vector<std::vector<doub
le>> neighbours){

        double min_cost=std::numeric_limits<double>::max();
        std::vector<double> best_neighbour;
        for(std::vector<double> neighbour:neighbours){
            double cost=std::sqrt(std::pow(neighbour[0]-this->start[0],2)+st
d::pow(neighbour[1]-this->start[1],2)+std::pow(neighbour[2]-this->start[2],2));
            if(cost<min_cost){
                min_cost=cost;
                best_neighbour=neighbour;
            }
        }
        return best_neighbour;
    }
```

⑨函数RRTStar::rewire(std::vector<std::vector<double>> neighbours,std::vector<double> newNode)的功能是尝试重新连接树中的某些节点，以改善树的结构和性能。它接受一组邻居节点和一个新节点作为参数，并尝试重新连接这些邻居节点到新节点，以便通过新节点到达树中其他节点。在重新连接过程中，它会检查新连接路径是否比现有路径更短且没有穿过障碍物。如果重新连接成功，则更新树的连接关系，并返回true；否则返回false。这个函数在RRT*算法中用于优化树的结构，以确保树的扩展路径是最优的。

```
bool RRTStar::rewire(std::vector<std::vector<double>> neighbours,std::vector<double> newNode){
        for(std::vector<double> neigh:neighbours){
            if(neigh== this->tree[to_string(round(newNode[0]*100)/100)+","+to_string(round(newNode[1]*100)/100)+","+to_string(round(newNode[2]*100)/100)]){
                continue;
            }

            if(this->validConnection(neigh,newNode)){
                std::vector<double> currentParent=this->tree[to_string(round(neigh[0]*100)/100)+","+to_string(round(neigh[1]*100)/100)+","+to_string(round(neigh[2]*100)/100)];

                double currentCost=sqrt(pow(neigh[0]-this->start[0],2)+pow(neigh[1]-this->start[1],2)+pow(neigh[2]-this->start[2],2));

                double interCost=sqrt(pow(newNode[0]-this->start[0],2)+pow(newNode[1]-this->start[1],2)+pow(newNode[2]-this->start[2],2));

                double newCost=sqrt(pow(neigh[0]-newNode[0],2)+pow(neigh[1]-newNode[1],2)+pow(neigh[2]-newNode[2],2))+interCost;

                if(newCost<currentCost){
                    this->tree[to_string(round(neigh[0]*100)/100)+","+to_string(round(neigh[1]*100)/100)+","+to_string(round(neigh[2]*100)/100)]=newNode;
                    return true;
                }
            }
        }

        return false;
    }
```

⑩函数RRTStar::isPathFound(map<string,vector<double>> tree,vector<double> newNode)的功能是检查是否已找到从起始点到达给定节点的路径，它接受一个表示树的映射和一个新节点作为参数，并检查树中是否存在一条从起始点到达新节点的路径。如果存在这样的路径，则返回true，表示已找到路径；否则返回false，表示尚未找到路径。这个函数在RRT*算法中用于确定是否已找到从起始点到目标点的可行路径。

```
bool RRTStar::isPathFound(map<string,vector<double>> tree,vector<double> newNode){
        std::string goal_node_key=std::to_string(std::round(this->goal[0]*100)/100)+","+std::to_string(std::round(this->goal[1]*100)/100)+","+std::to_string(std::round(this->goal[2]*100)/100);
        return tree.find(goal_node_key)!=tree.end();

    }
```

⑪函数RRTStar::getPath(map<string,vector<double>> tree)的功能是从树中重建路径。它接受一个表示树的映射作为参数，并从树的结构中重建从起始点到目标点的路径。具体来说，它从目标节点开始，沿着每个节点的父节点向上回溯，直到回溯到起始点，形成完整的路径。然后，它将

路径以节点列表的形式返回。这个函数在RRT*算法中用于从构建好的树结构中提取最优路径。

```
std::vector<std::vector<double>> RRTStar::getPath(map<string,vector<double>> tree){
        std::vector<std::vector<double>> path;
        std::vector<double> node=this->goal;
        while(node!=this->start){
            path.push_back(node);
            node=tree[std::to_string(std::round(node[0]*100)/100)+","+std::to_str
ing(std::round(node[1]*100)/100)+","+std::to_string(std::round(node[2]*100)/100)];
        }
        std::reverse(path.begin(),path.end());
        return path;
}
```

⑫函数RRTStar::store_best_tree()的功能是将当前树结构保存为最优树结构。它将当前的树结构（通常是已经找到的最优路径）存储在类成员变量bestTree中，以便稍后进行访问和使用。这个函数通常在找到更好的路径后被调用，以更新最优路径的表示。在RRT*算法中，它用于保存找到的最佳路径的树结构。

```
void RRTStar::store_best_tree(){
        this->bestTree=this->tree;
}
```

⑬函数RRTStar::path_cost(vector<vector<double>> path)的功能是计算给定路径的总代价，它接受一个表示路径的二维向量作为参数，并计算路径上相邻节点之间的欧几里得距离之和，作为路径的总代价。最后，它返回路径的总代价。这个函数在RRT*算法中用于评估路径的质量和效果。

```
double RRTStar::path_cost(vector<vector<double>> path){
        double cost=0;
        for(int i=0; i<path.size()-1; i++){
            vector<double> node1=path[i+1];
            vector<double> node2=path[i];
            cost+=sqrt(pow(node1[0]-node2[0],2)+pow(node1[1]-node2[1],2)+pow(node1[2]-
node2[2],2));
        }
        return cost;
}
```

⑭函数RRTStar::run()是执行RRT*算法的核心方法。它负责根据给定的起始点、目标点和障碍物，在给定的空间范围内运行RRT*算法来搜索从起始点到目标点的最优路径。这个函数是整个RRT*算法的执行入口，它通过迭代优化树结构来搜索最优路径，并在找到路径或达到最大迭代次数时终止算法。

```
void RRTStar::run(){
        double old_cost=std::numeric_limits<double>::infinity();
        for(int i=0; i<this->maxIterations; i++){
            std::vector<double> node=this->generateNode();
            std::vector<double> neartestNode=this->findNearest(node);
             this->currSample=this->unitVectorToNode(node,neartestNode);
             std::vector<std::vector<double>> neighbours=this->validNeighbours(this-
>currSample);
```

```
            if(neighbours.empty()){
                continue;
            }

            std::vector<double> best_Neighbour=bestNeighbour(neighbours);
            this->updateTree(best_Neighbour,this->currSample);
            bool hasRewired=this->rewire(neighbours,this->currSample);
            if(this->isPathFound(this->tree,this->currSample)){
                cout<<"here in run if path found"<<endl;
                std::vector<std::vector<double>> path=this->getPath(this->tree);
                //double cost=result.second;
                this->store_best_tree();
                std::cout<<"iterations:"<<i<<std::endl;
                break;
            }
        }

        if(!this->isPathFound(this->bestTree,this->currSample)){
            throw std::runtime_error("No path found");
        }
        this->bestPath=this->getPath(this->bestTree);
        //this->bestPath=result1.first;
         std::cout<<"Best path found with cost:"<<RRTStar::path_cost(this-
>bestPath)<<std::endl;
    }
```

⑮函数RRTStar::writeDataToCSV(const std::vector<std::vector<double>>& data,const std::string& filename)的功能是将数据写入CSV文件，它接受一个二维向量data，表示要写入文件的数据，以及一个字符串filename，表示要写入的文件名。这个函数通常在RRT*算法找到最优路径后，将最优路径的节点坐标写入CSV文件中，以便后续进行可视化或其他处理。

```
    void RRTStar::writeDataToCSV(const std::vector<std::vector<double>>&
data,const std::string& filename){
        std::ofstream outputFile(filename);

        if(outputFile.is_open()){
            for(const auto& row:data){
                for(size_t i=0; i<row.size();++i){
                    outputFile<<row[i];
                    if(i<row.size()-1){
                        outputFile<<",";    //Add a comma between values
                    }
                }
                outputFile<<"\n";           //Start a new line for each row
            }

            outputFile.close();
            std::cout<<"Data has been written to "<<filename<<std::endl;
        } else {
            std::cerr<<"Unable to open file:"<<filename<<std::endl;
        }
    }
```

⑯下面这段代码是用于单元测试的示例代码，用于测试RRTStar类的功能是否正确。在这段代码中，首先创建了一个RRTStar类的对象rrt，然后调用了run()方法运行RRT*算法以搜索最优路径；接着，将找到的最优路径写入名为"output.csv"的CSV文件中，以便后续的分析和可视化；最后，函数返回0，表示程序正常结束。

```
//Uncomment for Unit Testing of Code

//int main(){
//     std::vector<double> start={0,0,0};
//     std::vector<double> goal={7.0*10,7.0*10,7.0*10};
//     std::vector<std::vector<double>> space_limits={{0.,0.,0.9},{100.,100.,100.}};
//     RRTStar rrt(space_limits,start,goal,5,1000,{{15,55,15,55,15,55}});
//     rrt.run();

//     std::string filename="output.csv";
//     rrt.writeDataToCSV(rrt.bestPath,filename);
//     //rrt.plot();
//     return 0;
//}
```

注意：在实际应用中，可以根据需要选择是否解除注释这段代码，并根据具体情况修改起始点、目标点、空间范围和障碍物等参数，以便进行单元测试和验证算法的正确性。

9.3.3 生成加速度轨迹

在本项目中，文件MinSnapTraj.h定义了MinimumSnap类，用于生成最小加速度（Minimum Snap）轨迹，包括轨迹生成、参数计算和约束设置等功能。文件MinSnapTraj_withHead.cpp实现了MinimumSnap类的成员函数，包括构造函数、轨迹生成算法、参数计算方法和约束设置函数等，以及对轨迹数据写入CSV文件的支持。整体提供了一个用于生成最小加速度轨迹的完整工具。

（1）文件MinSnapTraj.h定义了MinimumSnap类，用于生成最小加速度连续的轨迹。这个类包含了轨迹生成所需的参数和方法的声明，以及用于生成最小加速度连续轨迹的函数原型。

```
#ifndef MINSNAPTRAJ_H
#define MINSNAPTRAJ_H

#include <iostream>
#include <vector>
#include <cmath>
#include <fstream>

#include <eigen3/Eigen/Dense>
#include <eigen3/Eigen/Sparse>
#include <eigen3/Eigen/SparseLU>

#define EIGEN_RUNTIME_NO_MALLOC
#define EIGEN_NO_DEBUG


using namespace std;
```

```
using namespace Eigen;

class MinimumSnap{
public:
    MatrixXd globalPath;
    MatrixXd obstacles;
    double velocity;
    double dt;
    int n_coeffs;
    double xmin;
    double xmax;
    double ymin;
    double ymax;
    double zmin;
    double zmax;
    vector<double> time;
    MatrixXd A;
    MatrixXd B;
    int noSplines;
    vector<VectorXd> positions;
    vector<VectorXd> velocities;
    vector<VectorXd> acc;
    vector<int> spline_id;
    MatrixXd coeffs;
    int rowCounter;
    MatrixXd completeTraj;

    MinimumSnap(MatrixXd globalPath,MatrixXd obstacles,double velocity,double dt);

    void reset();
    MatrixXd getTrajectory();
    void generateTrajectroy(string method);
    void computeSplineParameters(string method);
    void createPolyMatrices();
    void setup();
    void positionConstraints();
    void startGoalConstraints();
    void continuityConstraints();
    void initMatrices();
    void numberSplines();
    void computeTime();
    void toCSV(vector<VectorXd> data);
    static VectorXd generatepolynomial(int noCoeffs,int order,double t);

};
#endif
```

（2）文件MinSnapTraj_withHead.cpp定义了MinimumSnap类的成员函数，这些函数用于实现最小加速度连续轨迹生成算法。

①MinimumSnap类的构造函数MinimumSnap(MatrixXd globalPath,MatrixXd obstacles,double velocity,double dt)用于初始化MinimumSnap对象的参数。它接受全局路径globalPath、障碍物信

息obstacles、期望速度velocity和时间步长dt作为输入参数，并将它们赋值给对象的成员变量，为后续的轨迹生成算法做准备。

```
    MinimumSnap::MinimumSnap(MatrixXd globalPath,MatrixXd obstacles,double velocity,double dt){
            this->globalPath=globalPath;
            this->obstacles=obstacles;
            this->velocity=velocity;
            this->dt=dt;
            this->n_coeffs=8;
            this->xmin=this->obstacles(0,0);
            this->xmax=this->obstacles(0,1);
            this->ymin=this->obstacles(0,2);
            this->ymax=this->obstacles(0,3);
            this->zmin=this->obstacles(0,4);
            this->zmax=this->obstacles(0,5);
            this->time.clear();
            this->A.resize(0,0);
            this->B.resize(0,0);
            this->noSplines=0;
            this->positions.clear();
            this->velocities.clear();
            this->acc.clear();
            this->spline_id.clear();
            this->coeffs.resize(0,0);
            this->rowCounter=0;
            this->completeTraj.resize(0,0);
    }
```

②MinimumSnap::reset()函数用于重置MinimumSnap对象的参数。它将对象的各项参数清空或重置为初始状态，以便重新使用该对象执行轨迹生成算法。

```
        void MinimumSnap::reset(){
            this->time.clear();
            this->A.resize(0,0);
            this->B.resize(0,0);
            this->noSplines=0;
            this->positions.clear();
            this->velocities.clear();
            this->acc.clear();
            this->spline_id.clear();
            this->coeffs.resize(0,0);
            this->rowCounter=0;
            this->completeTraj.resize(0,0);
    }
```

③MinimumSnap::getTrajectory()函数用于获取生成的轨迹。该函数执行轨迹生成算法，并返回完整的轨迹矩阵，包含位置、速度和加速度信息。

```
    MatrixXd MinimumSnap::getTrajectory(){
            string method="lstq";
            this->generateTrajectroy(method);
```

```
        return this->completeTraj;
    }
```

④MinimumSnap::generateTrajectroy(string method)函数用于根据给定的方法生成轨迹。它根据指定的方法（如最小二乘法）计算样条参数，并生成完整的轨迹，包括位置、速度和加速度信息。

```
    void MinimumSnap::generateTrajectroy(string method){
        this->computeSplineParameters(method);

        for(int i=0; i<this->noSplines; i++){
            double time=this->time[i];
            for(double tT=0.0; tT<time; tT+=this->dt){
                VectorXd pos=this->generatepolynomial(this->n_coeffs,0,tT).
transpose()*this->coeffs.block(i *this->n_coeffs,0,this->n_coeffs,this->coeffs.cols());
                VectorXd vel=this->generatepolynomial(this->n_coeffs,1,tT).
transpose()*this->coeffs.block(i *this->n_coeffs,0,this->n_coeffs,this->coeffs.cols());
                VectorXd acc=this->generatepolynomial(this->n_coeffs,2,tT).
transpose()*this->coeffs.block(i *this->n_coeffs,0,this->n_coeffs,this->coeffs.cols());

                //VectorXd pos=this->generatepolynomial(this->n_coeffs,0,tT).
transpose()*this->coeffs.segment(i *this->n_coeffs,this->n_coeffs);
                //VectorXd vel=this->generatepolynomial(this->n_coeffs,1,tT).
transpose()*this->coeffs.segment(i *this->n_coeffs,this->n_coeffs);
                //VectorXd acc=this->generatepolynomial(this->n_coeffs,2,tT).
transpose()*this->coeffs.segment(i *this->n_coeffs,this->n_coeffs);
                this->positions.push_back(pos);
                this->velocities.push_back(vel);
                this->acc.push_back(acc);
            }
        }

        int numCols=this->positions[0].size();
        this->completeTraj.resize(this->positions.size(),3 *numCols);
        for(int i=0; i<this->positions.size(); i++){
            this->completeTraj.block(i,0,1,numCols)=this->positions[i].
transpose();
            this->completeTraj.block(i,numCols,1,numCols)=this->velocities[i].
transpose();
            this->completeTraj.block(i,2 *numCols,1,numCols)=this->acc[i].
transpose();
        }
    }
```

⑤MinimumSnap::computeSplineParameters(string method)函数用于根据指定的方法计算样条参数。根据传入的方法，可以选择使用最小二乘法或其他数值方法来计算样条参数，以生成平滑的轨迹。

```
    void MinimumSnap::computeSplineParameters(string method){
        this->createPolyMatrices();
        if(method=="lstq"){
            //this->coeffs.resize(this->A.rows(),this->B.cols());
            //this->coeffs=this->A.jacobiSvd(Eigen::ComputeThinU | Eigen::
```

```
    ComputeThinV).solve(this->B);
                Eigen::MatrixXd pseudoInverse=(this->A.transpose()*this->A).ldlt().
solve(this->A.transpose());
                this->coeffs=pseudoInverse *this->B;
            } else {
                this->coeffs=this->A.fullPivLu().solve(this->B);
            }
    }
```

⑥MinimumSnap::createPolyMatrices()函数用于创建用于多项式拟合的矩阵，它在设置对象参数后被调用，为位置约束、起始和目标约束以及连续性约束创建所需的多项式矩阵。

```
    void MinimumSnap::createPolyMatrices(){
            this->setup();
            this->positionConstraints();
            this->startGoalConstraints();
            this->continuityConstraints();
    }
```

⑦MinimumSnap::setup()函数用于设置对象的参数，包括计算样条数量、计算时间以及初始化矩阵等操作。

```
    void MinimumSnap::setup(){
            this->numberSplines();
            this->computeTime();
            this->initMatrices();
    }
```

⑧MinimumSnap::positionConstraints()函数用于添加位置约束，它通过生成多项式来构建位置约束矩阵，并将全局路径中的位置信息与约束矩阵进行匹配。

```
    void MinimumSnap::positionConstraints(){
            for(int i=0; i<this->noSplines; i++){
                VectorXd poly=this->generatepolynomial(this->n_coeffs,0,0);
                this->A.row(this->rowCounter).segment(i *this->n_coeffs,this->n_
coeffs)=poly;
                this->B.row(this->rowCounter)=this->globalPath.row(i);
                this->rowCounter++;
            }

            for(int i=0; i<this->noSplines; i++){
                double tT=this->time[i];
                VectorXd poly=this->generatepolynomial(this->n_coeffs,0,tT);
                this->A.row(this->rowCounter).segment(i *this->n_coeffs,this->n_
coeffs)=poly;
                this->B.row(this->rowCounter)=this->globalPath.row(i+1);
                this->rowCounter++;
            }
    }
```

⑨MinimumSnap::startGoalConstraints()函数用于添加起始和目标约束。它生成多项式并将其与起始和目标位置进行匹配，以确保轨迹的起始和结束处满足约束条件。

```
    void MinimumSnap::startGoalConstraints(){
```

```
        for(int k=1; k<=3; k++){
            VectorXd poly=this->generatepolynomial(this->n_coeffs,k,0);
            this->A.row(this->rowCounter).segment(0,this->n_coeffs)=poly;
            this->rowCounter++;
        }

        for(int k=1; k<=3; k++){
            VectorXd poly=this->generatepolynomial(this->n_coeffs,k,this->time[this->noSplines-1]);
            this->A.row(this->rowCounter).segment((this->noSplines-1)*this->n_coeffs,this->n_coeffs)=poly;
            this->rowCounter++;
        }
    }
```

⑩MinimumSnap::continuityConstraints()函数用于添加连续性约束，它通过创建多项式并在相邻样条之间应用质量匹配条件来确保轨迹在连接处平滑过渡。

```
    void MinimumSnap::continuityConstraints(){
        for(int i=1; i<this->noSplines; i++){
            double timeT=this->time[i-1];
            for(int k=1; k<=4; k++){
                VectorXd poly0=-1 *this->generatepolynomial(this->n_coeffs,k,0);
                VectorXd polyT=this->generatepolynomial(this->n_coeffs,k,timeT);
                VectorXd poly(2 *this->n_coeffs);
                poly<<polyT,poly0;

                this->A.row(this->rowCounter).segment((i-1)*this->n_coeffs,2 *this->n_coeffs)=poly;
                this->rowCounter++;
            }
        }
    }
```

⑪MinimumSnap::initMatrices()函数用于初始化矩阵，根据样条数量和多项式系数来设置矩阵的大小。

```
    void MinimumSnap::initMatrices(){
        int numRows=this->n_coeffs *this->noSplines;
        int numCols=this->globalPath.cols();
        this->A.resize(numRows,numRows);
        this->B.resize(numRows,numCols);
    }
```

⑫MinimumSnap::numberSplines()函数用于计算样条数量，根据全局路径的行数来确定。

```
    void MinimumSnap::numberSplines(){
        this->noSplines=this->globalPath.rows()-1;
    }
```

⑬MinimumSnap::computeTime()函数用于计算每段样条的时间，根据全局路径中相邻点之间的距离和给定的速度来确定。

```
void MinimumSnap::computeTime(){
        double vel=this->velocity;
        for(int i=0; i<this->noSplines; i++){
            double dist=(this->globalPath.row(i+1)-this->globalPath.row(i)).norm();
            double time1=dist / this->velocity;
            this->time.push_back(time1);
        }
}
```

⑭MinimumSnap::toCSV(vector<VectorXd> data)函数的功能是将给定的数据写入CSV文件中。

```
void MinimumSnap::toCSV(vector<VectorXd> data){
        string name="output_traj_optim.csv";
        ofstream csvFile(name);

        for(int i=0; i<data.size(); i++){
            for(int j=0; j<data[i].size(); j++){
                csvFile<<data[i][j];
                if(j<data.size()-1){
                    csvFile<<",";
                }
            }
            csvFile<<"\n";
        }

        csvFile.close();
        cout<<"Data has been writen"<<endl;
}
```

⑮MinimumSnap::generatepolynomial(int noCoeffs,int order,double t)函数用于生成一个给定次数和系数数量的多项式，并在指定时间点计算其值。

```
VectorXd MinimumSnap::generatepolynomial(int noCoeffs,int order,double t){
        VectorXd poly(noCoeffs);
        VectorXd deri(noCoeffs);
        for(int i=0; i<noCoeffs; i++){
            poly(i)=1;
            deri(i)=i;
        }

        for(int _=0; _<order; _++){
            for(int j=0; j<noCoeffs; j++){
                poly(j)=poly(j)*deri(j);
                if(deri(j)> 0){
                    deri(j)=deri(j)-1;
                }
            }
        }

        for(int i=0; i<noCoeffs; i++){
            poly(i)=poly(i)*pow(t,deri(i));
        }

        return poly;
}
```

9.3.4 主程序

本项目的主程序文件是main.cpp，功能是通过RRT*算法生成机器人从起始点到目标点的全局路径，然后利用最小加速度平滑轨迹规划器生成平滑的最优轨迹，并将轨迹上的位置信息写入CSV文件“output_traj_optim.csv”中。

```
#include <vector>
#include <array>
#include <iostream>
#include "RRTStar.h"
#include "MinSnapTraj.h"
#include <eigen3/Eigen/Dense>

using namespace std;
using namespace Eigen;

int main(){
    vector<double> start={0,0,0};
    vector<double> goal={70,70,70};    //7.0*10 for each coordinate
    std::vector<std::vector<double>> space_limits={{0.,0.,0.9},{100.,100.,100.}};
    std::vector<std::vector<double>> obs={{15,55,15,55,15,55}};

    RRTStar rrt(
        space_limits,
        start,
        goal,
        5,                              //max_distance
        1000,                           //max_iterations
        obs
    );

    rrt.run();
    std::vector<std::vector<double>> global_path=rrt.bestPath;
    MatrixXd matrix_path(global_path.size(),global_path[0].size());

    for(int i=0; i<global_path.size();++i){
        for(int j=0; j<global_path[0].size();++j){
            matrix_path(i,j)=global_path[i][j];
        }
    }

    MatrixXd obs_optim(1,6);
    obs_optim<<15,55,15,55,15,55;      //xmin,xmax,ymin,...

    std::cout<<"start traj optim"<<std::endl;
    MinimumSnap min_snap(matrix_path,obs_optim,2,0.1);

    MatrixXd global_trajectory=min_snap.getTrajectory();
    vector<VectorXd> positions=min_snap.positions;
    for(int i=0; i<positions.size(); i++){
        cout<<"Position "<<i<<":"<<positions[i].transpose()<<endl;
    }
    min_snap.toCSV(positions);
```

```
    return 0;
}
```

9.3.5 MATLAB可视化

本项目使用MATLAB来实现数据可视化操作，MATLAB是一种功能强大的数学计算软件，也是一种编程语言，常用于数据分析、可视化和科学计算等领域。在这个项目中，MATLAB用于读取CSV文件中的数据，并将数据以三维散点图的形式进行可视化展示。

编写文件plot.m，功能是读取名为“output_traj_optim.csv”的CSV文件，提取其中的x、y、z坐标信息，并创建一个带有这些坐标点的三维散点图。标题设置为“3D Scatter Plot”，横轴、纵轴和深度轴分别为“X-axis”“Y-axis” 和 “Z-axis”。同时，启用了交互式旋转功能，可选地，还可以添加其他设置，如网格和等比例缩放。

```
% Read the CSV file
%data=csvread('output.csv');          %Replace'output.csv'with your actual
                                       filename
data=csvread('output_traj_optim.csv');
% Extract x,y,z coordinates
x=data(:,1);
y=data(:,2);
z=data(:,3);

% Create a 3D scatter plot
figure;
scatter3(x,y,z,'filled');
title('3D Scatter Plot');
xlabel('X-axis');
ylabel('Y-axis');
zlabel('Z-axis');

rotate3d on;
% Optionally,you can add other settings as needed
grid on;
axis equal;                            % Ensure equal scaling on all axes
```

执行后的效果图如图9.3所示，可视化展示了优化后的轨迹信息。

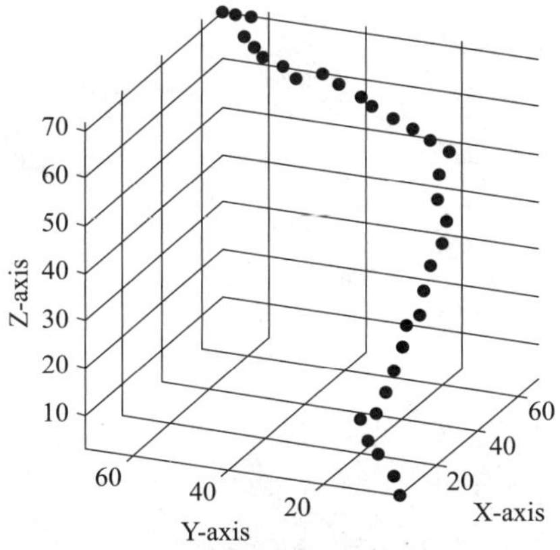

图9.3　可视化轨迹信息

9.4 综合实战——基于pygame的RRT*路径规划系统

本项目是一个基于pygame的交互式路径规划器，使用了RRT算法来搜索从起点到目标点的路径。用户可以通过鼠标在屏幕上设置起点、目标点，绘制障碍物，并通过按键触发算法执行。程序实时更新屏幕显示搜索过程，并在找到路径时将其显示出来，提供了一个直观的路径规划工具（codes/9/rrt-path-pygame）。

9.4.1 项目介绍

本项目是一个基于Python和Pygame的交互式路径规划器，旨在为自动驾驶和机器人领域提供一个直观、实时的路径规划工具。使用了RRT算法来搜索从起点到目标点的路径，并通过图形界面实时显示搜索过程。

本项目基于RRT算法实现，提供了如下的功能模块：

（1）基于RRT算法的路径规划模块，能够搜索从起点到目标点的路径。

（2）实时更新图形界面模块，以直观的方式展示路径搜索的过程和结果。

（3）用户交互操作模块，如设置起点、目标点，绘制障碍物等。

（4）辅助函数和数据结构模块，方便算法实现和调试。

本项目可以广泛应用于自动驾驶、机器人导航、无人机飞行路径规划等领域，可以帮助开发人员验证和优化路径规划算法，提高自动驾驶和机器人系统的性能和稳定性。同时，作为一个交互式的工具，也可以用于教学和学术研究，帮助学生和研究人员理解和掌握路径规划的基本原理和方法。

9.4.2 通用文件

在本项目中，文件utils.py和文件config.py属于通用文件。其中文件utils.py包含了一些实用函数，这些函数可以在各种模块或组件中重用。文件config.py通常存储系统中各处都会用到的配置参数和常量，这些参数定义了系统的行为或特性，并在代码库的不同部分按需访问。

（1）文件config.py定义了游戏窗口的尺寸、起始和目标点的位置、颜色以及障碍物的颜色和半径等配置参数。同时，它还指定了在RRT算法执行过程中更新屏幕的频率，并规定了保存和加载障碍物地图的文件名。此外，它还指定了用于显示算法信息的字体和大小。

```
from pygame import font
font.init()

#屏幕大小：
WIDTH=800
HEIGHT=600

#起始和目标圆的半径：
RADIUS=20

#起始和目标圆的初始位置：
START_INIT_POS=(30,30)
GOAL_INIT_POS=(WIDTH-30,HEIGHT-30)
```

```
#起始圆和目标圆的颜色:
START_COLOR=(0,255,0)
GOAL_COLOR=(255,0,0)

#障碍物的颜色和半径:
OBSTACLES_COLOR=(77,135,181)
OBSTACLES_RADIUS=10

#在RRT执行过程中，每创建MAX_EDGES_POOL个新边时更新屏幕.
MAX_EDGES_POOL=10

#保存和加载障碍物地图的文件名:
MAP_FILENAME='map.png'

#用于显示算法信息的字体:
FONT=font.SysFont('Tahoma',25,bold=True)
```

（2）文件utils.py定义了一些常用的数学函数和辅助函数，用于处理点的位置和向量的计算。

```
def dist(p1,p2):
    """
    计算p1和p2之间的欧几里得距离。

    p1--点（x，y）
    p2--点（x，y）
    """
    return math.hypot(p2[0]-p1[0],p2[1]-p1[1])

def randomPoint():
    """
    返回屏幕上随机点的坐标。
    """
    return rand(WIDTH),rand(HEIGHT)

def inside(point,center):
    """
    确定点是否在以给定圆心为中心、给定半径为config.RADIUS的圆内部。
    """
    return dist(point,center)<RADIUS

def normalize(vx,vy):
    """
    标准化输入向量并返回其坐标。
    """
    norm=math.sqrt(vx *vx+vy *vy)
    if(norm > 1e-6):
        vx /=norm
        vy /=norm
    return(vx,vy)
```

上述代码的具体功能包括：

（1）计算两个点之间的欧几里得距离。

（2）生成屏幕上随机点的坐标。

（3）判断一个点是否在以给定圆心为中心、给定半径的圆内部。

（4）对给定的二维向量进行标准化处理，返回其标准化后的坐标。

9.4.3 事件处理

文件events.py定义了事件处理函数，用于处理用户在程序执行期间发生的各种事件。其中包括两个主要的事件处理函数：rrtHandler()和mainHandler()。

```
mustQuit=False                          #表示用户关闭了程序窗口的标志。

def rrtHandler():
    """处理RRT执行期间的用户事件。"""
    global mustQuit
    event=pg.event.poll()
    if event.type==pg.QUIT:
        mustQuit=True
        return False
    elif event.type==pg.KEYDOWN:
        if event.key==pg.K_h:
            drawing.toggleInfo()
        else:
            drawing.clearTree()
            drawing.showInfo=False
            return False
    return True

def mainHandler(event,state,mousePos):
    """执行主要功能时的状态转换。"""
    overStart=dist(drawing.startPos,mousePos)<RADIUS
    overGoal=dist(drawing.goalPos,mousePos)<RADIUS

    if event.type==pg.QUIT:
        return 'quit'
    elif state=='waiting':
        if mustQuit:return 'quit'
        elif event.type==pg.MOUSEBUTTONDOWN:
            if overStart:return 'start-positioning'
            elif overGoal:return 'goal-positioning'
            elif event.button==1:return 'drawing'
            elif event.button==3:return 'erasing'
        elif event.type==pg.KEYDOWN:
            if event.key==pg.K_RETURN:return 'rrt'
            elif event.key==pg.K_s:return 'save'
            elif event.key==pg.K_l:return 'load'
            elif event.key==pg.K_c:return 'clear'

    elif state in ['drawing','erasing','start-positioning','goal-positioning']:
        if event.type==pg.MOUSEBUTTONUP:
            return 'waiting'

    elif state in ['save','load','clear']:
```

```
        return 'waiting'

    elif state=='path-found':
        if event.type==pg.KEYDOWN:
            if event.key==pg.K_h:
                drawing.toggleInfo()
            else:
                drawing.clearTree()
                drawing.showInfo=False
                return 'waiting'

    return state
```

对上述代码的具体说明如下：

（1）函数rrtHandler()：用于处理RRT执行过程中的用户事件，包括检测用户关闭窗口的操作以及按键事件。

（2）函数mainHandler()：用于处理程序的主要状态转换，在用户进行不同操作时执行相应的状态转换，如开始绘制、清除、保存地图、加载地图等。

9.4.4　点处理

文件points_container.py定义了一个名为pointsContainer的类，用于存储二维点并实现查找给定点的最近邻功能。

```
from utils import dist

class pointsContainer:
    """
    一个用于存储二维点并查找点最近邻的ADT。

      为了解决最近邻搜索问题（NNS），我选择了进行线性搜索，因为它比其他方法简单得多，并且
在这里产生了合理的好结果。

    时间复杂度：
     -insert:O(1)
     -NNS:O(N)，其中N是当前容器内的点数。
    """
    def __init__(self):
        self._points=[]

    def insert(self,point):
        self._points.append(point)

    def NNS(self,point):
        best=self._points[0]              #如果self._points为空，将引发IndexError。
        bestDist=dist(best,point)
        for p in self._points:
            pDist=dist(p,point)
            if pDist<bestDist:
                best=p
                bestDist=pDist
        return best
```

类pointsContainer提供了如下功能：

（1）初始化函数__init__用于创建一个空的点容器。

（2）insert方法用于向点容器中插入新的点。

（3）NNS方法用于查找给定点的最近邻，采用线性搜索算法，遍历容器中的所有点并计算它们与给定点的距离，然后返回距离最近的点。

9.4.5 碰撞检测

文件collision.py定义了一个名为collision的函数，用于检测给定线段是否与障碍物发生碰撞。

输入参数为起点src、终点dst和障碍物集合obstacles。函数collision通过对线段进行逐步的取样，并检查每个取样点是否位于障碍物上，以确定线段是否与障碍物相交。如果线段与任何障碍物相交则返回True，否则返回False。

```
from config import OBSTACLES_COLOR
from utils import dist,normalize

def collision(src,dst,obstacles):
    """
    检查线段 src-dst 是否与障碍物 obstacles 中的任何障碍物发生碰撞。

    src--点(x,y)
    dst--点(x,y)
    obstacles--pygame.Surface
    """
    vx,vy=normalize(dst[0]-src[0],dst[1]-src[1])
    curr=list(src)
    while dist(curr,dst)> 1:
        intCurr=int(curr[0]),int(curr[1])
        if obstacles.get_at(intCurr)==OBSTACLES_COLOR:
            return True
        curr[0]+=vx
        curr[1]+=vy
    return False
```

9.4.6 绘图操作

文件drawing.py定义了一个名为drawing的模块，其中包含了一系列用于绘制图形、清除图形、保存图形等操作的函数和变量，这些函数和变量共同组成了一个用于在屏幕上绘制和操作图形的工具集合。

```
#应用程序屏幕的引用:
screen=None

#初始化起始和目标位置:
startPos=START_INIT_POS
goalPos=GOAL_INIT_POS

#绘制到屏幕的表面:
```

```
obstaclesSurface=pg.Surface((WIDTH,HEIGHT))
treeSurface=pg.Surface((WIDTH,HEIGHT))
infoSurface=pg.Surface((WIDTH,HEIGHT))

treeSurface.set_colorkey((0,0,0))
infoSurface.set_colorkey((0,0,0))

#边缘池，以避免每添加一条新边缘就更新屏幕一次:
edgesPool=[]

#是否显示有关算法的信息:
showInfo=False

def drawObstacle(position):
    pg.draw.circle(obstaclesSurface,OBSTACLES_COLOR,position,OBSTACLES_RADIUS)

def eraseObstacle(position):
    pg.draw.circle(obstaclesSurface,(0,0,0),position,OBSTACLES_RADIUS)

def clearObstacles():
    obstaclesSurface.fill(0)

def clearTree():
    treeSurface.fill(0)

def saveObstacles():
    pg.image.save(obstaclesSurface,MAP_FILENAME)

def loadObstacles():
    global obstaclesSurface
    obstaclesSurface=pg.image.load(MAP_FILENAME)

def addEdge(edge):
    global edgesPool
    edgesPool.append(edge)
    if len(edgesPool)>=MAX_EDGES_POOL:
        for e in edgesPool:
            pg.draw.circle(treeSurface,(255,128,0),e[1],2)
            pg.draw.line(treeSurface,(255,255,255),e[0],e[1])
        edgesPool=[]
        update()

def clearEdgesPool():
    global edgesPool
    edgesPool=[]

def toggleInfo():
    global showInfo
    showInfo=not showInfo

def updateInfo(elapsed,nodes,height,length=None):
    infoSurface.fill(0)
    elapsed=format(elapsed,'.4f')
```

```
    lines=[
        f'时间:{elapsed}s',
        f'节点数:{nodes}',
        f'高度:{height}'
    ]
    if length:
        lines.append(f'路径长度:{length}')
    for i in range(len(lines)):
        temp=FONT.render(lines[i],0,(255,255,0),(0,0,1))
        infoSurface.blit(temp,(WIDTH-temp.get_width(),i *FONT.get_height()))

def drawPath(parent):
    global showInfo
    showInfo=True
    current=goalPos
    while parent[current]:
        pg.draw.line(treeSurface,(0,0,255),current,parent[current],4)
        pg.draw.circle(treeSurface,(0,191,255),current,4)
        current=parent[current]
    pg.draw.circle(treeSurface,(0,191,255),current,4)

def update():
    """更新屏幕。"""
    screen.fill(0)
    screen.blit(obstaclesSurface,(0,0))
    pg.draw.circle(screen,GOAL_COLOR,goalPos,RADIUS)
    pg.draw.circle(screen,START_COLOR,startPos,RADIUS)
    screen.blit(treeSurface,(0,0))
    if showInfo:
        screen.blit(infoSurface,(0,0))
    pg.display.flip()
```

在上述代码中包含了如下成员函数：

（1）函数drawObstacle()和函数eraseObstacle()：用于绘制和擦除障碍物。

（2）函数clearObstacles()和函数clearTree()：用于清除障碍物和树的表面。

（3）函数saveObstacles()和函数 loadObstacles()：用于保存和加载障碍物的地图。

（4）函数addEdge()：用于向边缘池中添加边缘，并根据需要更新屏幕。

（5）函数toggleInfo()：用于切换是否显示有关算法的信息。

（6）函数updateInfo()：用于更新显示有关算法信息的表面。

（7）函数drawPath()：用于绘制从起点到目标点的路径。

（8）函数update()：用于更新屏幕，并在需要时显示障碍物、起点、目标点、树以及有关算法的信息。

9.4.7 RRT算法

文件rrt.py实现了RRT算法的主要逻辑。它通过随机采样生成树状结构，从起点向目标点扩展，直到找到一条从起点到目标点的路径。文件rrt.py的主要功能如下：

（1）初始化起点和目标点，并创建一个点容器以存储已访问的点。

（2）在循环中，随机生成新的点，并找到最近的已访问点。

（3）检查新生成的点与最近点之间是否存在障碍物的碰撞。
（4）如果没有碰撞，则将新点添加到容器中，并更新其父节点和深度信息。
（5）通过不断扩展树状结构，直到找到一条从起点到目标点的路径。
（6）在算法执行过程中，根据需要更新屏幕显示，包括显示算法信息和已访问的边缘。
（7）最后，返回从起点到目标点的父节点信息，以便后续路径重构。

```
def rrt(start,goal,obstacles):
    """
    start--点(x,y)
    goal --点(x,y)
    obstacles:pygame.Surface
    """
    parent={ start:None }
    depth={ start:0 }

    container=pointsContainer()
    container.insert(start)

    height=0
    nodes=1

    current=start

    startTime=time.perf_counter()

    while not inside(current,goal):
        if not events.rrtHandler():    #处理用户事件。
            return None

        if drawing.showInfo:            #与绘制相关。
            elapsed=time.perf_counter()-startTime
            drawing.updateInfo(elapsed,nodes,height)
            drawing.update()

        sample=randomPoint()
        nearest=container.NNS(sample)

        if(sample==nearest):            #不允许两个相同的点。
            continue

        if not collision(sample,nearest,obstacles):
            container.insert(sample)
            parent[sample]=nearest
            depth[sample]=depth[nearest]+1

            height=max(height,depth[sample])
            nodes+=1

            drawing.addEdge((nearest,sample))

            current=sample
```

```
        if not goal in parent:
            parent[goal]=current
            depth[goal]=depth[current]+1
            height=max(height,depth[goal])
            nodes+=1
            drawing.addEdge((current,goal))

    elapsed=time.perf_counter()-startTime
    drawing.updateInfo(elapsed,nodes,height,depth[goal])

    return parent
```

9.4.8 主程序

文件main.py实现了一个基于pygame的交互式RRT路径规划器。在程序运行时，用户可以通过鼠标在屏幕上设置起点、目标点、绘制障碍物等。通过按键触发算法执行，程序会使用RRT算法搜索从起点到目标点的路径，并将搜索过程实时显示在屏幕上。最终，如果找到了一条路径，则将其显示出来，否则提示未找到路径。

```
def main():

    drawing.screen=pg.display.set_mode((WIDTH,HEIGHT))

    gameState='waiting'

    while True:
        event=pg.event.poll()
        mousePos=pg.mouse.get_pos()

        gameState=events.mainHandler(event,gameState,mousePos)

        if gameState=='quit':
            return
        elif gameState=='start-positioning':
            drawing.startPos=mousePos
        elif gameState=='goal-positioning':
            drawing.goalPos=mousePos
        elif gameState=='drawing':
            drawing.drawObstacle(mousePos)
        elif gameState=='erasing':
            drawing.eraseObstacle(mousePos)
        elif gameState=='clear':
            drawing.clearObstacles()
        elif gameState=='save':
            drawing.saveObstacles()
        elif gameState=='load':
            drawing.loadObstacles()
        elif gameState=='rrt':
            drawing.clearEdgesPool()
            tree=rrt(drawing.startPos,drawing.goalPos,drawing.obstaclesSurface)
            if tree:                        #找到路径:
```

```
                drawing.drawPath(tree)
                gameState='path-found'
            else:                          #用户终止了算法的执行:
                gameState='waiting'

        drawing.update()

if __name__=='__main__':
    main()
```

执行后的效果图如图9.4所示，可视化展示了我们用鼠标设置的地图的路径信息。

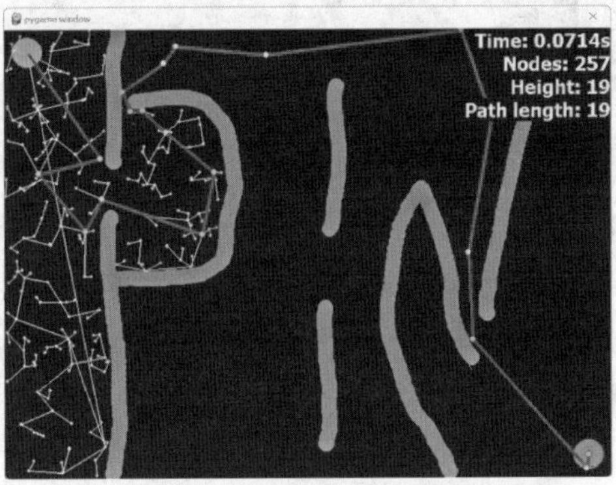

图9.4　可视化路径信息

小　结

本章深入探讨了RRT算法及其在机器人运动规划中的应用。首先，介绍了RRT算法的基本原理和实现步骤，随后分析了改进的RRT算法及其变种，如RRT_Connect和RRT算法，强调了这些算法在路径规划中的优势和适用性。接着，通过实际项目展示了如何利用RRT算法进行路径规划和轨迹优化，以及如何在复杂环境中生成高效且平滑的路径。最后，基于pygame的RRT*路径规划系统和MATLAB可视化项目的开发，进一步增强了读者的实践能力，为未来的机器人应用打下了坚实基础。

习　题

一、填空题

1. RRT算法通过在空间中随机采样并扩展树结构，以快速探索____________区域。
2. RRT*算法在RRT的基础上，增加了____________功能，以优化路径的平滑度和效率。
3. 在RRT算法中，____________是指将树的两个端点连接起来以形成完整路径的过程。

二、思考题

1. RRT算法与其他路径规划算法（如A*算法）的主要区别是什么？请讨论它们各自的优缺点。
2. 在实际应用中，如何结合RRT算法和优化算法（如RRT*）以提高路径规划的效率和效果？

第10章 优先级遍历算法

优先级遍历（priority-based search）算法是一类基于优先级排序进行搜索的路径规划算法，广泛应用于智能网联汽车的动态路径规划中。这些算法通过为每个搜索状态分配优先级，高效地探索最优路径。本章将深入讲解这些算法在智能网联汽车路径规划中的应用，包括实现步骤和优化方法，以帮助读者理解如何利用这些算法应对复杂交通环境中的动态路径规划需求。

学习目标

◎ 理解优先级遍历算法基础：掌握优先级遍历算法的基本概念及其在路径规划中的重要性，了解不同类型的优先级遍历算法如何在特定场景中应用。

◎ 深入研究搜索算法：学习并比较最佳优先搜索、均匀代价搜索、深度优先搜索和广度优先搜索的原理与实现步骤，理解它们在搜索空间中的策略和效果。

◎ 掌握具体应用案例：通过具体案例，如寻找城市之间的最短路径和寻找猫咪的最短路径，增强对各种搜索算法应用场景的理解，提升解决实际问题的能力。

◎ 路径规划中的选择与优化：分析在路径规划中选择合适搜索算法的重要性，理解不同算法的优缺点，以及在实际应用中如何优化搜索过程以提高效率。

◎ 项目开发能力提升：通过实现优先级遍历算法的实际项目，培养路径规划系统的开发能力，掌握从理论到实践的完整流程，增强综合应用能力。

10.1 优先级遍历算法简介

优先级遍历是一种在搜索问题中使用优先级进行节点扩展的方法，它是一类搜索算法的通用名称，其核心思想是在搜索过程中根据优先级规则选择下一个要扩展的节点，以便更快地达到目标状态或者找到最优解。

10.1.1 背景与历史

优先级遍历算法的背景和发展历程可以追溯到计算机科学和人工智能领域的早期发展阶段，在下面的内容中，将详细讲解优先级遍历算法的背景和发展历程。

（1）早期搜索算法的发展：在计算机科学的早期阶段，人们开始研究如何通过计算机来解决各种问题，其中搜索算法是一个重要的研究方向。早期的搜索算法主要是基于深度优先搜索、广度优先搜索等简单的策略。

（2）启发式搜索的提出：随着人工智能的发展，人们意识到在搜索过程中利用问题的特征信息可能会提高搜索效率。启发式搜索的概念应运而生，它引入了启发式函数来评估搜索状态的潜在价值，并据此指导搜索过程。

（3）A*算法的提出：A*算法是一种启发式搜索算法，于1968年提出。A*算法结合了深度优先搜索和启发式搜索的特点，在搜索过程中综合考虑了路径代价和启发式函数的值，从而实现了高效的路径搜索。

（4）其他优先级遍历算法的发展：除A*算法之外，还有许多其他基于优先级的搜索算法被提出和研究，如Dijkstra算法、Best-First Search算法等。这些算法在优先级规则、搜索策略和适用范围等方面有所不同，但都是基于优先级遍历的思想。

（5）路径规划和人工智能应用：优先级遍历算法在路径规划、人工智能、游戏开发等领域得到了广泛的应用。特别是在路径规划问题中，A*算法等优先级遍历算法已经成为标准的解决方案，为各种应用提供了高效的路径搜索能力。

综上所述，优先级遍历算法的背景和发展历程反映了搜索算法从简单到复杂、从无启发到启发式的演变过程，为解决各种实际问题提供了重要的理论和方法支持。

10.1.2　路径规划应用中的优先级遍历算法

在路径规划中，与优先级遍历有关的算法主要包括以下几种：

（1）A*算法：A*算法是一种启发式搜索算法，结合了广度优先搜索和启发式搜索的思想。它使用一个启发式函数来评估每个候选路径的潜在价值，并选择具有最低综合成本的路径进行扩展，从而尽可能快地找到目标状态或者最优解。

（2）Dijkstra 算法：Dijkstra算法是一种基于贪心策略的单源最短路径算法，它以节点之间的距离为优先级进行扩展。Dijkstra算法适用于没有负权边的图，通过不断更新起始节点到其他节点的最短距离来求解最短路径。

（3）最佳优先搜索（best-first search）：最佳优先搜索是一种启发式搜索算法，每次选择具有最小启发式值的节点进行扩展。它不像A*算法那样考虑了已经走过的路径，只是简单地选择当前最有希望的节点进行扩展。

（4）均匀代价搜索（uniform cost search）：均匀代价搜索是一种类似于Dijkstra算法的搜索算法，但不同的是，它考虑的是到达目标节点的最小代价路径，而不是到达起始节点的最短路径。均匀代价搜索会按照路径的代价递增的顺序进行扩展。

（5）束搜索（beam search）：束搜索是一种启发式搜索算法，与A*算法类似，但它只保留前几个最有希望的节点，而不是保留所有候选节点。束搜索主要用于空间限制较为严格的情况下，以牺牲一定的准确性为代价来提高搜索效率。

上面的这些算法在路径规划中都可以起到重要作用，它们根据具体的问题特点和性能需求选择适合的算法来进行路径搜索和规划。

10.2 最佳优先搜索算法

最佳优先搜索是一种启发式搜索算法，它每次扩展具有最小启发式值的节点。与传统的深度优先搜索或广度优先搜索不同，最佳优先搜索不考虑已经走过的路径，只是简单地选择当前最有希望的节点进行扩展。

10.2.1 最佳优先搜索算法的基本思想

最佳优先搜索算法的基本思想是每次扩展具有最小启发式值的节点，直到找到目标节点或者达到搜索的终止条件。这个算法通常用于解决最优化问题，例如在路径规划中寻找最短路径或者在游戏中寻找最佳解。在搜索过程中，最佳优先搜索不保留之前访问的节点，因此可能会陷入无限循环或者无法找到解的情况，但它通常能够以较快的速度找到一个接近最优解的解。

最佳优先搜索算法的基本思路如下：

（1）启发式评估：在搜索过程中，每个节点都会被分配一个启发式值，这个值是根据一个启发式函数计算得到的。启发式函数用来估计从当前节点到目标节点的代价或者潜在价值，通常是一个启发性的估计，并不一定是准确的。

（2）节点扩展：算法每次选择具有最小启发式值的节点进行扩展。换句话说，它倾向于首先探索那些离目标节点最近的节点，希望能够尽快找到解决方案。这就是为什么它被称为“最佳”优先搜索，因为它总是选择当前看起来最有希望的路径。

（3）搜索终止：算法会一直扩展节点直到找到目标节点，或者搜索空间已经完全被探索，没有更多的节点可供扩展。在前者情况下，会找到解决方案；而在后者情况下，可能意味着没有找到解决方案，或者搜索空间太大，算法无法在可接受的时间内完成搜索。

在实现最佳优先搜索时，通常需要定义一个启发式函数，用于评估每个节点的潜在价值。这个启发式函数通常是一种估计，它估计从当前节点到目标节点的代价。基于这个启发式函数的值，算法可以选择具有最小启发式值的节点进行扩展。

总的来说，最佳优先搜索算法的基本思想是在搜索过程中根据节点的启发式值选择下一个要扩展的节点，以期望能够更快地找到解决方案。然而，需要注意的是，由于启发式函数可能并不总是准确的，因此最佳优先搜索并不保证总是能够找到最优解，而可能会停留在局部最优解。

注意： 最佳优先搜索的一个常见应用是在人工智能的领域，特别是在问题求解、规划和游戏中。例如，在迷宫寻路问题中，可以使用最佳优先搜索来找到从起点到终点的最短路径。然而，需要注意的是，最佳优先搜索并不保证总是能够找到最优解，因为它只是简单地选择当前最有希望的节点进行扩展，而不考虑已经走过的路径。

10.2.2 最佳优先搜索算法的实现步骤

具体来说，实现最佳优先搜索算法的基本步骤如下：

（1）定义节点结构：创建一个表示节点的结构体或类，其中包括节点的位置坐标、距离起点的实际代价、到目标节点的启发式值等信息。此外，需要重载比较运算符，以便在优先队列中对节点进行排序。

（2）初始化起始节点：将起始节点添加到优先队列中，初始化其实际代价和启发式值。

（3）循环搜索：不断从优先队列中取出具有最小启发式值的节点进行扩展，直到找到目标节点或者搜索空间已经探索完毕。

（4）扩展节点：对于当前节点，根据问题的规则生成所有可能的后继节点，并计算它们的实际代价和启发式值。将这些后继节点加入优先队列中，按照启发式值的大小进行排序。

（5）判断终止条件：检查每次从优先队列中取出的节点是否为目标节点，如果是，则算法结束；如果优先队列为空，表示没有找到目标节点，算法结束。

（6）标记节点状态：在搜索过程中，需要记录已经访问过的节点，以避免重复访问和陷入循环。可以使用一个标记数组或者哈希表来记录节点的访问状态。

（7）返回结果：如果找到了目标节点，可以返回到达目标节点的最短路径或者最优解的相关信息。如果搜索失败，可以返回相应的失败信息或者特定的错误代码。

以上步骤是最佳优先搜索算法的一般实现过程。在具体应用中，可能需要根据问题的特点进行适当的调整和优化。例如，下面是一个简单的Python例子，演示了使用最佳优先搜索算法来解决迷宫寻路问题的过程。在这个例子中，我们假设迷宫是一个二维数组，其中 0 表示可以通过的空格，1表示障碍物。我们的目标是从起点(startX,startY)到达终点(endX,endY)。

【实例10.1】 使用Best-First Search算法解决迷宫问题（codes/10/Mi.py）。

实例文件Mi.py的具体实现代码如下：

```
import heapq

#定义迷宫的大小
ROW=5
COL=5

#定义节点类
class Node:
    def __init__(self,x,y,distance,heuristic):
        self.x=x            #节点坐标 x
        self.y=y            #节点坐标 y
        self.distance=distance          #起点到当前节点的距离
        self.heuristic=heuristic        #启发式值

    #重载小于运算符，用于优先队列的排序
    def __lt__(self,other):
        return(self.distance+self.heuristic)<(other.distance+other.heuristic)

#定义最佳优先搜索算法
def best_first_search(maze,startX,startY,endX,endY):
    #定义四个方向的移动偏移量
    dx=[-1,1,0,0]
    dy=[0,0,-1,1]

    #定义优先队列，用于节点扩展
    pq=[]
    heapq.heappush(pq,Node(startX,startY,0,abs(endX-startX)+abs(endY-startY)))
```

```
    #创建一个二维数组，用于记录节点是否被访问过
    visited=[[False for _ in range(COL)] for _ in range(ROW)]

    while pq:
        #取出当前优先级最高的节点
        current=heapq.heappop(pq)
        x,y,distance=current.x,current.y,current.distance

        #到达终点，返回距离
        if x==endX and y==endY:
            return distance

        #将当前节点标记为已访问
        visited[x][y]=True

        #在四个方向上尝试扩展节点
        for i in range(4):
            nx,ny=x+dx[i],y+dy[i]

            #如果新节点在迷宫范围内且未被访问过且可通行，则加入优先队列
            if 0<=nx<ROW and 0<=ny<COL and not visited[nx][ny] and maze[nx][ny]==0:
                heapq.heappush(pq,Node(nx,ny,distance+1,abs(endX-nx)+abs(endY-ny)))

    #没有找到路径，返回-1
    return-1

def main():
    maze=[
        [0,1,0,0,0],
        [0,1,0,1,0],
        [0,0,0,0,0],
        [0,1,1,1,0],
        [0,0,0,1,0]
    ]

    startX,startY=0,0
    endX,endY=4,4

    distance=best_first_search(maze,startX,startY,endX,endY)

    if distance==-1:
        print("No path found.")
    else:
        print("Shortest distance from start to end:",distance)

if __name__=="__main__":
    main()
```

对上述代码的实现流程如下：

（1）设置迷宫的大小，其中ROW表示迷宫的行数，COL表示迷宫的列数。

（2）定义一个节点类Node，用于表示搜索过程中的节点。每个节点包含四个属性：x和y表

示节点的坐标，distance 表示起点到当前节点的距离，heuristic表示当前节点的启发式值。

（3）实现最佳优先搜索算法best_first_search。该算法接收迷宫maze、起点坐标(startX,startY)、终点坐标(endX,endY)作为输入，并返回起点到终点的最短路径长度。算法使用优先队列pq来扩展节点，并利用启发式值来选择下一个扩展的节点。在搜索过程中，通过二维数组visited记录已经访问过的节点，避免重复访问。

（4）实现main函数，用于定义迷宫地图并调用best_first_search函数进行搜索。如果找到了路径，则输出最短路径的长度；如果没有找到路径，则输出提示信息"No path found."。

整体上，本实例实现了使用最佳优先搜索算法解决迷宫最短路径问题的功能。执行后会输出：

```
Shortest distance from start to end:8
```

10.2.3　应用案例——寻找两个城市之间的最短路径

本实例展示了如何使用最佳优先搜索算法在给定城市之间的距离信息的情况下，找到两个指定城市之间的最短路径的过程。程序首先读取城市的坐标和邻接关系信息，然后通过用户输入的起始城市和目标城市，利用最佳优先搜索算法计算出最短路径，并将结果打印出来。用户可以选择是否继续查找其他路径（codes/10/tu.py和juli.py）。

1. 绘制地图

（1）文件Adjacencies.txt中包含了城市之间的相邻关系。每一行表示一个城市及其相邻的城市列表。例如，第一行"Anthony Bluff_City_City Kiowa Attica Harper"表示Anthony这个城市与Bluff_City、Kiowa、Attica和Harper这些城市相邻。在程序中，根据这些相邻关系构建了城市对象，并计算了城市之间的距离，用于最佳优先搜索算法中。

```
Anthony Bluff_City Kiowa Attica Harper
Attica Medicine_Lodge
Augusta Winfield Andover Leon Wichita
Caldwell South_Haven Bluff_City Mayfield
El_Dorado Towanda Andover Augusta Emporia
Florence McPherson Hillsboro El_Dorado
Greensburg Coldwater Pratt
Harper Anthony Argonia Rago
Hutchinson Newton Haven
Junction_City Abilene Marion Manhattan Topeka
Kingman Cheney Pratt Hutchinson
Marion McPherson Newton Emporia
Mayfield Wellington Caldwell Argonia
McPherson Salina Lyons Hillsboro
Medicine_Lodge Attica Kiowa Coldwater
Newton McPherson Hutchinson Florence
Rago Viola Sawyer
Salina Abilene
Sawyer Pratt Zenda
Wellington Oxford Mayfield Mulvane South_Haven
Wichita Derby Clearwater Cheney Mulvane Andover Newton El_Dorado
```

（2）文件coordinates.txt中包含了城市的名称以及它们的经纬度坐标信息，每一行表示一个城市，其中包含城市名称、纬度和经度。例如，"Abilene 38.9220277 -97.2666667"表示Abilene这个城市的纬度为38.9220277，经度为-97.2666667。在程序中，根据这些坐标信息构建了城市对象，并根据城市之间的距离关系构建了相邻城市的信息，用于最佳优先搜索算法中。

```
Abilene 38.9220277-97.2666667
Andover 37.6868403-97.1657752
Anthony 37.1575168-98.0728946
Argonia 37.2670166-97.7726807
Attica 37.2421271-98.2351967
Augusta 37.6913277-97.0537108
Bluff_City 37.0760844-97.8793212
Caldwell 37.0346731-97.6179436
Cheney 37.632882-97.789442
Clearwater 37.5166968-97.5325458
Coldwater 37.2574937-99.3549149
Derby 37.5517122-97.2867892
El_Dorado 37.8098997-96.8943313
Emporia 38.3792991-96.2615044
Florence 38.2434672-96.9378672
Greensburg 37.6050677-99.3005641
Harper 37.2852232-98.0368352
Haven 37.9020486-97.7926952
Hillsboro 38.3494571-97.2156415
Hutchinson 38.0572062-97.9414547
Junction_City 39.0379342-96.8799338
Kingman 37.6480942-98.1693967
Kiowa 37.0190996-98.4940572
Leon 37.6892622-96.7916587
Lyons 38.3477177-98.22167
Manhattan 39.1682049-96.6901159
Marion 38.3589767-97.0267385
Mayfield 37.2618658-97.5508871
McPherson 38.3704302-97.6917722
Medicine_Lodge 37.2855616-98.5888462
Mulvane 37.4868677-97.2575929
Newton 38.0353742-97.4239353
Oxford 37.2734026-97.1777267
Pratt 37.6753423-98.7769217
Rago 37.4527946-98.0905053
Salina 38.8254325-97.702327
Sawyer 37.4972558-98.6880621
South_Haven 7.0497874-97.4052061
Topeka 39.0130335-95.7782425
Towanda 37.7971427-97.0063152
Viola 37.4827584-97.6496081
```

```
Wellington 37.2691963-97.5199806
Wichita 37.6645257-97.5841207
Winfield 37.2844228-96.999848
Zenda 37.4447194-98.2849356
```

（3）编写文件tu.p，使用库NetworkX来创建图结构，并使用了Spring Layout布局算法来调整节点的位置。

```
import matplotlib.pyplot as plt
import networkx as nx

#读取坐标文件
coordinates_file="coordinates.txt"
coordinates={}
with open(coordinates_file,"r")as f:
    for line in f:
        city,lat,lon=line.strip().split()
        coordinates[city]=(float(lat),float(lon))

#读取相邻关系文件
adjacencies_file="Adjacencies.txt"
adjacencies={}
with open(adjacencies_file,"r")as f:
    for line in f:
        cities=line.strip().split()
        adjacencies[cities[0]]=cities[1:]

#创建无向图
G=nx.Graph()

#添加节点和边
for city,coord in coordinates.items():
    G.add_node(city,pos=coord)
    if city in adjacencies:
        for adj_city in adjacencies[city]:
            G.add_edge(city,adj_city)

#绘制地图
pos=nx.spring_layout(G,seed=42)         #使用 spring layout 布局算法调整节点位置
plt.figure(figsize=(12,10))
nx.draw_networkx_nodes(G,pos,node_size=400,node_color='skyblue',alpha=0.8)
nx.draw_networkx_edges(G,pos,edge_color='gray',width=0.5,alpha=0.5)
nx.draw_networkx_labels(G,pos,font_size=8,font_weight='bold')
plt.title('City Map')
plt.axis('off')                         #关闭坐标轴
plt.show()
```

执行后绘制的地图如图10.1所示。

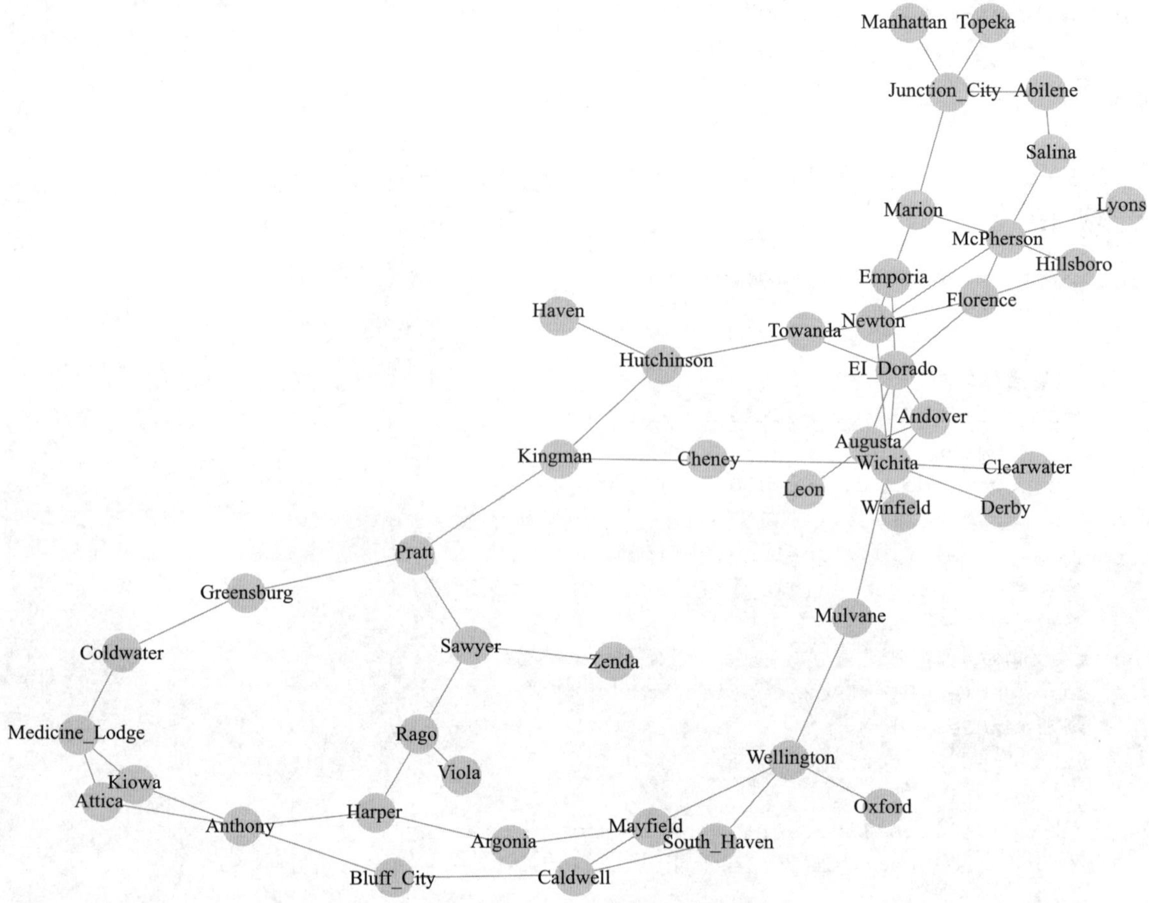

图10.1　绘制的地图

2. 实现最佳优先搜索算法

文件juli.py通过最佳优先搜索算法找到两个城市之间的最短路径。首先读取城市的坐标信息和相邻关系，然后根据用户输入的起始城市和目标城市，在城市之间进行搜索，找到一条最短路径，并输出路径上经过的城市序列。用户可以重复使用该程序来查找不同起点和终点之间的最短路径。

（1）下面的代码定义了类city，用于表示城市对象，并提供了一些方法来管理城市对象的访问状态。类 city中的成员如下：

- 初始化方法__init__：接受城市的x坐标和y坐标作为参数，并将其存储在对象的属性中。同时，初始化一个空的字典adjacentCities用于存储相邻城市及其距离，以及一个布尔型属性 visited，用于标记该城市是否已经被访问过。
- 方法setVisited：将城市对象的visited属性设置为True，表示该城市已经被访问过。
- 方法setUnvisited：将城市对象的visited属性设置为False，表示该城市未被访问过。
- 方法getCords：返回城市的坐标信息，但实际上该方法没有实现具体功能。

```
class city:
    def __init__(self,xCord,yCord):
        self.xCord=xCord
```

```
        self.yCord=yCord
        self.adjacentCities={}
        self.visited=False

    def setVisited(self):
        self.visited=True

    def setUnvisited(self):
        self.visited=False

    def getCords(self):
        return
```

（2）下面的代码片段定义了两个全局变量cityDict和allCities，以及一个用于计算两个坐标之间距离的函数calculateDistance。

- cityDict：是一个空字典，用于存储城市名称与对应城市对象之间的映射关系。
- allCities：是一个空列表，用于存储所有城市的名称。
- 函数calculateDistance：接受四个参数，分别是两个点的*x*和*y*坐标，函数将这四个坐标用于计算两点之间的欧式距离，并返回计算结果。

```
cityDict={}
allCities=[]
def calculateDistance(x1,y1,x2,y2):
    x1=float(x1)
    y1=float(y1)
    x2=float(x2)
    y2=float(y2)
    dist=math.sqrt((x2-x1)**2+(y2-y1)**2)
    return dist
```

（3）下面的代码用于读取文件coordinates.txt中的数据，为每个城市创建一个包含名称、*x*坐标和*y*坐标的对象，并将其存储在cityDict字典和allCities列表中。

```
#从文件中读取数据，为每个城市创建包含名称、x坐标和y坐标的对象
with open(r"coordinates.txt")as f:
    linesFromFile=[]
    for line in f:
        #去除换行符并将行添加到列表中
        linesFromFile.append(line.rstrip('\n'))
        stringFromFile=""
        #将列表中的所有元素连接成一个字符串
        for element in linesFromFile:
            stringFromFile+=element
        #以空格分割字符串
        splitString=stringFromFile.split(' ')
        #将城市名称添加到列表中
        allCities.append(splitString[0])
        #创建城市对象并将其与城市名称关联
        cityDict[splitString[0]]=city(splitString[1],splitString[2])
        #清理临时变量
```

```
        linesFromFile.clear()
        stringFromFile=None
        splitString.clear()
    f.close()
```

上述代码的实现流程如下：

①打开名为“coordinates.txt”的文件，并将其内容逐行读取到linesFromFile列表中。

②对于每一行数据，去除换行符并将其添加到linesFromFile列表中。

③将列表中的所有元素拼接成一个字符串stringFromFile。

④将stringFromFile按空格分割为一个字符串列表splitString。

⑤将分割后的列表的第一个元素（城市名称）添加到allCities列表中。

⑥创建一个城市对象，并将其与城市名称关联起来，将城市对象添加到cityDict字典中。

⑦清空linesFromFile、stringFromFile和splitString，以备下一次循环使用。

⑧最后，关闭文件。

（4）下面的代码用于从文件Adjacencies.txt中读取数据，通过解析文件中的内容，计算并存储了相邻城市之间的距离，并将结果存储在名为cityDict的字典中的adjacentCities属性中，以便后续的路径搜索算法使用。

```
#从文件中读取数据，计算并存储相邻城市之间的距离
with open(r"Adjacencies.txt")as f:
    linesFromFile=[]
    for line in f:
        #去除换行符并将行添加到列表中
        linesFromFile.append(line.rstrip('\n'))
        stringFromFile=""
        #将列表中的所有元素连接成一个字符串
        for element in linesFromFile:
            stringFromFile+=element
        #以空格分割字符串
        splitString=stringFromFile.split(' ')
        #计算并存储相邻城市之间的距离
        for key,value in cityDict.items():
            if splitString[0]==key:
                for i in range(1,len(splitString)):
                    d=calculateDistance(cityDict[splitString[0]].xCord,
cityDict[splitString[0]].yCord,
                                        cityDict[splitString[i]].xCord,
cityDict[splitString[i]].yCord)
                    cityDict[key].adjacentCities[splitString[i]]=d
                    if splitString[0] not in cityDict[splitString[i]].adjacentCities:
                        d=calculateDistance(cityDict[splitString[i]].
xCord,cityDict[splitString[i]].yCord,
                                            cityDict[splitString[0]].
xCord,cityDict[splitString[0]].yCord)
                        cityDict[splitString[i]].adjacentCities[key]=d
        #清理临时变量
        linesFromFile.clear()
        stringFromFile=None
```

```
        splitString.clear()
    f.close()
```

（5）函数bestFirstSearch的功能是，使用最佳优先搜索算法搜索从起始城市到目标城市的路径。它首先建立了优先队列、未访问城市列表和已访问城市列表，然后将起始城市标记为已访问并添加到已访问城市列表中。在主循环中，它持续进行直到当前城市等于目标城市为止。在每次循环迭代中，它首先将当前城市的相邻城市添加到未访问城市列表中，并将它们按照距离排序后放入优先队列中。然后，它检查优先队列中最近的城市是否已经访问过，如果已经访问过，则丢弃并继续检查下一个城市。如果优先队列为空，则从已访问城市列表中删除最后一个城市，并将当前城市更新为新的最后一个城市。否则，它将当前城市更新为优先队列中的最近相邻城市，将其标记为已访问，并将其添加到已访问城市列表中。在循环结束时，它打印出可能的路径，并清除已访问状态，以便进行下一次搜索。

```
def bestFirstSearch(startCity,endCity,cityDict):
    #设置
    priorityQ=PriorityQueue()
    unvisitedList=[]
    visitedList=[]
    cityDict[startCity].setVisited()
    visitedList.append(startCity)
    currentCity=startCity
    #循环
    while currentCity!=endCity:
        def populatePriorityQ(currentCity):
            #将当前城市的相邻城市放入unvisitedList中
            for key in cityDict[currentCity].adjacentCities.keys():
                unvisitedList.append(key)
            #将unvisitedList中的每个城市放入priorityQ中以便按距离排序
            for eachCity in unvisitedList:
                for cityDist in cityDict[eachCity].adjacentCities.values():
                    priorityQ.put((cityDist,eachCity))

        populatePriorityQ(currentCity)
        #检查最近的城市是否已经访问过
        def checkQForVisited(Q):
            #也许如果Q不为空?
            if Q.qsize()> 0:
                cityToCheck=Q.queue[0]
                list(cityToCheck)
                cityToCheck=cityToCheck[1]
                if cityDict[cityToCheck].visited==True:
                    discardCity=priorityQ.get()
                    return checkQForVisited(Q)
                else:
                    pass
            else:
                pass
        checkQForVisited(priorityQ)
        if priorityQ.empty():
```

```
            del visitedList[-1]
            currentCity=visitedList[-1]
        else:
            #更新当前城市为最近的相邻城市
            currentCity=priorityQ.queue[0]
            list(currentCity)
            currentCity=currentCity[1]
            #将当前城市标记为已访问，添加到visitedList中
            cityDict[currentCity].setVisited()
            visitedList.append(currentCity)
        #清空priorityQ
        priorityQ.queue.clear()
        unvisitedList.clear()

    #打印访问过的城市列表
    print("\n你可以选择的路径是：")
    print(*visitedList,sep="->\n")
```

（6）下面这段代码使用最佳优先搜索算法在给定的城市之间找到一条路径。首先，从文件中读取城市的坐标和邻接关系，并创建相应的城市对象；然后，用户可以输入起始城市和结束城市，程序将根据输入的信息使用最佳优先搜索算法找到一条连接这两个城市的路径，并打印出来。用户可以选择是否继续寻找其他路径。

```
#开始
running=True
while(running):
    print("这个程序使用最佳优先搜索算法在两个城市之间找到一条路径。")

    '''
    format_string="{:<}{:<}{:<}"
    #print(format_string.format(*headers))
    for entry in allCities:
        print(format_string.format(*entry))
    '''
    while True:
        startCity=input('输入起始城市:')
        if startCity in allCities:
            break
        else:
            print("请输入有效的城市。\n")
            continue

    while True:
        endCity=input('输入结束城市:')
        if endCity in allCities:
            break
        else:
            print("请输入有效的城市。\n")
            continue

    bestFirstSearch(startCity,endCity,cityDict)
```

```
        choosing=True
        while(choosing):
            choice=input("\n你想再找一条路径吗？\n")
            if choice=="yes" or choice=="Yes" or choice=="YES" or choice=="Y" or
choice=="y":
                choosing=False
            elif choice=="no" or choice=="No" or choice=="NO" or choice=="N" or
choice=="n":
                running=False
                choosing=False
            else:
                print("\n请输入 yes 或 no。")
```

执行后先分别输入起点和终点，按【Enter】键后可以找到两个城市之间的路径，例如，下面的执行过程：

```
这个程序使用最佳优先搜索算法在两个城市之间找到一条路径。
输入起始城市:Andover
输入结束城市:Coldwater

A route you could take would be:
Andover->
Augusta->
El_Dorado->
Wichita->
Cheney->
Kingman->
Pratt->
Sawyer->
Rago->
Harper->
Anthony->
Attica->
Medicine_Lodge->
Coldwater

你想再找一条路径吗？
yes
这个程序使用最佳优先搜索算法在两个城市之间找到一条路径。
输入起始城市:
```

10.3　均匀代价搜索算法

均匀代价搜索算法是一种在图中寻找最短路径的算法，是一种延伸的广度优先搜索算法。与广度优先搜索不同的是，均匀代价搜索会考虑到路径的代价，以确保找到的路径是最短的。

10.3.1　均匀代价搜索算法的基本思想

均匀代价搜索算法是一种用于在图中寻找最短路径的搜索算法。与广度优先搜索类似，它也是一种逐层扩展搜索，但是不同之处在于，均匀代价搜索算法考虑了路径的代价，以确保找到的路径是最短的。实现均匀代价搜索算法的基本步骤如下：

（1）初始化：将起始节点放入一个优先队列中，队列按照路径代价排序，起始节点的路径代价为0。

（2）循环：从优先队列中取出路径代价最小的节点进行扩展，即选择当前路径代价最小的节点进行处理。

（3）节点扩展：对于当前节点，将其所有未被访问过的邻居节点加入优先队列中，并更新这些邻居节点的路径代价。如果邻居节点已经在优先队列中，并且新的路径代价更小，则更新其路径代价。

（4）重复：重复以上步骤，直到找到目标节点或者优先队列为空。如果优先队列为空，表示无法到达目标节点，搜索失败。

（5）路径回溯：如果找到目标节点，通过回溯父节点的方式找到从起始节点到目标节点的最短路径。

均匀代价搜索算法的优先队列中的排序是基于路径代价的，因此它总是选择当前路径代价最小的节点进行扩展，从而保证找到的路径是最短的。与广度优先搜索不同，均匀代价搜索不仅考虑节点之间的距离，还考虑到了经过的路径的代价。

10.3.2 均匀代价搜索算法的应用案例

均匀代价搜索算法是一种保证在有向图中找到最短路径的方法，适用于边的代价不同的情况下。请看下面的例子，演示了在迷宫中使用均匀代价搜索算法寻找从起点到终点的最短路径的过程。

【实例10.2】 使用均匀代价搜索算法寻找迷宫中的宝藏（codes/10/Ucs.py）。

假设你是一名探险家，现在你置身于一个神秘的迷宫中，迷宫由一个二维数组表示，数组中的0表示可以通行的空地，1表示墙壁。你的目标是找到迷宫中隐藏的宝藏，宝藏的位置在地图的右下角（即数组的最后一个元素）。

题目要求：

- 使用均匀代价搜索算法来搜索最短路径，找到从起始位置到达宝藏的最短路径，并输出路径的长度。
- 打印输出从起始位置到达宝藏的最短路径的长度。
- 可视化展示迷宫地图和找到的最短路径，起始位置用红色标记，宝藏位置用绿色标记，路径用蓝色线条标记。
- 如果找不到到达宝藏的路径，则输出提示信息“No path found to the treasure!”。

实例文件Ucs.py的具体实现代码如下：

```
import matplotlib.pyplot as plt
import numpy as np
import heapq

#迷宫地图
maze=np.array([
```

```
    [0,0,0,0,0],
    [0,1,1,1,0],
    [0,1,0,1,0],
    [0,1,0,0,0],
    [0,0,0,1,0]
])

#定义节点
class Node:
    def __init__(self,x,y):
        self.x=x
        self.y=y
        self.g=float('inf')              #到达该节点的代价
        self.parent=None

    def __lt__(self,other):
        return self.g<other.g

#获取节点周围可行走的邻居
def get_neighbors(node):
    neighbors=[]
    for dx,dy in [(1,0),(-1,0),(0,1),(0,-1)]:
        nx,ny=node.x+dx,node.y+dy
        if 0<=nx<maze.shape[0] and 0<=ny<maze.shape[1] and maze[nx,ny]==0:
            neighbors.append(Node(nx,ny))
    return neighbors

#Uniform Cost Search算法
def uniform_cost_search(start,end):
    start_node=Node(*start)
    end_node=Node(*end)
    start_node.g=0
    open_list=[]
    heapq.heappush(open_list,start_node)

    while open_list:
        current_node=heapq.heappop(open_list)
        if current_node.x==end_node.x and current_node.y==end_node.y:
            return current_node

        for neighbor in get_neighbors(current_node):
            new_g=current_node.g+1      #这里假设邻居之间的代价都是1
            if new_g<neighbor.g:
                neighbor.g=new_g
                neighbor.parent=current_node
                heapq.heappush(open_list,neighbor)

#可视化迷宫地图和路径
```

```
def visualize_path(start,end,path):
    plt.imshow(maze,cmap='binary')
    plt.scatter(start[1],start[0],color='red',label='Start',s=100)
    plt.scatter(end[1],end[0],color='green',label='End',s=100)
    if path:
        path_x=[node.y for node in path]
        path_y=[node.x for node in path]
        plt.plot(path_x,path_y,color='blue',label='Path')
    plt.legend()
    plt.show()

#主程序
def main():
    start=(0,0)
    end=(4,4)
    result=uniform_cost_search(start,end)
    if result:
        path=[]
        current_node=result
        while current_node:
            path.append(current_node)
            current_node=current_node.parent
        path.reverse()
        print("The minimum cost from node A to node E is:",result.g)
        visualize_path(start,end,path)
    else:
        print("No path found from node A to node E.")

if __name__=="__main__":
    main()
```

上述代码的实现流程如下：

（1）定义一个二维数组来表示迷宫地图，其中0表示可以通行的空地，1表示墙壁。

（2）创建类Node来表示节点，每个节点包含其在迷宫中的坐标以及到达该节点的代价。另外，还定义了一个比较函数实现节点排序功能。

（3）定义函数get_neighbors，用于获取一个节点的可行走邻居节点，即在四个方向上没有墙壁且在地图范围内的节点。

（4）定义函数uniform_cost_search实现均匀代价搜索算法，用于寻找从起始位置到达宝藏的最短路径。该算法通过一个优先队列来扩展节点，并不断更新到达每个节点的最小代价。

（5）编写可视化函数visualize_path，功能是可视化展示迷宫地图和找到的最短路径。

执行后会打印输出如下从起始位置到达宝藏的最短路径的长度，并绘制如图10.2所示的路径可视化图。其中起始位置用红色标记，宝藏位置用绿色标记，路径用蓝色线条标记。

```
The minimum cost from node A to node E is:8
```

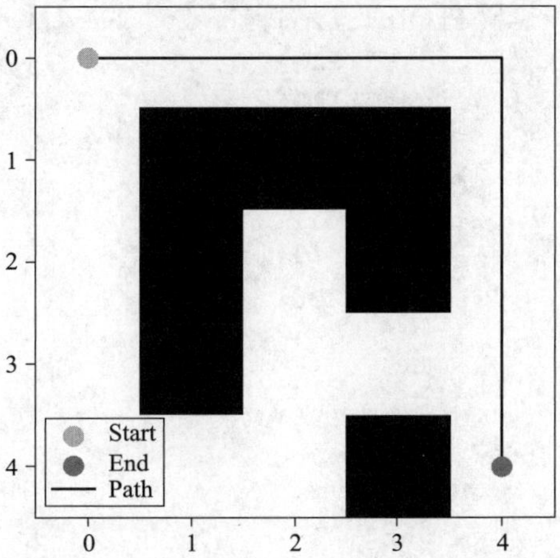

图10.2　［实例10.2］路径可视化图

【实例10.3】“罗马尼亚之旅”的路径规划程序（codes/10/london）。

（1）文件UK_cities.json包含了英国城市之间的距离信息。每个城市都有一个键值对，其中键是城市名称，值是一个字典，表示从当前城市到其他城市的距离。

```
{
    "aberdeen":{
        "aberystwyth":{"weight":427},
        "edinburgh":  {"weight":115},
        "penzance":   {"weight":663},
        "portsmouth": {"weight":550},
        "sheffield":  {"weight":338},
        "swansea":    {"weight":502},
        "york":       {"weight":299}
    },
    "aberystwyth":{
        "brighton":   {"weight":249},
        "bristol":    {"weight":121},
        "carlisle":   {"weight":219},
        "dover":      {"weight":284},
        "newcastle":  {"weight":254},
        "nottingham": {"weight":154},
        "oxford":     {"weight":156},
        "penzance":   {"weight":304},
        "sheffield":  {"weight":154},
        "swansea":    {"weight":75},
        "york":       {"weight":190}
    },
    "birmingham":{
        "brighton":   {"weight":159},
        "bristol":    {"weight":86},
        "cambridge":  {"weight":97},
        "cardiff":    {"weight":100},
        "carlisle":   {"weight":198},
        "portsmouth": {"weight":141},
        "sheffield":  {"weight":75},
```

```
            "swansea":    {"weight":125},
            "york":       {"weight":125},
            "london":     {"weight":110}
        },
    //省略部分代码
        "portsmouth":{
            "sheffield":  {"weight":214},
            "york":       {"weight":256}
        },
        "sheffield":{
            "swansea":    {"weight":196}
        },
        "swansea":{
            "york":       {"weight":248}
        }
    }
```

在上述代码的每个城市的值字典中，键是目标城市的名称，值是一个包含"weight"键的字典，表示到目标城市的距离。例如，城市"aberdeen"到其他城市的距离信息如下：

- "aberystwyth"：距离为427；
- "edinburgh"：距离为115；
- "penzance"：距离为663；
- "portsmouth"：距离为550；
- "sheffield"：距离为338；
- "swansea"：距离为502；
- "york"：距离为299。

依此类推，其他城市之间的距离信息也以类似的格式给出。这种数据结构可以被用来构建一个图，其中城市是节点，距离是边，用来解决路径规划问题。

（2）文件graphCreation.py包含如下两个功能：

①函数show_weighted_graph用于绘制带权重的图形，其中节点代表城市，边代表城市之间的连接，边的权重表示连接的距离。

②函数load_graph_from_file的功能是从给定的JSON文件中加载城市之间的距离信息，并创建一个带权重的图对象。

```
import networkx as nx
import matplotlib.pyplot as plt
import json

def show_weighted_graph(networkx_graph,node_size,font_size,fig_size):
    #为了给每个节点分配足够的空间，使用给定的fig_size创建图形
    plt.figure(num=None,figsize=fig_size,dpi=80)
    plt.axis('off')
    #计算每个顶点的位置，以便漂亮地显示它们
    nodes_position=nx.spring_layout(networkx_graph)
    #可以根据图形更改不同的布局，取图形中每条边对应的权重
    edges_weights=nx.get_edge_attributes(networkx_graph,'weight')
    #绘制节点（您可以更改颜色）
```

```
        nx.draw_networkx_nodes(networkx_graph,nodes_position,node_size=node_size,
                              node_color=["orange"] *networkx_graph.number_of_nodes())
        #仅绘制边
         nx.draw_networkx_edges(networkx_graph,nodes_position,edgelist=list(networkx_
graph.edges),width=2)
        #添加权重
         nx.draw_networkx_edge_labels(networkx_graph,nodes_position,edge_labels=edges_
weights)
        #添加节点的标签
        nx.draw_networkx_labels(networkx_graph,nodes_position,font_size=font_size,
                               font_family='sans-serif')
        plt.axis('off')
        plt.show()


    def load_graph_from_file(filename):
        with open(filename)as uk_cities:
            dict_cities=json.load(uk_cities)
            return nx.Graph(dict_cities)
```

（3）文件ucs.py实现了均匀代价搜索图搜索算法，用于在加权图中找到从起点到目标点的最低成本路径。此外，在文件ucs.py中还实现了函数show_weighted_graph，用于可视化加权图。在代码的末尾，使用load_graph_from_file从JSON文件中加载加权图，使用uniformCostSearch函数寻找从伦敦到阿伯丁的最低成本路径，并通过show_weighted_graph函数可视化加权图。

```
    def uniformCostSearch(graph,origin,goal):
        frontier=[]                               #前沿队列
        frontierIndex={}                          #保存前沿队列中元素的字典
        node=(0,origin,[origin])                  #起始节点，格式为(路径成本,节点,访问路径)
        frontierIndex[node[1]]=[node[0],node[2]]          #在字典中保存起始节点的信息
        heapq.heappush(frontier,node)                     #将起始节点放入前沿队列
        explored=set()                                    #已探索节点集合

        while frontier:
            if len(frontier)==0:
                print("No solution found.")               #若未找到路径，输出提示信息
                return None
            node=heapq.heappop(frontier)                  #弹出路径成本最低的节点
            del frontierIndex[node[1]]                    #从字典中删除已弹出的节点信息

            if node[1]==goal:                             #检查是否找到目标节点
                print("Goal node reached.")               #输出找到目标节点的信息
                return node
            explored.add(node[1])                         #将节点标记为已探索
            neighbours=list(graph.neighbors(node[1]))     #获取节点的邻居节点列表
            path=node[2]

            for child in neighbours:
                path.append(child)
                childNode=(node[0]+graph.get_edge_data(node[1],child)["weight"],child,path)
                                                          #计算邻居节点的路径成本
```

```
            if child not in explored and child not in frontierIndex:
                                            #如果邻居节点未探索且不在前沿队列中
                heapq.heappush(frontier,childNode)
                                            #将邻居节点加入前沿队列
                frontierIndex[child]=[childNode[0],childNode[2]]
                                            #在字典中保存邻居节点信息
            elif child in frontierIndex:
                                            #如果邻居节点已在前沿队列中
                if childNode[0]<frontierIndex[child][0]:        #检查新路径成本是否更低
                    nodeToRemove=(frontierIndex[child][0],child,frontierIndex
                            [child][1])
                    frontier.remove(nodeToRemove)       #删除原来的节点
                    heapq.heapify(frontier)
                    del frontierIndex[child]

                    heapq.heappush(frontier,childNode)
                                            #将更新后的节点加入前沿队列
                    frontierIndex[child]=[childNode[0],childNode[2]]
            path=path[:-1]

        print("Explored nodes:{}".format(explored))
                                            #打印已探索节点集合

def draw_path(graph,path):
    pos=nx.spring_layout(graph)         #计算节点的布局
    nx.draw(graph,pos,with_labels=True,node_color="orange",node_size=1000)
                                            #绘制节点
    nx.draw_networkx_nodes(graph,pos,nodelist=path,node_color='orange',node_size=1000)
                                            #绘制路径节点
    edges=[(path[i],path[i+1])for i in range(len(path)-1)]  #提取路径中的边
   nx.draw_networkx_edges(graph,pos,edgelist=edges,edge_color='red',width=2)
                                            #绘制路径边
    plt.axis('off')                     #关闭坐标轴
    plt.show()                          #显示图形

uk_map=gc.load_graph_from_file("UK_cities.json")
                                            #从JSON文件中加载图
solution=uniformCostSearch(uk_map,"london","aberdeen")
                                            #使用统一代价搜索算法寻找最低成本路径

if solution:
    print("SOLUTION:{}".format(solution))
    path_nodes=solution[2]              #获取最低成本路径节点列表
    print("Path nodes:{}".format(path_nodes))
                                            #打印最低成本路径节点列表
    draw_path(uk_map,path_nodes)        #绘制最低成本路径
```

上述代码的实现流程如下：

①实现均匀代价搜索算法函数uniformCostSearch，用于在给定图中寻找两个节点之间的最低成本路径。算法使用了前沿队列来管理待探索的节点，并使用字典来追踪前沿队列中的节点信息。在搜索过程中，算法从前沿队列中弹出路径成本最低的节点，并将其邻居节点加入队

列，直到找到目标节点或者搜索完成。

②加载了地图数据，并调用统一代价搜索算法寻找从伦敦到阿伯丁的最低成本路径。在搜索过程中，会打印输出详细的探索信息，包括探索的节点和路径成本。具体信息如下：

```
    Explored nodes:{'london'}
    Explored nodes:{'london','brighton'}
    Explored nodes:{'cambridge','london','brighton'}
    Explored nodes:{'oxford','cambridge','london','brighton'}
    Explored nodes:{'oxford','dover','brighton','cambridge','london'}
    Explored nodes:{'oxford','dover','brighton','cambridge','london','portsmou
th'}
    Explored nodes:{'oxford','dover','brighton','cambridge','london','birmingh
am','portsmouth'}
    Explored nodes:{'oxford','dover','brighton','bristol','cambridge','london'
,'birmingham','portsmouth'}
    Explored nodes:{'oxford','dover','brighton','nottingham','bristol','cambri
dge','london','birmingham','portsmouth'}
    Explored nodes:{'oxford','dover','brighton','nottingham','bristol','cambri
dge','cardiff','london','birmingham','portsmouth'}
    Explored nodes:{'oxford','dover','brighton','nottingham','bristol','cambri
dge','cardiff','london','birmingham','portsmouth','sheffield'}
    Explored nodes:{'oxford','dover','brighton','nottingham','bristol','cambri
dge','cardiff','london','birmingham','portsmouth','sheffield','exeter'}
    Explored nodes:{'oxford','dover','brighton','nottingham','bristol','cambri
dge','hull','cardiff','london','birmingham','portsmouth','sheffield','exeter'}
    Explored nodes:{'oxford','dover','brighton','nottingham','bristol','cambri
dge','leeds','hull','cardiff','london','birmingham','portsmouth','sheffield','
exeter'}
    Explored nodes:{'oxford','dover','brighton','nottingham','bristol','cambri
dge','leeds','hull','cardiff','liverpool','london','birmingham','portsmouth',
'sheffield','exeter'}
    Explored nodes:{'oxford','dover','brighton','nottingham','bristol','cambri
dge','leeds','hull','manchester','cardiff','liverpool','london','birmingham',
'portsmouth','sheffield','exeter'}
    Explored nodes:{'oxford','dover','brighton','nottingham','bristol','cambri
dge','leeds','hull','manchester','cardiff','liverpool','london','birmingham',
'portsmouth','swansea','sheffield','exeter'}
    Explored nodes:{'oxford','dover','york','brighton','nottingham','bristol',
'cambridge','leeds','hull','manchester','cardiff','liverpool','london','birmi
ngham','portsmouth','swansea','sheffield','exeter'}
    Explored nodes:{'oxford','nottingham','bristol','manchester','liverpool','
leeds','london','portsmouth','sheffield','york','brighton','hull','aberystwy
th','birmingham','dover','cambridge','cardiff','exeter','swansea'}
    Explored nodes:{'oxford','nottingham','bristol','manchester','newcastle','
liverpool','leeds','london','portsmouth','sheffield','york','brighton','hull',
'aberystwyth','birmingham','dover','cambridge','cardiff','exeter','swansea'}
    Explored nodes:{'oxford','nottingham','bristol','manchester','newcastle','
liverpool','carlisle','leeds','london','portsmouth','sheffield','york','bright
on','hull','aberystwyth','birmingham','dover','cambridge','cardiff','exeter',
'swansea'}
    Explored nodes:{'oxford','nottingham','bristol','manchester','newcastle','
liverpool','penzance','carlisle','leeds','london','portsmouth','sheffield','yo
```

```
rk','brighton','hull','aberystwyth','birmingham','dover','cambridge','cardiff','exeter','swansea'}
    Explored nodes:{'oxford','edinburgh','nottingham','bristol','manchester','newcastle','liverpool','penzance','carlisle','leeds','london','portsmouth','sheffield','york','brighton','hull','aberystwyth','birmingham','dover','cambridge','cardiff','exeter','swansea'}
    Explored nodes:{'oxford','edinburgh','nottingham','bristol','manchester','newcastle','liverpool','penzance','glasgow','carlisle','leeds','london','portsmouth','sheffield','york','brighton','hull','aberystwyth','birmingham','dover','cambridge','cardiff','exeter','swansea'}
    Goal node reached.
    SOLUTION:(502,'aberdeen',['london','cambridge','york','aberdeen'])
    Path nodes:['london','cambridge','york','aberdeen']
```

③可视化展示地图数据信息，并将找到的最低成本路径用红色线条标识出来，以便直观地观察到路径，如图10.3所示。

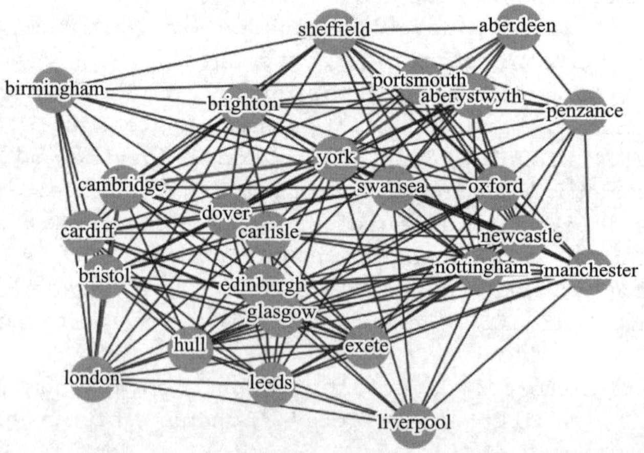

图10.3　地图数据和路径可视化图

10.4　深度优先搜索算法

深度优先搜索（depth first search，DFS）是一种用于遍历或搜索树或图的算法，它从起始节点开始沿着一条路径一直向前直到达到末端，然后回溯到上一个节点，继续沿着另一条路径探索，直到所有节点都被访问过为止。DFS使用栈（stack）来存储待访问的节点。

10.4.1　深度优先搜索算法介绍

深度优先搜索是一种经典的图遍历算法，用于在图中搜索或遍历节点。DFS属于一种盲目搜索算法，没有启发式信息的辅助，而是通过深度优先的方式探索图中的节点。

1. 基本思想

（1）从起始节点开始，访问一个节点后立即探索它的邻居节点，深入最深的节点，直到到达最末端。

（2）当无法再继续深入时（即当前节点没有未访问的邻居节点），回溯到上一个节点，继续深度优先搜索其他分支。

（3）重复这个过程，直到遍历到所有节点或者达到搜索终止条件。

2. 实现方式

（1）递归实现：DFS可以使用递归来实现，利用递归函数不断调用自身来实现深度优先搜索。

（2）栈实现：DFS可以使用栈来实现，利用栈数据结构来模拟递归过程，手动维护遍历的状态信息。

下面是一个简单的深度优先搜索算法的伪代码实现：

```
procedure DFS(G,v):
    stack S:=empty stack
    S.push(v)
    while S is not empty:
        current:=S.pop()
        if current is not visited:
            visit(current)
            mark current as visited
            for each neighbor w of current in G:
                if w is not visited:
                    S.push(w)
```

在上述伪代码中，G表示图，v表示起始节点。在DFS过程中，首先创建一个空栈S，然后将起始节点v入栈；接着，循环直到栈为空，从栈中弹出一个节点current，如果current节点尚未被访问过，则对其进行访问并标记为已访问；然后，遍历current节点的所有未访问的相邻节点，并将它们入栈；最终，重复这个过程直到栈为空，所有节点都被访问过。

深度优先搜索算法的时间复杂度是$O(V+E)$，其中，V是节点的数量；E是边的数量。

10.4.2　应用案例——寻找猫咪的最短路径

下面是一个使用深度优先搜索算法为猫咪寻找最短路径的例子，在这个例子中，使用一个二维列表来表示迷宫，其中0表示可通行的空格，1表示障碍物。假设在一个迷宫中，有一只可爱的猫咪迷失了方向，它想要从起始点（左上角）尽快找到出口（右下角），你能帮助它找到最短路径吗？

迷宫是一个由0和1组成的矩阵，其中0表示可通行的空格，1表示墙壁阻挡。猫咪只能水平或垂直移动，不能斜向移动，并且它不能穿过墙壁。请使用深度优先搜索算法来帮助猫咪找到最短路径，并将路径在迷宫中以红色线条标识出来。下面是迷宫示例（0表示可通行，1表示墙壁）：

```
maze=[
    [0,1,0,0,0],
    [0,0,0,1,0],
    [1,1,0,1,0],
    [1,1,0,0,0],
    [1,1,1,1,0]
]
```

【实例10.4】 使用深度优先搜索算法为猫咪寻找最短路径（codes/10/ddfs.py）。

实例文件ddfs.py的具体实现代码如下：

```
import matplotlib.pyplot as plt

def is_valid_move(maze,row,col,visited):
    rows=len(maze)
    cols=len(maze[0])
    return row >=0 and row<rows and col >=0 and col<cols and maze[row][col]==0
and not visited[row][col]

def dfs_shortest_path(maze,row,col,destination,visited,path,shortest_path):
    if row==destination[0] and col==destination[1]:
        shortest_path[:]=path
        return True

    directions=[(0,1),(1,0),(0,-1),(-1,0)] #右、下、左、上

    for dr,dc in directions:
        new_row=row+dr
        new_col=col+dc
        if is_valid_move(maze,new_row,new_col,visited):
            visited[new_row][new_col]=True
            path.append((new_row,new_col))
            if dfs_shortest_path(maze,new_row,new_col,destination,visited,path,sh
ortest_path):
                return True
            visited[new_row][new_col]=False
            path.pop()

    return False

def find_shortest_path(maze):
    rows=len(maze)
    cols=len(maze[0])

    start=(0,0)
    destination=(rows-1,cols-1)
    visited=[[False for _ in range(cols)] for _ in range(rows)]
    visited[0][0]=True

    shortest_path=[]
    dfs_shortest_path(maze,0,0,destination,visited,[(0,0)],shortest_path)
    return shortest_path

def plot_maze_with_path(maze,shortest_path):
    rows=len(maze)
    cols=len(maze[0])

    plt.figure(figsize=(cols,rows))
    plt.imshow(maze,cmap='binary')
```

```
    for i in range(len(shortest_path)-1):
        current_row,current_col=shortest_path[i]
        next_row,next_col=shortest_path[i+1]
        plt.plot([current_col,next_col],[current_row,next_row],color='red',linewidth=2)

    plt.xticks(range(cols))
    plt.yticks(range(rows))
    plt.gca().invert_yaxis()           #反转y轴，使得坐标原点在左上角
    plt.grid(color='gray',linestyle='--',linewidth=0.5)
    plt.title('Maze with Shortest Path')
    plt.show()

#示例迷宫
maze=[
    [0,1,0,0,0],
    [0,0,0,1,0],
    [1,1,0,1,0],
    [1,1,0,0,0],
    [1,1,1,1,0]
]

shortest_path=find_shortest_path(maze)
if shortest_path:
    print("Shortest path found:")
    for row,col in shortest_path:
        print(f"({row},{col})-> ",end="")
    print("Destination")

    plot_maze_with_path(maze,shortest_path)
else:
    print("No path found!")
```

上述代码的实现流程如下：

（1）定义一个迷宫，迷宫是一个二维列表，其中0表示可通行的空格，1表示墙壁阻挡。这个迷宫是一个5×5的矩阵，代表了猫咪可能迷失的区域。

（2）使用深度优先搜索算法来帮助猫咪找到从起始点（左下角）到出口（右上角）的最短路径。首先定义了函数is_valid_move来检查机器人是否可以朝某个方向移动，然后使用深度优先搜索来找到最短路径。

（3）定义函数plot_maze_with_path，用于在找到的最短路径上绘制了红色线条，以便清晰地看到猫咪应该走的路径。通过使用matplotlib库来绘制迷宫和最短路径，将最短路径以红色线条标识出来。

（4）在主程序中调用相应的函数，传入迷宫信息，找到最短路径并将其绘制出来。这样，就完成了寻找猫咪最短路径的任务。

执行后会打印输出下面的路径信息，并绘制如图10.4所示的路径可视化图。

```
Shortest path found:
(0,0)->(1,0)->(1,1)->(1,2)->(2,2)->(3,2)->(3,3)->(3,4)->(4,4)-> Destination
```

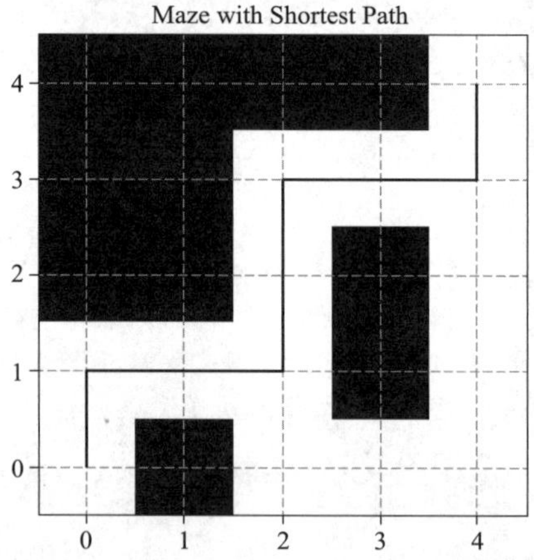

图10.4 [实例10.4] 路径可视化图

10.5 广度优先搜索算法

广度优先搜索（breadth first search，BFS）是一种用于图的遍历或搜索的算法。与深度优先搜索不同，广度优先搜索从起始节点开始，逐层向外扩展，先访问起始节点的所有相邻节点，然后是这些相邻节点的相邻节点，依此类推，直到到达目标节点或遍历完所有节点。

10.5.1 广度优先搜索算法介绍

广度优先搜索的基本思想是从起始节点开始，逐层向外扩展搜索，直到找到目标节点或者遍历完所有可达节点。其核心思想包括如下关键步骤：

（1）从起始节点开始：*BFS算法从一个起始节点开始，将其放入一个队列中，作为待访问的节点之一。

（2）逐层扩展：在每一轮搜索中，BFS先访问当前层级的所有节点，然后再访问下一层级的所有节点。这保证了先访问离起始节点近的节点，然后逐层向外扩展。

（3）标记已访问节点：在访问一个节点时将其标记为已访问，以避免重复访问。这样可以通过设置一个布尔数组或哈希集来实现。

（4）使用队列实现：BFS通常使用队列数据结构来实现，它遵循先进先出（FIFO）的原则，保证了在同一层级的节点都会在探索下一层级节点之前被访问。

（5）终止条件：BFS会一直执行直到队列为空或者找到目标节点为止，如果找到了目标节点，算法会立即终止，并返回相应的结果。

总的来说，BFS算法通过逐层扩展搜索的方式，保证了从起始节点到目标节点的路径是最短的，因此常用于寻找最短路径或者搜索图中的连通性。下面是广度优先搜索算法的伪代码表示：

```
BFS(G,start):
    queue Q:=empty queue
    visited:=set()
    Q.enqueue(start)
```

```
    visited.add(start)

    while Q is not empty:
        current:=Q.dequeue()
        process(current)

        for neighbor in neighbors(current):
            if neighbor is not in visited:
                Q.enqueue(neighbor)
                visited.add(neighbor)
```

在上述伪代码中，BFS是广度优先搜索算法的主要函数，它接受一个图G和一个起始节点start作为参数。首先创建一个空队列Q和一个空的集合 visited用于记录已经访问过的节点，将起始节点start放入队列中，并将其标记为已访问；接着执行一个循环，直到队列为空；然后在循环中，从队列中取出一个节点current并对其进行处理，遍历current节点的所有相邻节点neighbor，如果某个相邻节点尚未被访问过，则将其放入队列中并标记为已访问。

10.5.2 广度优先搜索算法的应用案例

请看下面的例子，功能是在一个迷宫中寻找一条从起点到终点的最短路径。假设迷宫是一个由0和1组成的二维矩阵，其中0表示可通行的空格，1表示墙壁阻挡。机器人只能水平或垂直移动，不能斜向移动，并且它不能穿过墙壁。我们将使用广度优先搜索算法来解决这个问题。

【实例10.5】 使用广度优先搜索算法为机器人寻找最短路径（codes/10/bbfs.py）。

实例文件bbfs.py的具体实现代码如下：

```
from collections import deque
import matplotlib.pyplot as plt

def is_valid_move(maze,row,col,visited):
    rows=len(maze)
    cols=len(maze[0])
    return row >=0 and row<rows and col >=0 and col<cols and maze[row][col]==0
and not visited[row][col]

def bfs_shortest_path(maze,start,end):
    if start==end:
        return [start]

    rows=len(maze)
    cols=len(maze[0])
    directions=[(0,1),(1,0),(0,-1),(-1,0)]        #右、下、左、上

    queue=deque()
    queue.append([start])
    visited=[[False for _ in range(cols)] for _ in range(rows)]
    visited[start[0]][start[1]]=True

    while queue:
        path=queue.popleft()
```

```
        current_row,current_col=path[-1]
        for dr,dc in directions:
            new_row=current_row+dr
            new_col=current_col+dc
            if is_valid_move(maze,new_row,new_col,visited):
                visited[new_row][new_col]=True
                new_path=list(path)
                new_path.append((new_row,new_col))
                queue.append(new_path)
                if(new_row,new_col)==end:
                    return new_path

def plot_maze_with_path(maze,shortest_path):
    rows=len(maze)
    cols=len(maze[0])

    plt.figure(figsize=(cols,rows))
    plt.imshow(maze,cmap='binary')

    for row,col in shortest_path:
        plt.text(col,row,'X',ha='center',va='center',color='red')

    for i in range(len(shortest_path)-1):
        current_row,current_col=shortest_path[i]
        next_row,next_col=shortest_path[i+1]
        plt.plot([current_col,next_col],[current_row,next_row],color='blue',linewidth=2)

    plt.xticks(range(cols))
    plt.yticks(range(rows))
    plt.gca().invert_yaxis()           #反转y轴，使得坐标原点在左上角
    plt.grid(color='gray',linestyle='--',linewidth=0.5)
    plt.title('Maze with Shortest Path')
    plt.show()

#示例迷宫
maze=[
    [0,1,0,0,0],
    [0,0,0,1,0],
    [1,1,0,1,0],
    [1,1,0,0,0],
    [1,1,1,1,0]
]

start=(0,0)
end=(4,4)
shortest_path=bfs_shortest_path(maze,start,end)

if shortest_path:
    print("Shortest path found:")
    for row,col in shortest_path:
        print(f"({row},{col})-> ",end="")
```

```
        print("Destination")

        plot_maze_with_path(maze,shortest_path)
    else:
        print("No path found!")
```

上述代码的实现流程如下：

（1）定义一个迷宫，迷宫是一个由0和1组成的二维矩阵，其中0表示可通行的空格，1表示墙壁阻挡。迷宫中有一个起始点和一个终点。

（2）使用BFS算法来寻找从起始点到终点的最短路径。在bfs_shortest_path函数中，使用队列来实现BFS算法。我们从起始点开始，将其放入队列中，并标记为已访问。然后，不断地从队列中取出节点，并探索其相邻节点。如果某个相邻节点尚未被访问过，将其添加到队列中，并继续探索。当找到终点时，就结束搜索。

（3）定义一个plot_maze_with_path函数来绘制迷宫和最短路径。使用imshow函数绘制迷宫，然后在起始点和终点上标记出红色的标记。此外，使用plot函数在找到的最短路径上绘制蓝色的线条，以表示机器人应该行走的路线。

（4）主程序中调用bfs_shortest_path函数来找到最短路径，并使用 plot_maze_with_path 函数将迷宫和路径绘制出来。这样，就完成了寻找最短路径并可视化的任务。

执行后会打印输出如下路径信息，并绘制如图10.5所示的路径可视化图。

```
Shortest path found:
(0,0)->(1,0)->(1,1)->(1,2)->(2,2)->(3,2)->(3,3)->(3,4)->(4,4)-> Destination
```

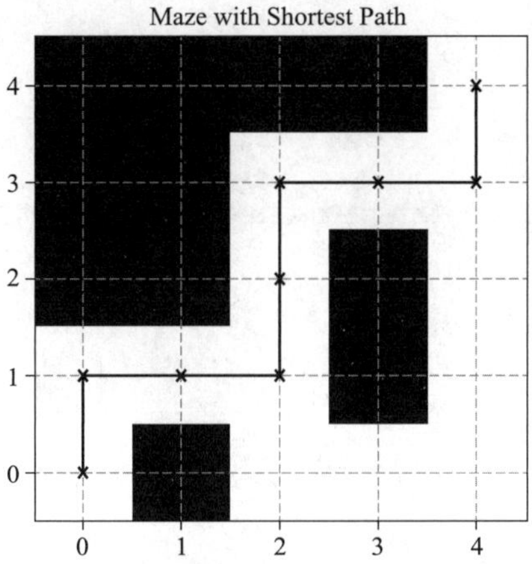

图10.5　［实例10.5］路径可视化图

小　　结

本章深入探讨了优先级遍历算法及其在路径规划中的应用。首先，我们分析了最佳优先搜索、均匀代价搜索、深度优先搜索和广度优先搜索等多种算法的基本原理和实现步骤，并通过具体案例展示了它们在实际问题中的应用效果。通过对这些算法的比较，读者能够理解各自的优缺点，进而在复杂环境中选择最合适的路径规划策略。此外，本章还强调了在实际项目中实现优先级遍历算法的重要性，旨在提升读者的综合应用能力。

习　　题

一、填空题

1. 在最佳优先搜索算法中，使用____________函数来评估每个节点的优先级，从而选择最有希望的路径进行扩展。

2. 均匀代价搜索确保找到最低成本的路径，它是基于每一步的____________来决定扩展的顺序。

3. 深度优先搜索的主要特点是优先探索____________，这使得它在处理大型问题时通常占用较少的内存。

二、思考题

1. 在优先级遍历算法中，最佳优先搜索和均匀代价搜索有什么主要区别？它们分别适用于哪些场景？

2. 深度优先搜索与广度优先搜索在搜索策略上有什么根本区别？在实际应用中各自的优势和劣势是什么？